高等职业教育建筑工程技术专业(技能型)系列教材

工程招投标与合同管理

主　编　陈　正
副主编　余克俭
参　编　杨庆丰　吴茂松　颜　安

东南大学出版社

内 容 提 要

本书较为系统地阐述了工程招投标与合同管理的主要内容，共分十章，包括三大部分：合同法基础知识、招投标管理、合同管理。本书结合作者多年工程实践与教学经验，特别是全国注册监理工程师、一级建造师执业资格考试的考前培训经验，以大量的示例对招投标与合同管理涉及的问题予以清晰说明，使读者更容易理解与掌握理论知识与实践操作程序。同时，对国内、国际的建设工程招投标和最新版的FIDIC施工合同也予以介绍。

本书不仅可以作为土建类院校学生的教学或参考用书，也可作为法律类、经管类专业学生选修课的教学用书；同时，对工程管理人员，特别是建造师、监理工程师等也具有参考价值。对于即将参加建造师、监理工程师考试的人员来说，本书也是一本较好的复习资料。

图书在版编目(CIP)数据

工程招投标与合同管理/陈正主编. —南京：东南大学出版社，2005.12(2015.7 重印)
(高等职业教育建筑工程技术专业(技能型)系列教材)
ISBN 978-7-5641-0211-1

Ⅰ. 招… Ⅱ. 陈… Ⅲ. ①建筑工程-招标-高等学校：技术学校-教材 ②建筑工程-投标-高等学校：技术学校-教材 ③建筑工程-合同-管理-高等学校：技术学校-教材 Ⅳ. TU723

中国版本图书馆 CIP 数据核字(2005)第 153030 号

出版发行：东南大学出版社
社　　址：江苏省南京市四牌楼 2 号(210096)
出 版 人：江建中
经　　销：江苏省新华书店
印　　刷：常州市武进第三印刷有限公司
版　　次：2005 年 12 月第 1 版
印　　次：2015 年 7 月第 7 次印刷
开　　本：787mm×1092mm　1/16
印　　张：16
字　　数：389 千字
书　　号：ISBN 978-7-5641-0211-1
印　　数：14501～16500 册
定　　价：29.00 元

高等职业教育建筑工程技术专业(技能型)系列教材编委会名单

序

改革开放二十余年，我国职业教育获得了长足发展。当前，我国经济建设突飞猛进，许多行业紧缺大量的技能型职业人才，而高水平的职业教育是新时期我国实现新型工业化和建设小康社会宏伟目标的重要前提，作为国民经济主要产业的建设行业更是如此。2004年教育部、建设部颁发了《关于实施职业院校建设行业技能型紧缺人才培养培训工程的通知》，《通知》明确提出了建设行业的四个紧缺专业，同时，提出高等职业教育的基本学制将由现行的三年逐步调整为两年。

笼统地讲，职业教育是以行业和职业需求为主要价值取向的教育，而高等职业教育则是把面向生产一线的高技能专门人才作为培养目标。因此，职业学校的学生不仅需要具备一定的知识结构，更应具有一定的职业技能水平。要落实我国现阶段“职业教育以服务为宗旨、以就业为导向”的方针，就要求职业学校在人才培养目标、知识技能结构、教学课程设置等方面下工夫，克服传统的重知识轻技能、重理论轻实训、重动脑轻动手、重结果轻过程的教学模式，要把学生职业技能的培养放在教与学的突出位置上，从而实现毕业生的“零距离”上岗。

本套教材正是按照《通知》精神，依据教育部、建设部关于《高等职业教育建设行业技能型紧缺人才培养培训指导方案》的要求，从调整课程设置和教学内容入手而做的有益尝试。教材以工程“实用”、“够用”为度，同时适应建筑业相应工种职业资格的岗位要求；以工程实例为主线，通过实训、实习和现场教学，将学生实践能力的培养贯穿于每个教学过程的始终。打破传统的学科体系，按照建筑企业实际的工作任务、工作过程和工作情境组织教学，从而形成围绕企业工作过程的新型教学模式。

鉴于建设行业技能型紧缺人才培养培训工程刚刚起步，其课程设置又是一个全新的体系，教材的编写者对于教学指导方案的理解需要不断加深，加之水平有限，错误之处敬请批评指正。

丛书编委会

2005.4

前　言

本书从高职高专职业技术教育实际出发，以“必需”、“够用”为原则，以讲清概念，政策、强化应用为重点，以让学生真正掌握实践技能为目的，不拘泥于理论的完整性。本书在编写过程中力求做到内容创新，结构新颖独特，体现鲜明的时代气息。

本书的特点：

1. 内容新颖，前瞻性强。本书充分吸收近年来招投标与合同管理领域里最新科研成果，采用最新法规政策（截止日期为 2005 年 6 月），力图反映我国最新立法动向，努力做到新理论、新法规与目前工程实践相结合。

2. 参考了建造师、监理工程师、经济师、法律工作者等考试的有关要求和知识结构。

3. 理论联系实际，突出实践。

本书可作为高等职业教育（含中专）、高等专科教育、成人高等教育建筑工程类、经管类、法律类等有关专业的教材，同时可作为建造师、监理工程师、经济师等考前辅导参考书。

本书由陈正主编，余克俭为副主编，杨庆丰、吴茂松、颜安参编。本书各章执笔人员是：陈正第二章、第七章、第八章、第九章，余克俭第三章、第四章，杨庆丰第一章、第十章，吴茂松第六章，颜安第五章。

在本书编写过程中，作者参考了大量相关资料和论著，并吸收了其中一些研究成果，在此谨向所有文献的作者致谢。

由于学识水平有限，加上时间仓促，有疏漏和不足之处，恳请读者批评指正。

编者
2005.7

目录

CONTENTS

1 合同法律基础

1.1 经济法律关系

1.1.1 经济法律关系概述

1）经济法律关系的概念

经济法律关系，是指人与人之间的社会关系被经济法律规范调整时，所形成的权利和义务关系。

人们在社会生活中结成各种社会关系，当某一社会关系被法律规范所调整，并在这一关系的参与者之间形成一定的权利和义务关系时，即构成法律关系。因此，法律关系是诸多社会关系中的一种特殊的社会关系。

社会关系的不同方面需要不同的法律规范去调整，由于各种法律规范所调整的社会关系和规定的权利、义务不同，因而形成了内容和性质各不相同的法律关系，如行政法律关系、民事法律关系、合同法律关系、经济法律关系等。经济法律关系是根据经济法律规范产生的，经济法主体之间在国家管理与协调经济过程中形成的权利和义务关系。

2）经济法律关系的特征

(1) 经济法律关系是人们有意识、有目的地形成的特定的社会关系，属于思想社会关系。它与经济关系不同，经济关系是物质社会关系，经济法律关系是建立在社会客观规律基础之上的。

(2) 经济法律关系是主体之间法律上的权利和义务关系。经济法律规范中规定的权利和义务是抽象的、可能的，而经济法律关系中权利和义务是具体的、现实的。经济法律关系是由国家强制力保障实施的社会关系。

(3) 经济法律关系是以经济法律规范的存在为前提建立的。法律规范是法律关系产生的前提，权利义务关系是依据相应的法律法规而形成的，任何主体不享有法律规定以外的权利，不承担法律规定以外的义务。

1.1.2 经济法律关系的主体

1）经济法律关系主体的概念和种类

(1) 经济法律关系主体的概念

经济法律关系的主体，是在经济法律关系中，依法享有权利、承担义务的当事人或参加者，简称经济法主体。

(2) 经济法律关系主体的种类

① 自然人。自然人是指基于出生而成为民事法律关系主体的有生命的人。自然人作为合同法律关系的主体应当具有相应的民事权利能力和民事行为能力。

a. 民事权利能力。民事权利能力是指民事主体参加具体的民事法律关系，享有具体的民事权利，承担具体的民事义务的资格。自然人的民事权利能力始于出生，终于死亡，是国家法律直接赋予的。

b. 民事行为能力。民事行为能力是指民事主体以自己的行为参与民事法律关系，取得民事权利和承担民事义务的能力。

② 法人。我国《民法通则》规定：法人是具有民事权利能力和民事行为能力，依法独立享有民事权利和承担民事义务的组织。由此可见，法人是指按照法定程序成立，设有一定的组织机构，拥有独立的财产或独立经营管理的财产，能以自己的名义在社会经济活动中享有权利和承担义务，并能在法院起诉和应诉的社会组织。

③ 其他组织。其他组织是指合法成立、有一定的组织机构和财产但不具备法人资格的组织。其他组织主要包括：个人独资企业、合伙企业；法人之间的合伙型联营企业；未取得法人资格，但依法登记并领取了我国营业执照的中外合作经营企业、外资企业；法人依法设立并领取营业执照的分支机构；中国人民银行、各专业银行、中国人民保险公司设在各地的分支机构；等等。

④ 个体工商户、农村承包经营户。个体工商户、农村承包经营户是自然人作为民事主体的特殊形式。《中华人民共和国民法通则》规定，自然人在法律允许的范围内，依法经核准登记，从事工商业经营的，为个体工商户。农村集体经济组织的成员，在法律允许范围内，按照承包合同规定从事商品经营的，为农村承包经营户。

2) 法人制度

(1) 法人制度概述

在我国，确立法人制度具有十分重要的意义。法人制度尽管是私有制和商品经济的产物，但是，我们同样可以运用这种法律形式为发展社会主义市场经济服务。

我国确立法人制度的意义主要表现在以下三个方面：

首先，实行法人制度有利于加深改革和落实政企分开、两权分离的经济体制，保证具有法人条件的各种社会组织独立地享有民事权利和承担民事义务，以增强企业活力，搞活整个国民经济。

其次，法人制度有利于维护社会主义经济秩序，加速社会主义市场经济的发展。实行法人制度，可以保障市场经济即法制经济的健康发展。国家主管机关和工商行政管理机关通过审批、核准、登记等法定程序，确认法人的法律地位、权利能力和行为能力，并依法监督法人的各种活动，保护其合法权益，制止或制裁其违法行为，以保证社会主义市场经济秩序的正常运行。

再次，法人制度有利于适应涉外经济活动的需要。在发展对外经济贸易活动中，认真贯彻执行法人制度是一项十分重要的经济法制工作。在对外经贸或工程承包活动中，我国的国有企业是独立的企业法人，依法独立地享有民事权利和承担民事义务，从而可以消除某些外国经贸伙伴的误解，即我国的“国有企业”由国家承担无限连带责任，而产生不应有的经济纠纷。此外，为了更好地吸引外资，引进先进技术，开设“三资”企业，以及签订涉外经济技术合同，都需要有法人制度方面的法律规范加以调整和制约。

（2）法人的条件

法人是相对于自然人而言的社会组织，是法律上的“拟制人”。作为一个社会组织，必须具备法定条件才能成为法人。法人应具备以下四个条件：

① 依法成立。法人必须是按照法定程序成立的社会组织。社会组织要取得法人资格，应向国家主管机关提出申请，将本组织的性质、宗旨、章程、资金和经费、负责人以及活动范围和方式等如实报告，经审查批准后，才能取得法人资格。例如，企业法人经国家主管机关批准后，还应根据国务院发布的《中华人民共和国企业法人登记管理条例》的规定，经工商行政管理机关登记获准后，方能开展经济活动。

② 有必要的财产或经费。法人必须具有独立的财产或独立经营管理的财产和活动经费。财产是法人开展工作和进行生产经营活动的物质基础，也是法人享有经济权利和承担经济义务的先决条件。所谓独立支配的财产，是指法人享有独立支配权的财产或者独立所有权的财产。

企业法人还必须是实行自负盈亏、独立经营与独立核算的社会组织。而工厂的车间、企业或事业单位的职能部门则不能成为法人。

③ 有自己的名称、组织机构和场所。法人依法享有名称权。因此，法人要有自己的正式名称，以标明其身份。法人是法律上人格化的社会组织，是一个有机结合的整体。因此，法人必须设有一定的组织机构。在对外、对内活动中，法人的常设领导机构或法定代表人，依据法律和法人组织章程的规定行使管理权和履行职责。法人要有固定的场所作为其享有权利和承担义务的法定住所，以利于国家主管机关进行监督和管理或者企业开展生产经营和服务等活动。

④ 能够独立承担民事责任。法人必须是能以自己的名义享有权利和承担义务，并能独立地参与起诉、应诉的社会组织。法人对其行为所产生的法律后果应承担法律责任。法人的分支机构或者其所属的经济实体不能履行义务时，由该法人组织承担法律责任。

（3）法人的权利能力和行为能力

法人作为“人格化”的经济法律关系的主体，依法也应具有权利能力和行为能力。

① 法人的权利能力。法人的权利能力是指法律赋予法人参与经济活动时，依法享有经济权利和承担经济义务的资格。法人的权利能力根据其成立的宗旨、章程的规定和注册的经营范围等要件而具有单位的特殊性。例如，企业法人的权利能力表现为其经营活动只能根据法定登记的营业范围进行，不得擅自超越或违反，否则，不受法律保护。法人的权利能力自核准成立之日起开始具有；企业法人资格自领取企业法人营业执照或批准筹建之日起具有；法人终止时，其权利能力即告消灭。

法人的权利能力与自然人的权利能力既有相同点，又有不同点。对此，参与经济活动的当事人应予注意。

② 法人的行为能力。法人的行为能力是指法人能以自己的行为参与经济活动，依法享有经济权利和承担经济义务，从而引起经济法律关系发生、变更、终止的资格。

法人的行为能力与其权利能力同时产生，同时消灭。法人的行为能力的范围与其权利能力的范围是一致的。自然人具有权利能力时，并不都具有行为能力。自然人的行为能力因年龄(智力发育程度)或精神状态的差异,在法律上分别规定为有完全行为能力、限制行为能力和无行为能力者。

法人的行为能力由法人领导机构或法定代表人行使。法人实行集体负责制的,由管委会或董事会行使;实行单一负责制的,由厂长、经理等法定代表人行使。我国《民法通则》还规定:企业法人对其法定代表人和其他工作人员的经营活动承担法律责任。

(4) 法人的产生、变更和终止

法人是经济法律关系的主要主体。它的产生、变更和终止,既关系到维护正常的社会经济秩序,又关系到保障法人的合法权益。因此,国家法律关于法人的产生、变更和终止都做出了专门的规定。

① 法人的产生。法人产生的形式有三种:一是依照国家法律规定或者国家机关行政命令的程序而成立的机关和社会组织;二是经国家行政主管机关核准登记而成立的工商企业等;三是根据国家公布的规范性文件的程序而成立的专门经济组织、学术组织的社会团体等。

② 法人的变更。法人的变更是指法人依法成立后,在组织机构上、宗旨上以及业务范围方面的重大变更。如企业改变名称、法定代表人,组织分立或者改变经营性质、范围、方式等。

③ 法人的终止。法人的终止是指在法律上终止法人的资格。法人终止的原因是多方面的,如依据法律、法令或行政机关的命令而撤销;法人完成了规定的使命或任务;法人法定存在期限届满;法人依法被撤销或宣布解散;法人依法宣告破产等。

法人终止时,应向原登记机关办理注销登记手续,并依法妥善处理善后事宜。

1.1.3 经济法律关系的客体

1) 经济法律关系客体的概念

经济法律关系的客体,是指法律关系主体的权利和义务所指向的对象。在法律关系中,主体之间的权利义务之争总是围绕着一定的对象所展开的,没有一定的对象,也就没有权利义务之分,当然也就不会存在法律关系了。

2) 经济法律关系客体的种类

(1) 物

物是指可为人们控制和支配的、具有一定经济价值的、可通过具体物质形式表现存在的物品。物包括自然存在的物品和人类劳动生产的产品,以及固定充当一般等价物的货币和有价证券等。物是经济法律关系最广泛的客体。

根据不同的标准,可把物分为许多种类。例如,生产资料和生活资料,固定资产和流动资产,流通物和限制流通物(后者法律规定不得自由转让),原物和孳息物(即由原物产生的天然或法定收益),特定物(有单独特征、不能以其他物代替的物)和种类物(有共同特征、可以其他同类物代替的物),动产(经移动不损害其经济价值和用途的物)和不动产(不能移动或经移动会严重损害其经济价值和用途的物),可分物(经分割不损害其经济价值和用途的物)和不可分物(分割后会丧失或显著降低其经济与使用价值的物),主物(独立存在即可满足人们需要的物)和从物(只有配合主物才能满足人们需要的物)等等。

(2) 经济行为

经济行为,在这里是指经济主体为达到一定经济目的,实现其权利和义务所进行的经济活动。它包括经济管理行为、提供劳务行为和完成工作行为等，如义务人向权利人支付一定的货币，交付一定的物，完成一定的工作，提供一定的劳务等，还包括权利人对其所有物的支配行为。作为经济法律关系客体的经济行为，仅指具有法律意义，即为实现权利和义务的行为。

（3）智力成果

智力成果又称精神财富，是指经济法主体从事智力劳动所创造取得的成果，如科学发明、技术成果、艺术创作成果、学术论著等。智力成果本身不直接表现为物质财富，但可以转化为物质财富。智力成果作为经济法律关系的客体，其法律表现形式主要为商标权、专利权、专有技术、著作权等。

1.1.4 经济法律关系的内容

1）经济权利

经济权利是指经济法律允许权利人为满足其利益而采取的、由他人法律义务保证的法律手段。经济权利具有以下特征：

（1）经济权利源于经济法律规范的规定，即权利法定，并得到国家强制力保障；

（2）经济权利是保障经济法主体实现其利益的法律手段；

（3）经济权利与经济义务密切相关、相辅相成，以相应的义务为保证；

（4）经济权利界定经济法主体合法行为的范围，经济法主体可依据其权利做出或不做出一定行为，或要求义务人做出或不做出一定行为。

2）经济义务

经济义务是指法定义务人应当依照经济权利人要求做出一定行为或不做出一定行为，以满足权利人利益的法律手段。经济义务具有以下特征：

（1）经济义务以法律规定为界定范围，不履行义务者要承担相应法律责任，受到国家强制力的制裁；

（2）义务人履行义务的方式包括做出一定行为和不做出一定行为两种方式，应按权利人的要求进行。

经济权利与经济义务相依而存，具有相对性、对等性。在经济法律关系中，一个经济法主体享有一定权利，必定以其他经济法主体负有一定义务为前提，没有对应义务主体时，权利主体的权利便没有保障，是不可能实现的。同时，经济权利与经济义务具有对等性。马克思指出："没有无义务的权利，也没有无权利的义务。"权利与义务是统一的。

1.1.5 合同法律事实

1）合同法律事实的概念

合同法律关系的产生、变更与消灭是由一定的客观情况引起的。由合同法律规范确认并能够引起合同法律关系产生、变更与消灭的客观情况即是法律事实。

（1）合同法律关系的产生

合同法律关系的产生是指由于一定的客观情况的存在，合同法律关系主体之间形成一定的权利义务关系，如业主与承包商协商一致，签订了建设工程合同，就产生了合同法律关系。

（2）合同法律关系的变更

合同法律关系的变更是指已经形成的合同法律关系，由于一定的客观情况的出现而引起合同法律关系的主体、客体、内容的变化。合同法律关系的变更不是任意的，它要受到法律的严格限制，并要严格依照法定程序进行。

(3) 合同法律关系的消灭

合同法律关系的消灭是指合同法律主体之间的权利义务关系不复存在。法律关系的消灭可以是因为主体履行了义务，实现了权利而消灭；可以是因为双方协商一致而消灭；可以是发生不可抗力而消灭；还可以是主体的消亡、停业、转产、破产、严重违约等原因而消灭。

2) 法律事实的分类

法律规范规定的法律事实是多种多样的，总的可以分为两大类，即事件和行为。

(1) 事件

事件是指不以法律关系主体的主观意志为转移的一种客观事实。事件可分为自然事件、社会事件和意外事件。

① 自然事件。自然事件是指由于自然现象所引起的客观事实，如地震、水灾、台风、虫灾等破坏性自然现象。

② 社会事件。社会事件是指由于社会上发生了不以个人意志为转移的、难以预料的重大事变所形成的客观事实，如战争、暴乱、政府禁令、动乱、罢工等。

③ 意外事件。意外事件是指突发的、难以预料的客观事实，如爆炸、触礁、失火等。

(2) 行为

行为是指法律关系主体有意识的活动，它是以人们的意志为转移的法律事实。行为可分为合法行为与违法行为。

① 合法行为。合法行为是指符合国家法律、法规的行为，合同法律关系的产生、变更与消灭都是由合法行为引起的。合法行为又可分为民事法律行为、司法行为、立法行为和行政行为。

② 违法行为。违法行为是指行为人违反法律规定，做出侵犯国家或其他法律关系主体的权利的行为，如胁迫或欺诈订立的合同。违法行为不能产生行为人所期待的法律后果，而引起的法律责任要受到追究。

1.2 代理

1.2.1 代理的概念和代理的法律特征

1) 代理的概念

代理，是指代理人以被代理人的名义，并在其授权范围内独立向第三人作出意思表示，所产生的权利和义务直接由被代理人享有和承担的法律行为。

2) 代理的法律特征

(1) 代理是代理人为被代理人从事民事法律行为。

民法上的代理，并非一切事物都可以代理，可代理的只有民事法律行为。但也不是一切民事法律行为都可以由代理人代理，有些民事法律行为由于法律的规定或行为的性质不适于代理的，也不能由代理人代理。如结婚登记，依婚姻法的规定，必须由婚姻当事人自己办理，因此，不适于由代理人代理。

(2) 代理行为是代理人以被代理人的名义实施的民事法律行为。

代理人的任务就是替被代理人进行民事、经济法律行为。代理人只有以被代理人的名义进行代理活动，才能为被代理人设定权利和义务，代理行为所产生的后果，才能归属于被代理人。如果代理人不是以被代理人的名义而是以自己的名义替他人从事某种法律行为，则不属于代理行为，而是行纪行为。

(3) 代理人在被代理人的授权范围内独立作出意思表示。

代理行为是法律行为，而法律行为的核心则是意思表示。当代理人以被代理人的名义并在其授权范围内与第三人进行法律活动时，当然要反映被代理人的意志。这个意志表现为委托人的授权内容。代理人不能用自己的意志替代授权的内容，但代理人的代理行为是把授权的内容通过自己的思考和决策而做出独立的、发挥主观能动性的意思表示。正是这一特征，使得代理人与居间人、传达人区别开来。

(4) 代理人的代理行为所产生的法律后果直接归属被代理人。

代理人虽是自己独立地进行民事、经济法律行为，但由于民事、经济法律行为所发生的权利义务并不归属于代理人，而是直接归属于被代理人。所谓直接归属于被代理人，就是代理人与被代理人之间，不经过权利义务转移的过程，与被代理人自己进行法律行为一样，由被代理人直接取得权利和承担义务，其中也包括代理人在执行代理活动中所造成的损失责任。

1.2.2 代理的种类

1) 委托代理

委托代理，是指按照被代理人的委托授权而产生代理权的一种代理。被代理人向代理人授予代理权的意思表示，称为授权行为。授权行为通常是采取委托的形式。因此，这种代理称为委托代理。

委托代理是依据一定的法律关系产生的。在这种法律关系中，对于委托人和受托人双方的权利和义务都应有明确的规定。《民法通则》规定，民事法律行为的委托代理，可以用书面形式，也可用口头形式。法律规定书面形式的，应当用书面形式。

2) 法定代理

法定代理，是指依据法律的直接规定而产生代理权的一种代理。这种代理行为不需要被代理人委托，而是直接由法律根据一定社会关系的存在加以确定的代理关系。法定代理的特点是“法定”，具体表现为代理关系是法定的，代理人和被代理人是法定的，代理权的内容也是法定的。当事人的意志对代理关系的存在与否不起作用。

3) 指定代理

指定代理，是指根据人民法院或有关主管机关指定，而产生代理权的一种代理。指定代理关系中的被代理人只能是公民，而且是无行为能力或限制行为能力的公民，如人民法院为无行为能力又无法定代理人的诉讼当事人指定代理人。

1.2.3 代理权的行使

代理人在行使代理权时，应注意以下几个问题：

(1) 代理人应在代理权限范围内进行代理活动。

如果代理人没有代理权、超越代理权限范围或代理权终止后进行活动，即属于无权代理。倘若被代理人不予以追认的话，则由行为人承担法律责任。

(2) 代理人应亲自进行代理活动。

代理关系中，被代理人的委托授权是基于对代理人的信任，委托代理就是建立在这种人身信任的基础上。因此，代理人必须亲自进行代理活动，完成代理任务。

(3) 代理人应认真履行职责。

代理人接受了委托，就有义务尽职尽责地完成代理工作。如果不履行或不认真履行代理职责而给被代理人造成损害的，代理人应承担赔偿责任。

(4) 不得滥用代理权

滥用代理权表现为：

① 以被代理人的名义同自己实施法律行为。如果以被代理人的名义同自己订立合同，就属于此种情形。

② 代理双方当事人实施同一个法律行为。例如，在同一诉讼中，律师既代理原告，又代理被告，这就很可能损害一方或双方当事人的利益。因此，此种情形为法律所禁止。

③ 代理人与第三人恶意串通损害被代理人的利益。例如，代理人与第三人相互勾结，在订立合同时给第三人以种种优惠，而损害了被代理人的利益，对此，代理人、第三人要承担连带责任。

④ 代理人在民事、经济法律活动中，进行违法活动或损害社会公共利益。

1.2.4 无权代理

1) 无权代理

无权代理，是指行为人没有代理权而进行的“代理”活动。《合同法》第 48 条明确规定：“行为人没有代理权，超越代理权或者代理权终止后，以被代理人名义订立的合同，未经被代理人追认，对被代理人不发生效力，由行为人承担。”

2) 无权代理的表现形式

(1) 无合法授权的“代理”行为。代理权是代理人进行代理活动的法律依据，不享有代理权的行为人却以他人名义进行“代理”活动，则属于最主要的无权代理的形式。通常表现为下列两种情况：第一，无合法的授权而以他人名义进行“代理”活动；第二，假冒法定代理人的身份代理未成年人或丧失行为能力人参与民事活动等。

(2) 代理人超越代理权限所为的“代理”行为。在代理关系产生过程中，关于代理人的代理权范围都有所界定，特别是在委托代理中，代理权的权限范围必须明确地加以规定，代理人应依据代理权限进行代理活动，超越代理权限进行的活动就属于越权代理。代理人越权代理所进行的民事行为是没有法律依据的。因此，代理人越权代理行为属于无权代理。

(3) 代理权终止后的“代理”行为。代理人在代理权已经终止的情况下，仍以他人的名义进行代理活动，也属于无权代理。在实践中，无论委托代理还是法定代理，代理人的代理权总是在特定时间范围内有效的。因此，代理权终止后，代理人的身份也就相应地消灭了，所以原代理人也就无权再进行“代理”活动。

3) 无权代理的法律后果

(1) “被代理人”的追认权

“被代理人”的追认权，是指“被代理人”对无权代理行为所产生的法律后果表示同意和认可。“被代理人”行使追认权是一项重要的民事法律行为，当其做出追认的意思表示后，无权代理便产生了与合法的代理行为相同的法律后果。

(2)“被代理人”的拒绝权

“被代理人”的拒绝权，指“被代理人”为了维护自身的合法权益，对无权代理行为及其所产生的法律后果，享有拒绝的权利。被拒绝的无权代理行为所产生的法律后果，由行为人承担民事责任。

此外，在无权代理活动中，无权代理行为人也享有一定的权利，即催告权和撤回权。无权代理行为人在做出无权代理行为后，可以向“被代理人”催告，催问他对上述行为是追认有效还是拒绝追认，并限期做出答复。如果“被代理人”在限期内未作答复的，则视为拒绝。无权代理行为人还享有撤回权，即向“被代理人”提出撤回以前曾做出的“代理”表示的法律行为。但如果“被代理人”已经追认了其所做的无权代理行为，该行为人就不得再进行撤回。若该行为人已经行使撤回权，则“被代理人”就不能行使追认权。

1.2.5 代理权终止

我国《民法通则》中对委托代理终止、法定代理和指定代理终止分别作了专门的规定。在建筑业活动中，主要发生的是委托代理，我们仅就委托代理的终止事由作叙述。

(1) 代理期间届满或者代理事务完成，代理权终止。

在委托代理中，被代理人根据委托代理事项的需要，在其授权时明确表示代理权的有效期间，当有效期间届满，代理关系即告终止，代理权亦即终止。如若被代理人在其授权时明确表示委托的专项事务，代理人在行使代理权的过程中，依约完成了受委托的事务，其代理使命即告完成，代理关系亦即终止。

(2) 被代理人取消委托或者代理人辞去委托，代理权终止。

委托代理关系的成立，是基于被代理人的委托授权和代理人接受授权，这种关系所具有的单方法律行为的属性，决定了被代理人在授权后根据自己的意志有权取消委托。同样，代理人在接受代理权后无意继续进行委托事项而有权辞去代理。因此，被代理人取消委托或者代理人辞去委托，即发生终止代理关系的法律效力。实践中，代理权的取消和辞去，都应事先通知对方，以防止给对方造成经济损失。对于代理权终止前代理人实施的代理行为，代理人不能因代理权的取消或辞去而拒绝承担责任。

(3) 代理人死亡，代理权终止。

代理关系是具有严格人身属性的法律关系。代理人与被代理人之间的彼此了解，相互信赖是委托代理关系的基础。因此，代理人死亡，作为代理关系的一方主体不存在了，代理权也不能以继承的方式转承给他的继承人，代理权即随之消灭。

(4) 代理人丧失民事行为能力，代理权终止。

代理人的任务就是代替被代理人实施民事法律行为，这就要求代理人应具有民事行为能力，若代理人丧失民事行为能力，便无法以自己的行为履行代理人的职责，委托代理关系即告终止。

(5) 作为被代理人或者代理人的法人终止，导致代理权终止。

法人作为依据法定条件成立的社会组织，可以成为代理关系中的被代理人或代理人。法人的存在是以一个具有独立的民事主体的身份委托他人或者代理他人参与民事活动为前提。法人一经撤销或解散，便丧失了作为民事权利主体的资格，丧失了民事权利能力和民事行为能力。因此，法人无论是被代理人还是代理人一旦终止，以法人为一方或双方的代理关系，均归于消灭。

1.3 诉讼时效

1.3.1 时效制度

时效制度是指一定的事实状态持续地经过一定的时间，即导致一定的法律后果发生的法律制度。

时效制度由三个要素构成：①一定事实状态持续存在。如长期占有某物，长期不行使权利等。②该状态持续达到一定期间，这一期间叫"时效期间"。如长期占有某物达 30 年，长期不行使债权达 3 年。③发生一定的法律效果，即发生权利得、丧的后果。如长期占有某物达 30 年即取得某物的所有权，长期不行使债权达 3 年也即丧失对该债权的法律保护。

1）时效的分类

（1）取得时效与消灭时效

时效可根据其事实状态要素和法律效果要素进行划分。

取得时效，也称占有时效，是指以所有的意思公开地、和平地占有他人财产，于时效期间届满时即取得该财产所有权的时效。我国民法尚无关于取得时效的规定。

消灭时效，是指因权利人不行使权利而于时效期间届满时，依法发生实体权利消灭或权利不受法律保护的后果的时效。我国民法规定的"诉讼时效"即为消灭时效的一种。诉讼时效期间经过，权利人丧失的是"胜诉权"，而非"起诉权"，即实体权利仍在，但不受法律强制保护。

（2）一般时效、短期时效与长期时效

时效可根据其时间要素即时效期间的长短进行划分。各国规定时效时间的长短不同，一般时效适用于一般情况，短期时效和长期时效适用于特殊情况。

（3）普通时效与特殊时效

时效还可根据其规范基础进行划分。普通时效是对一般民事法律关系都可以适用的时效，而特殊时效是法律规定的特别民事法律关系才能适用的时效。特殊时效的适用优先于普通时效。

2）时效的性质和作用

（1）时效的性质

① 时效是一种法律事实，是民事法律关系发生变更和消灭的根据。

② 时效是事件，但很特殊，必须是一定的事实状态与一定时间的结合，方能引起时效法律效果的发生。

③ 时效具有强行性。时效制度是为维护社会秩序这一公益目的而设，不允许当事人通过约定加以延长、缩短或排除，权利人也不得预先抛弃时效利益，但义务人于时效期间届满后抛弃时效利益是可以的，且不得反悔。

（2）时效的作用

① 有利于稳定社会经济关系，保护交易安全。

② 有利于促使权利人积极行使权力。

③ 有利于司法机关公正司法。

1.3.2 诉讼时效的概念及特征

1）诉讼时效的概念

诉讼时效，是指权利人在法定期间内不行使权利，法律规定消灭其胜诉权的制度。即公民或者法人在其民事权利受到侵害的时候，在诉讼时效期间内不行使权利，就丧失了请求法院依照诉讼程序强制义务人履行义务的权利。

2）诉讼时效的特征

诉讼时效除具有时效的一般特征之外，还有其特有的特征。

（1）诉讼时效属于消灭时效。

（2）诉讼时效期间届满，虽消灭了权利人的胜诉权，但权利人的实体权利并不因此而消灭。义务人如自愿履行义务，权利人仍有受领权。而且，债务人履行义务后不得以不知时效已过为由要求返还。

（3）诉讼时效期间属于可变期间。虽然当事人不可以约定形式变更诉讼时效期间的长短，但诉讼时效期间可依法律规定中止、中断和延长。

1.3.3 诉讼时效的种类

1）诉讼时效的种类

（1）普通诉讼时效，又称一般诉讼时效。这是一种在法律没有特别规定的情况下都普遍适用的诉讼时效。《民法通则》第 135 条规定的普通诉讼时效为 2 年。

（2）特别诉讼时效，是指仅适用于法律规定的某些民事法律关系的诉讼时效。特别诉讼时效的适用优先于普通诉讼时效。法律特别规定的诉讼时效期可见于《民法通则》，也可见于特别法、单行法的规定中。

《民法通则》第 136 条明确规定了下列民事法律关系诉讼时效期间为 1 年：①身体受到伤害要求赔偿的；②出售质量不合格的商品未声明的；③延付或拒付租金的；④寄存财产被丢失或毁损的。

《食品卫生法》规定的诉讼时效期间为 1 年；《海商法》规定的诉讼时效期间为 1 年；《环境保护法》规定的诉讼时效期间为 3 年；《保险法》规定的诉讼时效期间为 5 年。

2）权利最长保护期限

《民法通则》第 137 条规定："诉讼时效期间从知道或者应当知道权利被侵害时起计算。但是，从权利被侵害之日起超过 20 年的，人民法院不予保护。有特殊情况的，人民法院可以延长诉讼时效期间。"这里的 20 年为权利最长保护期限，起算点是从权利被侵害之日开始起算，不发生中止、中断，但可以依照程序延长。

1.3.4 诉讼时效期间的开始、诉讼时效的中止、中断和延长

1）诉讼时效期间的起算

诉讼时效期间从何时起算，决定了民事权利受法律保护的最后时间。按照法律规定，诉讼时效期间应从权利人知道或者应当知道权利被侵害之日开始起算，但即使权利人很晚知

道或是不知道自己的权利被侵犯，只要从侵害事实发生之日起满 20 年，时效时间仍完成，权利人同样丧失胜诉权。例如，权利人在第 19 年才知道权利被侵害，即便该法律关系应适用 2 年普通时效，但权利人必须在 20 年期满前行使权力，否则权利不再受法律保护。诉讼时效期间可多次中断、中止，但不会超过 20 年。过了 20 年才知道权利被侵害，权利也不再受法律保护。当然，如果有特殊情况经法院批准，20 年的权利最长保护期限还可延长。这样一种诉讼时效体系，既可督促权利人尽早行使权力，稳定交易秩序，又可因地制宜地保护确需保护的权利。

但严格讲，上述"权利人知道或者应当知道权利被侵害之日起开始起算"的起算点标准定的并不科学，民诉法要求提起诉讼时必须有明确的被告和明确的诉讼请求，如果这些不能确定，权利人在客观上是无法以诉讼方式主张权利的，其他方式也不太可能，所以科学的界定应是"从权利人能够行使请求权时开始起算"。

实践中，根据各类案件的不同特点，起算点大致又有以下几个标准：

(1) 有约定履行期限的债权，诉讼时效从期限届满时起算。

(2) 未约定履行期限的债权或履行期限约定不明确的债权，大多数人认为，权利人可以随时向义务人主张权利，但应给对方一定宽限期，诉讼时效期间应当自债权人给予债务人的宽限期届满时起算。

(3) 附条件的民事法律行为，从条件成就时开始起算。

(4) 附期限的民事法律行为，从期限届满时开始起算。

(5) 请求他人不作为的债权的请求权，应从义务人违反不作为义务时开始计算。

(6) 因侵权行为而发生的债权的请求权，应当自权利人知道或者应当知道其权利被侵害及侵害人时开始起算。

《民法通则意见》中还规定："人身伤害的诉讼时效期间，伤害明显的，从受伤害之日起算，伤害当时未曾发现，后经检查确诊并能证明是由侵害引起的，从伤势确诊之日起算。"

另外，《国家赔偿法》、《海商法》等还有关于起算点的特别规定。

2) 诉讼时效的中止

诉讼时效的中止，是指在诉讼时效期间进行过程中，由于出现了一定的法定事由，导致权利人不能行使请求权，法律规定暂时停止诉讼时效期间的计算，已经经过的时效期间仍然有效，待阻碍权利人行使权力的法定事由消失后，继续进行诉讼时效期间的计算。该制度的目的在于保障权利人平等地享有法律规定的诉讼时效期间，不因非权利人之外的客观原因而有不同。

(1) 诉讼时效中止的条件

依照《民法通则》第 139 条对诉讼时效中止的规定，诉讼时效中止的条件为：①须存在中止的法定事由：一是不可抗力，即权利人不能预见、不能避免并且不能克服的客观情况，如水灾、地震等；二是其他障碍，如法定代理人死亡或丧失民事行为能力。②中止的法定事由须发生或存在于时效期间的最后 6 个月内。如果中止事由发生于最后 6 个月内，从发生时中止时效期间的进行；如果中止事由发生于最后 6 个月前，持续到最后 6 个月内，从最后 6 个月时中止时效期间的进行，如果中止事由发生于最后 6 个月前，至最后 6 个月时已消灭，不中止时效期间的进行。

(2) 诉讼时效中止的法律后果

诉讼时效期间中止后，诉讼时效期间暂时停止计算。待中止原因消除时，诉讼时效期间继续计算至届满为止。诉讼时效可因中止条件多次满足而多次中止。

(3) 诉讼时效中止的适用范围

诉讼时效的中止可适用于普通诉讼时效期间，也可适用于特别诉讼时效期间，但不适用于 20 年的权利最长保护期限。

3) 诉讼时效的中断

诉讼时效的中断，是指在诉讼时效期间内，由于法定事由的出现，导致已经进行的诉讼时效期间归于无效，待时效中断法定事由消除后，诉讼时效期间重新计算。该制度的目的在于鼓励权利人积极行使权力，只要权利人通过任何方式积极行使权力，就可以给他一个充足的时效期间，保障他行使权力。

(1) 诉讼时效中断的条件

依据《民法通则》第 140 条的规定，诉讼时效期间的中断应具备下列条件：①须存在中断的法定事由，主要有：一是提起诉讼、申请调解或仲裁等；二是权利人一方提出请求；三是义务人一方同意、提出或实际履行义务。②该中断的法律事由应当发生在诉讼时效期间内，任何时候均可。

(2) 诉讼时效中断的法律后果和适用范围

诉讼时效中断后，原已经过的时效期间归于无效，中断事由消除后诉讼时效期间重新起算。诉讼时效可因中断条件多次满足而多次中断。诉讼时效中断的适用范围与诉讼时效中止的适用范围相同。

4) 诉讼时效的延长

诉讼时效的延长，是指在诉讼时效期间届满后，权利人因有正当理由，向人民法院提出请求，人民法院可以把法定时效期间予以延长。该制度是为了保护当事人的权利，在中止、中断外而保留的救济空间。

(1) 诉讼时效延长的条件

依照《民法通则》第 137 条的规定，时效延长的条件为：①诉讼时效期间已经完成；②权利人在诉讼时效期间内未行使权力有正当理由；③人民法院认为符合延长时效期间的条件。

(2) 诉讼时效延长的适用范围

诉讼时效的延长可适用于普通诉讼时效、特别诉讼时效，也可适用于权利最长保护期限。

本章小结

经济法律关系，是指人与人之间的社会关系被经济法律规范调整时，所形成的权利和义务关系。它是由主体、客体、内容三个要素构成。经济法律关系的主体的范围包括自然人、法人、其他组织和个体工商户、农村承包经营户。经济法律关系的客体包括物、经济行为、智力成果。经济法律关系的内容指的是经济法律关系主体享有的经济权利和承担的经济义务。经济法律事实可分为事件与行为两类，区分标准是能否依权利主体的意志为转移。

代理，是指代理人以被代理人的名义，并在其授权范围内独立向第三人作出意思表示，所产生的权利和义务直接由被代理人享有和承担的法律行为。代理的种类包括：委托代理、法定代理和指定代理。代理人应在代理权限范围内进行代理活动。代理权终止有多种情况。

诉讼时效，是指权利人在法定期间内不行使权利，法律规定消灭其胜诉权的制度。即公民或者法人在其民事权利受到侵害的时候，在诉讼时效期间内不行使权利，就丧失了请求法院依照诉讼程序强制义务人履行义务的权利。诉讼时效的种类有：普通诉讼时效和特别诉讼时效。诉讼时效的起算，应从权利人知道或者应当知道权利被侵害之日开始起算。诉讼时效期间内，由于法定事由的出现，导致已经进行的诉讼时效期间归于无效就出现了诉讼时效的中断；在诉讼时效期间届满后，权利人因有正当理由，向人民法院提出请求，人民法院可以把法定时效期间予以延长，称之为诉讼时效的延长。

复习思考题

1. 简述经济法律关系的主体、客体及其内容。
2. 简述代理的概念及种类。
3. 如何正确行使代理权？
4. 什么是无权代理？请举例说明。
5. 简述诉讼时效的特征及种类。
6. 如何计算诉讼时效？

2 合同法律制度

2.1 合同的订立与效力

2.1.1 合同的订立

1）合同的概念、特征和分类

（1）合同的概念

合同亦称契约，是指平等主体的自然人、法人、其他组织之间设立、变更、终止民事权利、义务关系的协议。

（2）合同的特征

① 合同是一种民事法律行为。

合同不是一种事实行为，而是一种法律行为。合同是当事人在自愿的基础上达成的协议，是以发生一定民事法律后果为目的的法律行为。不具有发生民事法律后果目的的行为不是合同。

② 合同是双方的或多方的民事法律行为。

合同的主体必须有两个或者两个以上，合同的成立是双方或多方当事人意思表示一致的产物，所以合同是双方或多方的民事法律行为，不是单方的法律行为。

③ 合同当事人的法律地位平等。

在合同关系中，当事人的法律地位平等，应通过协商的方法签订合同，一方不得凭借行政权力、经济实力，将自己的意思强加给另一方。

④ 合同是当事人合法的行为。

合同的订立和内容必须合法，合同中确定的权利、义务必须是双方当事人依法可以行使的权力和承担的义务。

（3）合同的分类

根据不同的标准，可将合同分为不同的种类。对合同进行分类的意义，在于可以帮助当事人更好地订立和履行合同，正确地运用法律处理合同纠纷。一般来说，对合同可以作如下分类：

① 有名合同与无名合同

以法律是否对合同规定有确定的名称及调整规则为标准，可将合同分为有名合同与无名合同。

有名合同是指法律上已经确定了一定的名称及规则的合同,又称典型合同。我国《合同法》所规定的买卖合同、赠与合同、借款合同、租赁合同、承揽合同、保管合同、运输合同等15类合同,以及在一些单行法律中所规定的合同,如《保险法》中所规定的保险合同,这些合同都属于有名合同。

无名合同是指法律上尚未确定一定的名称及规则的合同,又称非典型合同。《合同法》不但不禁止当事人订立无名合同,而且还鼓励当事人订立无名合同。

有名合同与无名合同的主要区别在于两者的法律适用不同。有名合同可直接适用《合同法》和其他相关的单行法律的具体规定;而无名合同则只能在适用《合同法》总则中规定的一般规则的同时,参照适用《合同法》分则或者其他法律中最相类似的规定。

② 双务合同与单务合同

以合同当事人是否要互负相应义务为标准,可将合同分为单务合同与双务合同。

双务合同是指当事人双方互负对待给付义务的合同。也就是说,双务合同中的一方当事人享有的权利,即为另一方当事人所负有的义务;而另一方当事人享有的权利,则是一方当事人所负有的义务。买卖合同、租赁合同等均为双务合同。绝大多数的合同为双务合同。

单务合同是指只有一方当事人负有给付义务的合同。也就是说,单务合同中的一方当事人只享有权利而不负有给付义务;而另一方当事人只负有给付义务而不享有权利。一般性的赠与合同、借用合同就属于单务合同。

③ 有偿合同与无偿合同

以合同当事人权利的获得是否以支付相应代价为标准,可将合同分为有偿合同与无偿合同。

有偿合同是指当事人从合同中得到利益要支付相应代价的合同。买卖合同、租赁合同都属于有偿合同。

无偿合同是指当事人从合同中得到利益不需支付相应代价的合同。赠与合同、借用合同都属于无偿合同。

④ 诺成合同与实践合同

根据合同是自当事人意思表示一致时成立,还是在当事人意思表示一致后、仍须有实际交付标的物的行为才能成立,可将合同分为诺成合同与实践合同。

诺成合同是指在当事人意思表示一致时即告成立的合同。大多数的合同都属诺成合同。

实践合同是指在当事人意思表示一致后,仍须有实际交付标的物的行为才能成立的合同,如质押合同就属实践合同。这种合同要求当事人就质物质押的意思表示达成一致后,还要求质押人必须将质物移交给质权人占有,合同才能成立并生效。通常要确定某种合同是否为实践合同,应根据法律的规定及交易惯例而定。

⑤ 要式合同与不要式合同

以法律、法规是否特别要求合同必须符合一定的形式才能成立为标准,可将合同分为要式合同与不要式合同。

要式合同是指合同成立必须采用特定形式的合同。不要式合同是法律对合同的成立未规定特定的形式的合同。

⑥ 主合同与从合同

以合同是否具有从属性为标准，可将合同分为主合同与从合同。

主合同是无须以其他合同存在为前提即可独立存在的合同。

从合同是必须以其他合同的存在为前提才可存在的合同。如保证合同相对于主债务合同而言即为从合同。由于从合同要依赖主合同存在而存在，所以从合同又被称为“附属合同”。

2）合同法的概念和适用范围

（1）合同法的概念

合同法是调整平等主体之间合同关系的法律规范的总称。

我国现行的《合同法》是于 1999 年 3 月 15 日经九届人大二次会议通过，并于同年 10 月 1 日施行，原先的《经济合同法》、《涉外经济合同》和《技术合同法》同时废止。

（2）合同法的适用范围

我国《合同法》第 2 条明确规定：“本法所称合同是平等主体的自然人、法人、其他组织之间设立、变更、终止民事权利义务关系的协议。婚姻、收养、监护等有关身份关系的协议，适用其他法律的规定。”该条明确规定了我国《合同法》的适用范围。《合同法》调整的是平等主体之间的民事关系。在此需注意的是，政府的经济管理活动属于行政管理关系不是民事关系，不适用《合同法》；企业、单位内部的管理关系不是平等主体间的关系，也不适用《合同法》；有关婚姻、收养、监护等有关身份关系的协议，虽然是平等主体间的关系，但也不适用《合同法》的规定，由其他法律调整。

3）合同订立的形式

（1）合同订立的概念

合同的订立是指两个或者两个以上的当事人通过协商，依法就合同的主要条款达成一致协议的法律行为。

订立合同的形式，是合同双方当事人之间明确相互权利和义务的方式，是双方当事人意思表示一致的外在表现。

合同的当事人可以是自然人，也可以是法人或者其他组织。订立合同的当事人必须具备与所订立合同相适应的民事权利能力和民事行为能力。当事人也可以依法委托代理人订立合同。因此，在订立合同时，应当注意了解对方是否具有相应的民事权利能力和民事行为能力，是否受委托以及委托代理的事项、权限等。

（2）订立合同的形式

合同的形式是指合同当事人达成协议表现形式。《合同法》规定，当事人订立合同可以有三种形式：书面形式、口头形式和其他形式。

① 书面形式

书面形式是指合同书、信件和数据电文（包括电报、电传、传真和电子邮件）等可以有形地表现所载内容的形式。

法律、行政法规规定采用书面形式的，应当采用书面形式。如我国法律规定，建设工程合同应当采用书面形式，应以招标的方式订立。当事人约定采用书面形式的，应当采用书面形式。书面形式虽然没有口头形式迅速、简便，但由于有据可查，有利于保障交易安全、减少纠纷，发生纠纷时也易于分清责任，因此在实践中，书面形式是当事人最为普遍采用的一种合同约定形式。

② 口头形式

口头形式的合同，是指当事人之间就合同内容达成一致的口头协议。例如居民在菜市场买菜的行为就是口头形式。口头形式合同迅速、简便，缺点是发生纠纷时难以取证，不易分清责任。所以，对于不即时清结和较为重要的合同不宜采用口头形式。

③ 其他形式

除了书面形式和口头形式以外，合同还可以以其他形式成立。法律没有列举具体的其他形式。一般认为，不属于上述两种形式，但根据当事人的行为或者特定情形能够推定合同成立的其他形式(推定形式)，或者根据交易习惯所采用的其他形式(如默示形式)，都属于法律上认可的合同的其他形式。

《合同法》第 36 条明确规定，法律、行政法规规定或者当事人约定采用书面形式订立合同，当事人未采用书面形式但一方已经履行主要义务，对方接受的，该合同成立。《合同法》第 37 条明确规定，采用合同书形式订立合同，在签字或者盖章之前，当事人一方已经履行主要义务，对方接受的，该合同成立。在上述两种情况下，合同均不具备应具备的书面形式，但可以通过当事人的行为推定合同成立。

例 2-1　监理工程师王某为了工作方便，于 2004 年 5 月租了李某位于开发区的一套住房，约定租期为一年。到 2005 年 5 月一年期满后，王某没有搬出而是继续居住，并且以同样标准继续支付了 2005 年 6 月的房租，房东李某也没有表示任何异议。

请分析监理工程师王某与房东李某之间是否仍然存在合同关系?

解析　监理工程师王某与房东李某之间仍然存在合同关系。

因为虽然监理工程师王某与房东李某之间合同已经到期，但是，王某仍然继续居住并且支付了租金，房东李某也没有表示异议，故根据合同形式的相关法律规定，可以推定双方都默认了租房合同的继续存在。

4) 合同的主要条款

合同的内容，是指合同当事人约定享有的债权和承担的债务。合同的内容通过合同的条款来体现，由当事人约定，依合同种类的不同而有所不同。根据我国《合同法》第 12 条第 1 款的规定，合同一般包括以下条款：

(1) 当事人的名称或者姓名和住所

当事人的名称或姓名用以确定合同的当事人，因当事人是合同权利和合同义务的主体，订立合同须有当事人。法人和其他组织订立合同的，合同中应写明名称；自然人签订合同的，合同中应写明姓名。当事人的住所关系到文书的送达、合同的履行地、诉讼管辖等重要问题，因此在合同中还要写明当事人的住所。

(2) 标的

标的是合同当事人权利和义务共同指向的对象。合同不规定标的，就会失去目的和意义，标的是一切合同的主要条款，不可或缺。合同的标的可以是物，包括实物和货币，也可以是行为，还可以是智力成果。如买卖合同的标的是货物，借款合同的标点是货币，运输合同的标的是劳务行为。

(3) 数量

数量是以数字和计量单位来表示标的的尺度，以此确定当事人权利义务的大小。当事人应当约定具体的计量单位、计量方法，尽量使用法定的计量单位。对因物理属性可能发生自然增减的标的，当事人可在合同中对数量作机动性的规定，如可在合同中规定合理的磅差、正负尾差等。

(4) 质量

质量是指标的的具体特征，是标的内在素质和外观形态的综合，包括标的品种、规格、型号、等级、标准、技术要求等。质量条款必须符合我国《产品质量法》等法律、法规的规定。标的的质量条款是合同中非常重要的内容，应尽量明确、详细、具体，以免发生合同纠纷。标的质量有国家标准或行业标准的，按国家标准或行业标准；没有国家标准或行业标准的，由双方当事人协商确定。

(5) 价款或者报酬

价款或报酬是有偿合同的必备条款。价款是指取得标的物所应支付的代价；报酬是指当事人接受对方提供的劳务、服务而应支付的代价。价款或报酬除法律规定必须执行国家定价的以外，由当事人议定，在合同中应当明确规定其数额、计算标准、结算方式和程序。

(6) 履行期限、地点和方式

履行期限是指当事人在合同中约定的交货、付款和完成一定工作任务的时间界限。它是衡量合同能否如期履行的标准，必须在合同中明确、具体地规定。履行地点是指当事人享受权利、履行义务的地点、场所，它关系着验收地点的确定、运费的负担、风险的承担，而且还是确定诉讼管辖的依据之一。所以，履行地点必须在合同中明确规定。履行方式是指合同当事人以何种方法履行义务，包括交货方式、付款方式、结算方式等，这也必须在合同中明确规定。

(7) 违约责任

违约责任是指当事人不履行合同义务或者履行合同义务不符合约定时，按照法律或者合同的规定所应承担的法律责任。违约责任是合同具有法律约束力的重要体现。约定违约责任的目的是促使当事人履行合同，使守约方免受或少受损失。法律、法规对违约责任有规定的，按规定执行；法律、法规没有规定的，由当事人双方协商确定。

(8) 解决争议的方法

解决争议的方法是指合同当事人在合同纠纷发生后，以何种方法解决。解决争议的方法主要有：当事人协商和解；第三人调解；仲裁；诉讼。当事人可以选择解决合同争议的方法。如果意图通过诉讼解决争议，可以不进行约定；但要通过其他途径解决则要经过事先或者事后的约定。如果选择适用仲裁解决，还应当明确选择的是哪个仲裁机构，否则将无法确定仲裁条款的效力。另外，在涉外合同中，除法律有特别规定的以外，当事人还可以选择处理合同争议所适用的法律。

合同条款可以分为主要条款和一般条款。主要条款又称必要条款，是指合同必须具备的条款，它决定着合同的类型和当事人的基本权利和义务，因此具有重要意义。不同种类的合同，其主要条款也是有区别的。《合同法》第 12 条规定的上述合同条款，对于买卖合同而言，都属主要条款，而对其他类型的合同而言，并非都是主要条款。比如：根据《合同法》第 274 条规定，勘察、设计合同的主要条款包括提交有关基础资料和文件(包括预算)的期限、质量要求、费用以及其他协作等条款；根据《合同法》第 275 条规定，施工合同的主要条款包括工程范围、建设工期、中间交工工程的开工和竣工时间、工程质量、工程造价、技术资料交付时间、材料和设备供应责任、拨款和结算、竣工验收、质量保修范围和质量保证期、双方相互协作等条款。一般条款是指合同主要条款以外的条款，并非合同必须具备的条款。

合同主要条款的确定标准主要有以下几种：法律直接规定为主要条款的，如《合同法》规定借款合同中应有借款币种的条款，该条款即为主要条款；合同的类型和性质决定的，如价款条款在买卖合同应属主要条款，不能缺少，而对赠与合同而言就不是主要条款；当事人特别约定的，如买卖合同中一方当事人提出必须就交货地点达成协议，否则合同不成立，那么交货地点条款在该买卖合同中就是主要条款。

另外，在合同条款中还要引起重视的是格式条款的相关问题。我国《合同法》第 39 条规定，格式条款是当事人为了重复使用而预先拟定，并在订立合同时未与对方协商的条款。格式条款的适用可以简化签约程序，加快交易速度，减少交易成本。但是，由于格式条款是由一方当事人拟订，相对人不参与订约的协商过程，只能对一方提出的格式条款表示接受或者不接受，双方地位实际上并不平等，其条款内容难免有不够公平之处。为防止提供格式条款的一方利用格式条款损害相对人的合法权益，我国《合同法》通过加重提供格式条款人的责任，以求得格式条款双方当事人利益的实际平衡。具体表现为三点：

首先，提供格式条款的一方应当遵循公平原则确定当事人之间的权利和义务，并采取合理的方式提请对方注意免除或者限制其责任的条款，按照对方的要求，对该条款予以说明。

其次，格式条款具有《合同法》规定的合同无效和免责条款无效的情形，或者提供格式条款一方免除其责任、加重对方责任、排除对方主要权利的，该条款无效。

再次，对格式条款的理解发生争议的，应当按照通常理解予以解释。对格式条款有两种以上解释的，应当作出不利于提供格式条款一方的解释。格式条款与非格式条款不一致的，应当采用非格式条款。

5）合同的订立方式

《合同法》规定："当事人订立合同，采取要约和承诺方式。"即合同的订立包括要约和承诺两个阶段。

（1）要约

① 要约的概念

要约又称发价、发盘、出价、出盘或报价等，是指希望和他人订立合同的意思表示，是一方当事人向对方提出签订合同的建议和要求。发出要约的当事人称为要约人，要约所指向的相对方称为受要约人。

要约应具备下列条件：

首先，内容要具体确定。内容具体确定包括：第一，要约必须是特定人的意思表示；第二，受要约人一般也是特定的，但在一些特殊情况下，要约人也可以向不特定的人发出要约；第三，要约的内容必须具有足以决定合同内容的主要条款，如勘察、设计合同必须包括提交有关基础资料和文件（包括预算）的期限、质量要求、费用以及其他协作等主要条款；最后，要约的内容必须明确，不能含糊不清，令人费解。

其次，表明经受要约人承诺，要约人即受该意思表示约束。要约是一种法律行为，要约人受到要约的约束；当要约已送达给受要约人后，在要约的有效期限内，要约人不得擅自撤回要约或者变更要约内容。也就是说，如对方接受要约，合同即告成立。

② 要约邀请

要约邀请又称要约引诱，是希望他人向自己发出要约的意思表示。与要约不同，要约邀请不属于订立合同的行为，只是合同准备阶段没有法律约束力的行为，如寄送的价目表、拍卖公告、招标公告、招股说明书等为要约邀请。在此需要注意的是，商业广告视其内容确定是要约还是要约邀请，若内容符合要约规定条件的，则视为要约，否则是要约邀请。

例 2－2 甲公司向包括乙公司在内的十余家公司发出关于某建设项目的招标书。乙公司在接到招标书后向甲公司发出了投标书。甲公司经过决标，确定乙公司中标，并向其发出中标通知书。请分析甲公司发出招标书和乙公司发出投标书行为的性质？

解析 甲公司发出招标书的行为在性质上属于要约邀请；乙公司发出投标书的行为在性质上属于要约。因为甲公司发出招标书的行为是希望收到招标书的公司能够向自己发出要约的意思表示，故属于要约邀请；而乙公司发出投标书的行为是希望能够和甲公司订立合同的意思表示，故属于要约。

③ 要约生效时间

我国《合同法》规定："要约到达受要约人时生效。"因要约的方式多样，所以确定到达的时间标准也就不一样。要约采取对话形式的，受要约人听到时，即为到达；采取邮寄方式的，送达受要约人所能支配的场所时，即为到达；采用数据电文形式的，如收件人指定特定系统接收数据电文的，该数据进入该特定系统的时间，视为到达时间，如未指定特定系统的，该数据电文进入收件人的任何系统的首次时间，视为到达时间。

需要注意的是，要约到达受要约人，并不是指要约一定要实际送达到受要约人或者其代理人手中。要约只要送达到受要约人通常的地址、住所或者能够控制的地方（如信箱等）即为送达。

④ 要约的撤回和撤销与失效

要约的撤回，是指要约人在要约发出以后、生效之前，使要约不发生法律效力的意思表示。我国《合同法》规定："要约可以撤回，撤回要约的通知应当在要约到达受要约人之前或者与要约同时到达受要约人。"法律规定要约可以撤回，原因在于这时要约尚未发生法律效力，撤回要约不会对受要约人产生任何影响，也不会对交易秩序产生不良影响。

要约的撤销，是指要约人在要约生效后，使要约丧失法律效力的意思表示。也就是说，要约已经到达受要约人，在受要约人承诺前，要约人可以撤销要约。我国《合同法》规定，要约可以撤销。撤销要约的通知应当在受要约人发出承诺之前到达受要约人。由于撤销要约可能会给受要约人带来不利影响，损害受要约人的利益，所以法律规定有下列情形之一的，要约不得撤销：

a. 要约中规定了承诺期限或者以其他形式表明要约是不可撤销的；

b. 受要约人有理由信赖要约是不可撤销的，并已经为履行合同作了准备工作，则不可撤销要约。

除了上述两种情况以外，要约均是可以撤销的。

要约的失效，是指要约丧失了法律拘束力。要约失去效力后，要约人不再受要约的约束，受要约人也终止了承诺的权利。要约失效的原因很多，根据我国《合同法》的规定，要约失效主要有以下几种情况：

a. 拒绝要约的通知到达要约人；

b. 要约人依法撤销要约；

c. 承诺期限届满，受要约人未作出承诺；

d. 受要约人对要约的内容作出实质性变更。

例 2－3 洪达安装公司于 2005 年 5 月 6 日向万宁公司发出购买安装设备的要约，称对方如果同意该要约条件，请在 10 日内予以答复，否则将另找其他公司签约。第 3 天正当万宁公司准备回函同意要约时，洪达安装公司又发一函，称前述要约作废，已与别家公司签订合同，万宁公司认为 10 日尚未届满，要约仍然有效，自己同意要约条件，要求对方遵守要约。双方发生争议，起诉至法院。要求分析洪达安装公司的要约是否生效？要约能否撤回或撤销？

解析 洪达安装公司的要约已经生效。

因为根据《合同法》的规定，要约到达受要约人时生效。洪达安装公司发出的要约已经到达受要约人，所以该要约已经生效。

洪达安装公司的要约不能撤回也不能撤销。

根据《合同法》的规定，在要约生效前，要约可以撤回。洪达安装公司发出的要约已经生效，因此不能撤回。要约人在要约生效后、受要约人承诺前，可以撤销要约，但是《合同法》规定，要约中规定了承诺期限或者以其他形式表明要约是不可撤销的，则要约不能撤销。本案中，洪达安装公司的要约称对方如果同意该要约条件，请在 10 日内予以答复，属于要约中明确规定了承诺期限，所以不得撤销。

（2）承诺

① 承诺的概念

承诺也称接受，是指受要约人同意要约的意思表示，承诺生效时合同成立。

承诺应当具备下列条件：

a. 承诺必须是由受要约人向要约人作出。受要约人包括其本人及其合法代理人。

b. 承诺必须是向要约人作出。

c. 承诺的内容应当与要约的内容一致。如果承诺的内容与要约的内容不相一致，则构成一项新的要约，或称为反要约。但如果承诺中只是对要约的非实质性内容作了变更，一般不会影响承诺的效力。我国《合同法》规定："承诺对要约的内容作出非实质性变更的，除要约人及时表示反对或者要约人已表明承诺不得对要约的内容作出任何变更的以外，该承诺有效，合同的内容以承诺的内容为准。"

在此需要注意的是，有关合同标的、数量、质量、价款或者报酬、履行期限、履行地点和方式、违约责任和解决争议方法等的变更，是对要约内容的实质变更。

d. 承诺必须在规定的期限内作出。如果要约规定了有效期限，则应该在该期限内承诺；如果没有规定有效期限，则应当在合理期限内作出承诺。受要约人超过了规定的有效期限或合理期限作出承诺，则视为承诺迟延或称为逾期承诺。一般而言，逾期的承诺被视为一项新的要约，只有要约人及时通知受要约人该承诺有效，才会使该承诺成为有效的承诺。

e. 承诺必须表明受要约人决定与要约人订立合同。这就要求受要约人的承诺必须清楚明确，不能含糊。

不符合上述条件的承诺，不能认为是承诺。

② 承诺的方式

承诺的方式，是指受要约人将其承诺的意思表示传达给要约人所采用的方式。承诺应当以通知的方式作出，但根据交易习惯或者要约表明可以通过行为作出承诺的除外。

③ 承诺的期限

承诺应当在要约确定的期限内到达要约人。

要约没有确定承诺期限的，承诺应当依照下列规定到达：如果要约以对话方式作出的，应当即时作出承诺，但当事人另有约定的除外；如果要约以非对话方式作出的，承诺应当在合理期限内到达。

承诺期限的计算：要约是以信件或者电报作出的，承诺期限自信件载明的日期或者电报交发之日开始计算。信件未载明日期的，自投寄该信件的邮戳日期开始计算。要约以电话、传真等快速通讯方式作出的，承诺期限自要约到达受要约人时开始计算。

④ 承诺的生效

我国《合同法》规定："承诺通知到达要约人时生效。承诺不需要通知的，根据交易习惯或者要约的要求作出承诺的行为时生效。"由此可知，确定承诺生效的时间应区分两种情况：

a. 承诺于表示同意的通知到达要约人时生效。如果表示同意的通知在要约人所规定的时间内，未到达要约人；或未规定时间，在一段合理的时间内，未到达要约人，承诺无效。但受要约人在承诺期限内发出承诺，按照通常情形能够及时到达要约人，而因其他原因承诺到达要约人时超过期限的，除要约人及时通知受要约人因承诺超过期限不接受该承诺的以外，该承诺有效。关于承诺到达生效时间的确定与要约到达受要约人时生效时间的确定方法相同，应区分对话方式、邮寄方式和数据电文方式，采取不同的确定标准。

b. 承诺不需要通知的，根据交易习惯或者要约的要求做出承诺的行为时生效。如以发送货物或者支付货款等行为来表示同意，则无须向要约人发出通知，承诺于该项行为作出时生效。这种情况，实际上是到达生效原则的一种例外。

⑤ 承诺的撤回

承诺撤回，是指受约人在发出承诺通知以后，在承诺正式生效之前撤回其承诺。

我国《合同法》规定："承诺可以撤回。撤回承诺的通知应当在承诺通知到达要约人之前或者与承诺通知同时到达要约人。"

6）合同成立的时间与地点

（1）合同成立的时间

我国《合同法》规定："承诺生效时合同成立。"这是关于合同成立时间法律上的一般性规定，对于特殊情况，《合同法》又规定了确认合同成立的不同时间标准：当事人约定采用合同书形式订立合同的，自双方当事人签字或者盖章时合同成立；当事人采用信件、数据电文等形式订立合同的，可以在合同成立之前要求签订确认书，签订确认书时合同成立。

（2）合同成立的地点

合同成立的地点可能关系到案件的管辖地。在涉外合同中，合同的成立地点还可能涉及选择法律适用的问题。因此，明确合同成立的地点十分重要。我国合同法规定：承诺生效的地点为合同成立的地点；采用数据电文形式订立的合同，收件人主营业地为合同成立的地点，没有主营业地的，其经常居住地为合同成立的地点，当事人另有约定的，按其约定；采用合同书形式订立合同的，双方当事人签字或者盖章的地点为合同成立的地点，若双方当事人未在同一地点签字或者盖章，则以最后一方签字或者盖章的地点为合同成立的地点。

例 2-4 甲建筑公司向乙水泥厂发出购买水泥的要约，称如果对方同意其条件，将答复意见发至其电子邮箱中，乙水泥厂应约将承诺发至其邮箱中，即开始准备履行合同。但是，甲建筑公司经办人却因为在外开会，一直未打开邮箱查看，致使甲建筑公司以为乙水泥厂未作承诺。1 个月后，当乙水泥厂要求甲建筑公司履行合同义务时，甲建筑公司称双方并未签订合同，故没有履行义务。

请分析甲建筑公司与乙水泥厂之间是否存在合同关系？

解析 甲建筑公司与乙水泥厂之间存在合同关系。

根据《合同法》的规定，承诺生效时合同成立。承诺通知到达受要约人时生效。采用数据电文形式订立合同的，数据电文进入收件人指定的系统的时间视为到达时间。故乙水泥厂应约将承诺发至甲建筑公司指定的邮箱中，承诺即生效，合同就成立，甲建筑公司与乙水泥厂之间存在合同关系。

7）缔约过失责任

（1）缔约过失责任的概念和特点

缔约过失责任，是指在合同订立过程中，一方因违背其依据诚实信用原则所产生的义务，而致使另一方的信赖利益损失时所应承担的损害赔偿责任。

缔约过失责任发生于合同不成立或者合同无效的缔约过程。构成缔约过失责任要有三个条件：

① 当事人有过错，主要是指一方违背诚实信用原则所应负的义务；

② 有损害后果的发生，主要是指造成他人信赖利益的损失；

③ 当事人的过错行为和造成的损失有因果关系。

一般情况下，当事人根据自愿和诚实信用原则进行协商，决定是否订立合同。协商不成也无需承担责任。但是如果当事人违背其诚实信用原则，给对方造成了损失，就应当承担损害赔偿责任。

（2）缔约过失责任的表现情形

根据《合同法》的规定，缔约过失责任的表现主要有如下几种：

① 假借订立合同，恶意进行磋商；

② 故意隐瞒与订立合同有关的重要事实或者提供虚假情况；

③ 泄露或不正当地使用在订立过程中知悉的对方的商业秘密；

④ 其他违背诚实信用原则的行为。主要包括：要约人违反有效的要约；违反初步协议；违反附随义务；合同无效和被撤销；无权代理等。

（3）缔约过失责任的赔偿范围

缔约过失造成的是信赖利益损失。因此，缔约过失责任应当以信赖利益作为赔偿的基本范围。信赖利益的损失限于直接损失，即因为信赖合同的成立和生效所支出的各种费用，如电话费、交通费等。

2.1.2 合同的效力

合同的效力是指合同是否有效。有效的合同对当事人具有法律约束力，国家法律予以保护；无效的合同不具有法律约束力。我国《合同法》对合同的效力规定了四种情况：依法成立的有效合同；无效合同；可撤销合同；效力待定合同。

1）合同的生效

根据《合同法》的规定，合同生效主要有以下几种情况：

（1）依法成立的合同，自成立时生效。未依法成立的合同，虽已成立，但不一定产生法律约束力，这需要按欠缺合同生效条件的程度，分别按无效合同、可撤销合同、效力待定合同处理。

（2）依法成立的合同，若法律、行政法规规定应当办理批准、登记等手续的，合同办理了批准、登记等手续后生效。依照法律、行政法规规定：合同应办理批准手续，或者办理批准、登记等手续才生效的，在一审法庭辩论终结前当事人仍未办理批准手续的，或者仍未办理批准、登记等手续的，该合同应被认定未生效；法律、行政法规规定合同应当办理登记手续，但未规定登记后生效的，当事人未办理登记手续不影响合同的效力，但合同标的物所有权及其他物权不能转移。

（3）附条件合同的生效

附条件合同是指当事人在合同中特别规定一定的条件，以条件的是否成就来决定合同的效力的发生或消灭的合同。合同中所附的条件必须具备以下条件：

① 是将来发生的事实，已发生的事实不能作为条件；

② 是不确定的事实，即条件是否成就，当事人不能肯定；

③ 是当事人任意选择的事实，而非法定的事实；

④ 是合法的事实，不得以违反法律或违反社会公共利益的事实作为所附条件；

⑤ 所限制的是合同效力的发生或消灭，而不涉及合同的内容，所以所附条件不能与合同的内容相矛盾。

根据条件对合同本身所起的作用，可将条件分为两类：一是生效条件，又称延缓条件，是指限制合同效力发生的条件，延缓条件一旦成就，合同的效力就产生。二是解除条件，又称消灭条件，是限制合同效力消灭的条件，解除条件一旦成就，合同效力就消灭。

当事人对合同的效力可以约定附条件。当事人为自己的利益不正当地阻止条件成就的，视为条件已成就；不正当地促成条件成就的，视为条件未成就。

（4）附期限合同的生效

附期限的合同是指当事人在合同中约定一定的期限，并把期限的到来作为合同效力发生或消灭的根据的合同。

当事人在合同中既可附生效期限（又称始期），也可附终止期限（又称终期）。附生效期限的合同，在期限到来以前，合同虽已成立，但尚未生效，待所附生效期限到来时，合同的效力才发生。附终止期限的合同，在所附期限到来之前，合同继续有效，而在期限到来时，合同效力消灭。

例 2-5　2005 年 1 月，工程师张某与如意居房地产公司签订房屋买卖合同，购买了如意居小区二期的住房一套，但没有向房地产管理部门办理登记。2005 年 6 月的时候，该房地产公司又将该套住房卖给了刘某，也没有向房地产管理部门办理登记。为此，三方发生纠纷。

请分析如意居房地产公司分别和张某、刘某签订的合同是否有效，此案应该如何办理？

解析　如意居房地产公司分别和张某、刘某签订的合同都是没有法律效力的。

根据合同法的规定，依法成立的合同，若法律、行政法规规定应当办理批准、登记等手续的，合同办理了批准、登记等手续后生效，而房地产买卖合同应当到房地产管理部门办理登记后方才生效。所以上述两个合同都是无效的。

从公平原则出发，张某与房地产公司签订的合同，虽没有发生法律效力，但是双方意思表示一致的结果，该合同已经成立(但未生效)，只要履行登记手续即可生效。而刘某与房地产公司的合同，因房地产公司有过错而不成立；如果刘某在签订合同的时候没有与房地产公司恶意串通，则有权要求房地产公司承担缔约过失责任。

2）无效合同

(1) 无效合同的概念

无效合同，是指合同因违反了法律、行政法规或社会公共利益，国家不予承认和保护的不发生法律效力的合同。

无效合同具有如下特征：

① 无效合同具有明显的违法性。

② 无效合同的违法性，表现在违反了法律和行政法规的强制性规定或违反了社会公共利益。对无效合同实行国家干预。这种干预主要表现在：法院和仲裁机构不待当事人请求确认合同无效，便可依职权主动审查合同是否具有无效因素，如发现合同存在无效因素，便应主动地确认合同无效。另外，有关国家行政机关也可以对一些无效合同予以查处，追究有关无效合同当事人的行政责任。

③ 无效合同具有不可履行性。当事人在订立无效合同后，不得依据合同实际履行，也不存在对不履行合同违约责任的承担。

④ 无效合同自始无效。合同一旦确认无效，就将产生溯及力，使合同自订立之时起就不具有法律效力。没有履行的，不再履行；对已经履行的，应当通过返还财产、赔偿损失等方式使当事人的财产恢复到合同订立之前的状态。

(2) 无效合同的情形

根据《合同法》的规定，有下列情形之一的，合同无效：

① 一方以欺诈、胁迫的手段订立合同，损害国家利益；

② 恶意串通，损害国家、集体或者第三人的利益；

③ 以合法形式掩盖非法目的；

④ 损害社会公共利益；

⑤ 违反法律、行政法规的强制性规定。

无效合同根据其无效的程度和范围分为全部无效合同和部分无效合同。上述 5 种合同属于全部无效合同。有些合同只是部分条款无效，其余条款的法律效力不受影响，这些合同就属于部分无效合同。《合同法》对合同中免责条款的无效的规定就说明了这种情况。免责条款是指当事人在合同中规定的免除或限制一方或双方当事人违约责任的条款。对当事人自愿订立的免责条款，法律是不加干涉的。但如果合同中的免责条款违反法律规定、违背诚实信用原则，法律必须加以禁止。《合同法》规定合同中的下列免责条款无效：造成对方人身伤害的；因故意或者重大过失造成对方财产损失的。

例 2-6 张某准备将自己闲置的一套住房以 50 万价格出售给孙某，双方在签订合同的时候，张某提出：为了规避过户时需要缴纳的税费，应该签订一份 30 万的合同，对外声称价格为 30 万，而实际价格为 50 万，这样双方均可以节约一笔可观的费用。孙某于是同意。

请分析双方签订的房屋买卖合同的效力？

解析 该合同属于无效合同。

根据《合同法》的规定，当事人恶意串通，损害国家、集体或者第三人利益的合同无效。所以该合同无效。

3）可撤销合同

（1）可撤销合同的概念

可撤销合同，是指当事人在订立合同时，因意思表示不真实，通过有撤销权的当事人行使撤销权，可使已经生效的合同变更或归于无效的合同。

可撤销合同具有下列特征：

① 可撤销合同主要是意思表示不真实的合同。无论是有重大误解的合同，还是显失公平的合同，它们有一个共同的特征，即当事人的意思表示不真实。

② 可撤销合同须由撤销权人主动行使撤销权。可撤销合同中依法享有撤销权的人通常是指利益受到损害的当事人。

③ 可撤销合同中的撤销权人可以撤销合同，也可以不撤销合同而只是变更合同。

（2）可撤销合同的情形

根据《合同法》的规定，有下列几种可撤销合同：

① 重大误解订立的合同；

② 显失公平的合同；

③ 一方以欺诈、胁迫的手段或者乘人之危，使对方在违背真实意思的情况下订立的合同。

（3）撤销权的行使

撤销权通常由因意思表示不真实而受损害的一方当事人享有，如重大误解合同中的误解人，显失公平合同中的遭受重大不利的一方。撤销权的行使不一定必须通过诉讼的方式。如果撤销权人主动向对方作出撤销的意见表示，而对方未表示异议，则可以直接发生撤销合同的后果；如果对撤销问题双方发生争议，则必须提起诉讼或仲裁，要求人民法院或仲裁机关予以裁决。

在此需要注意的是，有撤销权的当事人可以选择请求变更合同或者撤销合同，如果当事人主张变更合同的，人民法院或者仲裁机构不得撤销。

撤销权人必须在法律规定的期限内行使撤销权。《合同法》规定："具有撤销权的当事人自知道或者应当知道撤销事由之日起1年内没有行使撤销权，或是有撤销权的当事人知道撤销事由后明确表示或者以自己的行为放弃撤销权，则撤销权消灭。"

4）效力待定合同

（1）效力待定合同的概念

效力待定合同，是指已经成立的合同欠缺有效条件，尚未确定能否发生当事人预期的法律效力，只有经过权利人的追认，才能发生法律效力的合同。

此类合同与无效合同及可撤销合同的不同之处在于：行为人并未违反法律的禁止性规定及社会公共利益，也不是因意思表示不真实而导致合同可撤销，主要是因为有关当事人缺乏缔约能力、代订合同的资格及相关的处分能力所造成的。

（2）效力待定合同的种类

① 限制民事行为能力人订立的依法不能独立订立的合同。

根据我国法律规定，10 周岁以上不满 18 周岁的未成年人和不能完全辨认自己行为的精神病人，可以实施某些与其年龄、智力和精神健康状况相适应的民事行为，其他民事活动由其法定代理人代理，或在征得其法定代理人同意后实施。如果限制民事行为能力人订立了与其年龄、智力和精神健康状况不相适应的合同，这类合同就属效力待定合同。《合同法》规定，限制民事行为能力人订立的这类合同，经法定代理人追认后，该合同有效。法定代理人未作表示的，视为拒绝追认。合同被追认之前，善意相对人有撤销的权利，撤销应当以通知的方式作出。但纯获利益的合同或者与其年龄、智力、精神健康状况相适应而订立的合同，不必经法定代理人追认，合同当然有效。

② 因无权代理而订立的合同。

无权代理合同是指行为人在没有代理权、超越代理权或者代理权终止后仍以被代理人名义订立的合同。这种合同也是效力待定的合同。

无权代理合同经被代理人追认后，使合同成为有效代理合同。未经被代理人追认，对被代理人不发生法律效力，由行为人自己承担责任。相对人可以催告被代理人在 1 个月内予以追认，被代理人未作表示的视为拒绝追认。合同被追认之前，善意相对人有撤销的权利，撤销应当以通知的方式作出。相对人有理由相信行为人有代理权的，该代理行为有效，即属所谓的表见代理。

③ 无处分权人处分他人财产的合同。

无处分权人处分他人财产的合同，也是效力待定合同的一种。合同经权利人追认或者无处分权人订立合同后取得处分权的，该合同有效。

5）合同被确认无效或者被撤销的法律后果

合同被确认无效或者被撤销后，确认或撤销的效力将溯及既往，合同自成立之日起无效，而不是从确认之日起或撤销之日起无效。

合同被确认无效或被撤销以后，虽不能产生当事人预期的法律效果，但并不是不产生相应的法律后果。其相应的法律后果主要包括以下三种：

（1）返还财产

返还财产是使当事人的财产关系恢复到合同签订以前的状态，不论接受财产的一方是否具有过错，都负有返还财产的义务，如果不能返还或者没有必要返还的，应当折价补偿。

（2）赔偿损失

有过错的一方应当赔偿对方所受的损失；双方都有过错的，应当各自承担相应的责任。

（3）追缴财产

在当事人一方或双方故意违法的情况下，应当将故意违法当事人的财产收缴国库，这是法律对不法行为人实施的制裁措施。如《合同法》规定："当事人恶意串通，损害国家、集体或第三人利益的，因此取得的财产收归国家所有或者返还集体、第三人。"

例 2－7 甲、乙两公司于 2004 年 9 月 1 日签订一份合同，约定由甲公司向乙公司提供建筑工地所用水泥 10 t，交货后乙公司支付货款。在订立合同的过程中，甲公司对水泥的质量提供了虚假证明。9 月 15 日，甲公司交付了 5 t 水泥，乙公司收货以后发现质量有问题而拒绝付款，并拒绝接受剩余的水泥。因没有能及时买进水泥，乙公司由于停止施工造成损失 1 万元，该合同没有造成影响国家和社会利益。9 月 30 日，乙公司向法院起诉，要求废止该合同。法院于 11 月 5 日经审理废止了该合同。请回答：

(1) 该合同效力如何？

(2) 如果该合同不具有法律效力，从何时开始不具有法律效力？

(3) 该合同所引起的财产后果应该如何处理？

解析 (1) 该合同属于可撤销合同。

根据《合同法》规定，一方以欺诈、胁迫的手段或者乘人之危，使对方在违背真实意思的情况下订立的合同，属于可撤销合同。所以，该合同属于可撤销合同。

(2) 该合同从 9 月 1 日起不具有法律效力。

根据《合同法》规定，合同被确认无效或者被撤销后，确认或撤销的效力将溯及既往，合同自成立之日起无效，而不是从确认之日起或撤销之日起无效。

(3) 返还财产，赔偿损失。

乙公司将已经收到的 5 t 水泥返还，不能返还的可以折价补偿；甲公司应该赔偿乙公司的损失 1 万元。

2.2 合同的履行与担保

2.2.1 合同的履行

1) 合同履行的概念和原则

(1) 合同履行的概念

合同履行，是指合同生效后，双方当事人按照合同的规定，全面适当地完成了各自的合同义务，享受了各自的合同权利，使双方当事人的合同目的得以实现的行为。

合同的履行是《合同法》法律约束力的首要表现。当事人应当按照约定全面履行自己的义务。合同生效后，当事人不得因姓名、名称的变更或者法定代表人、负责人、承办人的变动而不履行合同义务。

(2) 履行合同应遵循的原则

① 适当履行原则

适当履行原则，又称正确履行原则或全面履行原则，是指当事人按照合同规定的标的、数量、质量，由适当的主体在适当的履行期限、地点以适当的履行方式，全面完成合同义务的履行原则。

② 实际履行原则

实际履行原则，是指当事人应按照合同规定的标的去履行，不能用其他标的代替的履行原则。当违约时，违约方不能以偿付违约金、赔偿金代替履行，只要对方当事人要求继续履行合同，就应当实际履行。

③ 协作履行原则

协作履行原则，是指当事人不仅要适当履行自己的合同义务，而且应基于诚实信用原则协助对方当事人履行合同义务的履行原则。

④ 经济履行原则

经济履行原则，是指要求当事人在履行合同时，讲求经济利益，以付出最小的履行成本，获取最佳的合同利益的履行原则。

2）合同履行的规则

（1）当事人就有关合同内容约定不明确时的确定规则

合同生效后，当事人就质量、价格或者报酬、履行地点等内容没有约定或者约定不明确的，可以协议补充；不能达成补充协议的，按照合同有关条款或者交易习惯确定。当事人就有关合同内容约定不明确，依照上述规定仍不能确定的，适用下列规定：

① 质量要求不明确的，按照国家标准、行业标准履行；没有国家标准、行业标准的，按照通常标准或者符合合同目的的特定标准履行。

② 价款或者报酬不明确的，按照订立合同时履行地的市场价格履行；依法应当执行政府定价或政府指导价的，按照规定履行。

③ 履行地点不明确，给付货币的，在接受货币一方所在地履行；交付不动产的，在不动产所在地履行；其他标的，在履行义务一方所在地履行。

④ 履行期限不明确的，债务人可以随时履行，债权人也可以随时要求履行，但应当给对方必要的准备时间。

⑤ 履行方式不明确的，按照有利于实现合同目的的方式履行。

⑥ 履行费用的负担不明确的，由履行义务的一方负担。

（2）执行政府定价的履行规则

《合同法》规定：执行政府定价或者政府指导价的，在合同约定的交付期限内政府价格调整的，按照交付时的价格计价。逾期交付标的物的，遇价格上涨时，按照原价格执行；价格下降时，按照新价格执行。逾期提取标的物或者逾期付款的，遇价格上涨时，按照新价格执行；价格下降时，按照原价格执行。

3）合同履行中的抗辩权

抗辩权是指在双务合同中，一方当事人享有的依法对抗对方要求或否认对方权利主张的权利。履行抗辩权的设置，使当事人可以在法定情况下对抗对方的请求权，而当事人的拒绝履行行为不但不构成违约，而且还可以更好地维护当事人的合法权益。履行抗辩权主要包括同时履行抗辩权、先履行抗辩权和不安抗辩权。

（1）同时履行抗辩权

同时履行抗辩权，是指双务合同的当事人履行义务没有先后顺序，一方在对方未履行义务前，有拒绝对方请求自己履行合同义务的权利；一方在对方履行义务不符合约定时，有权拒绝其相应的履行要求。

（2）先履行抗辩权

先履行抗辩权，是指双务合同中的当事人履行义务有先后顺序，先履行义务的一方当事人未履行义务时，后履行义务的一方当事人有拒绝对方请求履行合同义务的权利。

（3）不安抗辩权

不安抗辩权，是指双务合同中的当事人履行义务有先后顺序，先履行义务的一方当事人，有证据证明后履行一方当事人财产状况明显恶化，不能或可能不能履行合同义务时，在对方当事人未恢复履行能力或提供适当担保之前，有暂时中止履行合同义务的权利。

《合同法》规定，应当先履行债务的当事人，有确切证据证明对方有下列情形之一的，可以中止履行：

① 经营状况严重恶化；

② 转移财产、抽逃资金以逃避债务；

③ 丧失商业信誉；

④ 有丧失或者可能丧失履行债务能力的其他情形。

但当事人没有确切证据而中止履行合同义务的，应当承担违约责任。当事人中止履行合同义务的，应当及时通知对方。对方提供适当担保后，应当恢复履行。中止履行后，对方在合理期限内未恢复履行能力并且未提供适当担保的，中止履行的一方即可以解除合同。

4）合同的保全

合同的保全，是指法律为防止因债务人的财产不当减少或不增加而给债权人的债权带来损害，允许债权人行使撤销权或代位权，以保护其债权的一种制度。

合同的保全主要包括代位权与撤销权两种形式。

（1）代位权

代位权是指当债务人怠于行使其到期债权，危害到债权人的债权时，债权人可以向人民法院请求以自己的名义代位行使债务人债权的权利。

债权人依法行使代位权应当符合下列条件：

① 债权人对债务人的债权合法。

债权人与债务人之间必须有合法的债权债务关系的存在，否则，代位权就失去了存在的基础。如果债权债务关系并不成立，或者具有无效或可撤销的因素而应当被宣告无效或者可能被撤销，或者债权债务关系已经被解除，或者债务人的债权是一种自然债权，则债权人并不应该享有代位权。

② 债务人怠于行使其到期债权，对债权人造成损害。

债务人怠于行使其到期债权，意味着债务人不仅对次债务人享有债权，而且此种权利必须到期。如果没有到期，就谈不上怠于行使。“债务人怠于行使其到期债权，对债权人造成损害”，是指债务人不履行其对债权人的到期债务，而债权人又不以诉讼或仲裁的方式向其债务人主张其享有的具有金钱给付内容的到期债权，致使债权人的到期债权未能实现。

③ 债权人对债务人的债权已到期。

债权人对债务人享有的债权必须已届清偿期，债权人才能行使代位权，这一点是代位权与撤销权在构成要件上的区别所在。

④ 债务人的债权不是专属于债务人自身的债权。

专属于债务人自身的债权，是指基于扶养关系、抚养关系、赡养关系、继承关系产生的给付请求权和劳动报酬、退休金、养老金、抚恤金、安置费、人寿保险、人身伤害赔偿请求权等权利。

债权人行使代位权应当以自己的名义行使，而不是以债务人的名义行使。债权人依法提起代位权诉讼的，由被告住所地的人民法院管辖。代位权的行使范围以债权人的债权为限。债权人行使代位权的必要费用，由债务人承担。在代位权诉讼中，债权人胜诉的，诉讼费用由次债务人负担，从实现的债权中优先支付，然后由次债务人向债务人求偿。

债权人向次债务人提起的代位权诉讼经人民法院审理后认定代位权成立的，由次债务人向债权人履行清偿义务，债权人与债务人、债务人与次债务人之间相应的债权债务关系即予消灭。

(2) 撤销权

撤销权是指债权人对债务人实施的危及债权人利益的减少财产行为，可以请求人民法院予以撤销的权利。撤销权行使的结果是恢复债务人的财产与权利。

因债务人放弃其到期债权或者无偿转让财产，对债权人造成损害的，债权人可以请求人民法院撤销债务人的行为。债务人以明显不合理低价转让财产，对债权人造成损害，并且受让人知道该情形的，债权人也可以请求人民法院撤销债务人的行为。撤销权的行使范围以债权人的债权为限。债权人行使撤销权的必要费用由债务人负担，第三人有过错的，应当适当分担。

债权人撤销权的行使期限为：自债权人知道或者应当知道撤销事由之日起 1 年内行使。自债务人的行为发生之日起 5 年内没有行使撤销权的，该撤销权消灭。

5) 合同的变更、转让和终止、解除

(1) 合同的变更

依法成立的合同，即具有法律约束力，受法律保护，当事人必须全面履行。但是，在合同的履行过程中，由于主、客观情况的变化，使原合同的履行不可能或不必要时，为了减少不必要的损失，当事人可以依法变更合同。

合同的变更，是指合同没有履行或没有完全履行时，当事人双方根据客观情况的变化，依照法律规定的条件和程序，对原合同进行修改或补充。合同的变更是在合同的主体不改变的前提下对合同内容的变更，合同性质和标的性质并不改变，实质上仍是一个合同。

我国《合同法》第 77 条规定，当事人协商一致，可以变更合同，法律、行政法规规定变更合同应当办理批准、登记手续的，依照其规定。合同依法变更后，当事人依照变更后的合同享有权利和履行义务。当事人对变更的内容约定不明确的，推定为未变更。

(2) 合同的转让

合同的转让，是指合同的当事人将其合同的权利和义务全部或部分转让给第三人。合同的转让是合同主体的变更，分为债权转让、债务转让及权利义务的概括转让。

① 债权转让

合同的债权转让也称为债权让与，是指不改变合同的内容，由债权人将合同的债权全部或部分转让给第三人。但有下列三种情形的，合同债权不得转让：根据合同的性质不得转让(主要指合同在基于当事人的身份关系而订立的情况下，合同债权不得转让)；当事人约定不得转让；依照法律规定不得转让。

债权人转让债权，不需经债务人同意，但应当通知债务人。未经通知，该转让对债务人不发生效力。债务人接到债权转让通知后，债权转让行为就生效，债务人对让与人的抗辩可以向受让人主张。债权人转让权利的通知不得撤销，但经受让人同意的除外。

② 债务转让

合同的债务转让也称债务承担，是指债务人将合同的债务全部或部分转让给第三人。债务人转让合同债务，应当经债权人同意，只有在取得债权人的同意后，才对债权人产生法律效力。债务人转让债务后，新债务人可以主张原债务人对债权人的抗辩。新债务人应当承担与主债务有关的从债务，但该从债务专属于原债务人自身的除外。

③ 合同权利义务的概括转让

合同权利义务的概括转让，一般由合同的一方当事人与合同之外的第三人通过签订转让协议转让，约定由第三人取代合同转让人的地位，享有合同中转让人的一切权利并承担转让人在合同中的一切义务。合同权利义务的概括转让与债权或债务转让不同，后者仅是债权债务的单一转让，而合同权利义务的概括转让则是债权与债务一并转让。

根据《合同法》的规定，当事人一方经对方同意，可以将自己在合同中的权利义务一并转让给第三人。权利和义务一并转让的，适用债权转让与债务转让的有关规定。法律、行政法规规定转让权利或者转让义务应当办理批准、登记手续的，应依照其规定办理相应手续。当事人订立合同后合并的，由合并后的法人或者其他组织行使合同权利、履行合同义务。当事人订立合同后分立的，除债权人和债务人另有约定的以外，由分立后的法人或者其他组织对合同的权利和义务享有连带债权、承担连带债务。

例 2－8 张某为装修新房，到乙公司订做一套木制家具，后由于乙公司另外承揽了一大宗业务，无法安排制作张某的家具，便擅自转让给丙公司加工制作。交货时候，张某发现家具是丙公司加工制作，质量不符合要求。

请分析乙公司将家具交由丙公司加工制作属于什么行为？是否有效？

解析 乙公司将家具交由丙公司加工制作属于转让合同义务的行为，是无效的。

根据《合同法》的规定，债务人转让合同债务，应当经债权人同意，只有在取得债权人的同意后，才对债权人产生法律效力。本案中未经张某同意，所以无效。

(3) 合同的终止

合同终止即合同权利义务的终止，是指由于某种法律事实的发生使当事人之间的权利义务关系消灭。合同终止的原因，一般是因为合同的目的已经达到，或者是因为某种情况不需要继续存在合同关系了。

根据《合同法》的规定，有下列情形之一的，合同的权利义务终止：

① 债务已经按照约定履行。

② 合同解除。

③ 债务相互抵消。

债务相互抵消有法定抵消和合意抵消两种。法定抵消是指当事人互负到期债务，且债务的标的物种类、品质相同的，任何一方可以将自己的债务与对方的债务在相同数额范围内抵消，但依照法律规定或者按照合同性质不得抵消的除外。当事人主张抵消的，应当通知对方。抵消不得附条件或者附期限。合意抵消是指当事人互负债务的，无论标的物种类、品质相同与否，经双方协商一致抵消债务。

④ 债务人依法将标的物提存。

提存是指由于债权人的原因致使债务人无法向债权人清偿债务时，债务人将合同的标的物交付给特定的提存机关，从而产生与债务清偿完全相同效果的合同消灭制度。

《合同法》规定，有下列情形之一的，难以履行债务的，债务人可以将标的物提存：

a. 债权人无正当理由拒绝受领；

b. 债权人下落不明；

c. 债权人死亡未确定继承人或者丧失民事行为能力未确定监护人；

d. 法律规定的其他情形。

标的物不适于提存或者提存费用过高的，债务人依法可以拍卖或者变更标的物，提存所得的价款。

标的物提存后，除债权人下落不明的以外，债务人应当及时通知债权人或者债权人的继承人、监护人。标的物提存后，毁损、灭失的风险由债权人承担。提存期间，标的物的孳息归债权人所有。提存费用由债权人负担。债权人可以随时领取提存物，但债权人对债务人负有到期债务的，在债权人未履行债务或者提供担保之前，提存部门根据债务人的要求应当拒绝其领取提存物。债权人领取提存物的权利，自提存之日起5年内不行使而消灭，提存物扣除提存费用后归国家所有。

⑤ 债权人免除债务。

⑥ 债权债务同归于一人。

⑦ 法律规定或者当事人约定终止的其他情形。

合同的权利义务终止后，当事人应当遵循诚实信用原则，根据交易习惯履行通知、协助、保密等义务。

(4) 合同的解除

合同解除，是指合同生效后但合同义务没有履行或者没有完全履行，因发生了法定、约定情况或者当事人协商一致，而使合同关系消灭。

合同的解除分为约定解除和法定解除两种情况。

约定解除是指当事人双方在合同成立后，没有履行或者没有完全履行前，通过协商一致解除合同或者在订立合同时就约定了解除合同的条件，当条件成就时合同自然被解除。

法定解除是指在合同成立后，没有履行或者没有完全履行前，由于出现了法定解除情形，当事人一方行使法定解除权而使合同终止。

《合同法》规定，有下列情形之一的，当事人可以解除合同：

① 因不可抗力致使不能实现合同目的；

② 在履行期限届满之前，当事人一方明确表示或者以自己的行为表明不履行主要债务；

③ 当事人一方迟延履行债务，经催告后在合理期限内仍未履行；

④ 当事人一方迟延履行债务或者有其他违约行为致使不能实现合同目的；

⑤ 法律规定的其他情形。

当事人依法主张解除合同的，应当通知对方。合同自通知到达对方时解除。对方有异议的，可以请求人民法院或者仲裁机构确认解除合同的效力。法律、行政法规规定解除合同应当办理批准、登记手续的，依照其规定。

合同解除后，尚未履行的，终止履行；已经履行的，根据履行情况和合同性质，当事人可以要求恢复原状或采取其他补救措施，并有权要求赔偿损失。合同的权利义务终止，不影响合同中结算和清理条款的效力。

关于解除权的期限，若法律规定或者当事人约定解除权行使期限，期限届满当事人不行使的，该权利消灭；若法律没有规定或当事人没有约定解除权行使期限，经对方催告后在合理期限内不行使的，该权利消灭。

例2-9 李小姐于2004年3月和“学府雅苑”的开发商签订了购房合同，购买该小区二期的商品房一套，并先期付款20万元，合同约定交房时间为2005年5月1日。后来开发商经营不善，工程由于无后续资金投入而停止。到了2005年5月10日的时候，开发商经李小姐等购房者催促仍不能交房，并无继续开工的意思(无后续开发资金)。于是李小姐认为开发商违约，不能交房实现合同目的。请分析本案应该如何解决？

解析 李小姐可以依法通知开发商解除合同，并要求开发商返还先期付款的20万元，并且可以同时要求赔偿损失。

因为我国《合同法》规定，当事人一方迟延履行债务或者有其他违约行为致使不能实现合同目的的，对方可以通知解除合同；合同解除后，尚未履行的，终止履行；已经履行的，根据履行情况和合同性质，当事人可以要求恢复原状或采取其他补救措施，并有权要求赔偿损失。

2.2.2 合同的担保

合同担保，是指为保障合同债权的实现，由当事人双方依照法律的规定，经过协商一致而设定的法律措施。设定担保的根本目的，是保证合同的切实履行，既保障合同债权人实现其债权，也促使合同债务人履行其债务。

根据1995年6月30日第八届全国人大常委会第14次会议通过的《中华人民共和国担保法》(以下简称《担保法》)的规定，我国合同担保制度由保证、抵押、质押、留置和定金等几种担保方式组成。

合同的担保，一般在订立合同的同时成立，既可以是单独成立的书面合同，包括当事人之间具有担保性质的信函、传真等，也可以是主合同中的担保条款。担保合同是主合同的从合同，主合同无效，担保合同无效。担保合同另有约定的，按照约定。担保合同被确认无效后，债务人、担保人、债权人有过错的，应当根据其过错各自承担相应的民事责任。

1）保证

保证是指由债务人以外的第三人为债务人的债务履行作担保，当债务人不履行债务时，由第三人按照约定履行债务或者承担责任的行为。其中，为债务人的债务履行作担保的第三人称为保证人；被担保的债务人称为被保证人。

(1) 保证人的资格

我国《合同法》规定：具有代为清偿债务能力的法人，其他组织或者公民可以作为保证人。除经国务院批准，为使用外国政府或国际经济组织贷款进行转贷担保外，国家机关不得作为保证人；学校、幼儿园、医院等以公益为目的的事业单位、社会团体不得作为保证人；企业法人的分支机构、职能部门不得作为保证人，但企业法人的分支机构有法人书面授权的，可以在授权范围内提供保证。

(2) 保证的内容和方式

保证的内容应由保证人与债权人以书面形式在保证合同中订立。保证合同应当包括以下内容：

① 被保证的主债权种类、数额；

② 债务人履行债务的期限；

③ 保证的方式；

④ 保证担保的范围；

⑤ 保证的期间；

⑥ 双方认为需要约定的其他事项。

保证的基本方式有两种，即一般保证和连带责任保证。

当事人在保证合同中约定，债务人不能履行债务时，由保证人承担一般保证责任的，为一般保证。一般保证的成立以债权人和保证人有明确约定为要件。一般保证的保证人在合同纠纷未经审判或仲裁，并在债务人财产依法强制执行仍不能清偿债务前，对债权人可拒绝承担保证责任。但是，债务人住所变更，致使债权人要求其履行债务发生重大困难；或者法院受理债务人破产案件，中止执行程序的；或者保证人以书面形式放弃先诉抗辩权的，保证人应承担保证责任。

当事人在保证合同中约定保证人与债务人对债务承担连带责任的，为连带责任保证。连带责任保证的债务人在主合同规定的债务履行期限届满时没有履行债务，债权人可以直接要求保证人在其保证范围内承担责任。

当事人如果在保证合同中，对保证方式没有约定或者约定不明确的，则按连带责任保证承担保证责任。

(3) 保证期间

保证期间指保证人承担保证责任的时间范围。超过保证期限的，保证人不承担保证责任。保证人与债权人约定保证期间的，按照约定执行。保证人与债权人未约定保证期间的，法定保证期间为主债务履行期限届满之日起 6 个月；如果保证合同约定的保证期间早于或等于主债务履行期限的，视为没有约定。保证合同约定保证期间不明确的，如约定保证人承担保证责任直至主债务本息还清时为止等，法定保证期间为主债务履行期限届满之日起 2 年。

(4) 保证责任

保证责任即保证人在担保事项出现时应承担的法律责任。保证责任的范围包括主债权及利息、违约金、损害赔偿金和实现债权的费用。

① 保证责任的免除

根据我国《合同法》规定，有下列情形之一的，保证人不承担民事责任：第一，主合同当事人双方串通、骗取保证人提供保证的；第二，合同债权人采取欺诈、胁迫等手段，使保证人在违背真实意思的情况下提供保证的。

② 保证人的数量与保证责任的关系

同一债务有两个以上保证人的，保证人应当按照保证合同约定的保证份额承担保证责任。未约定保证份额的，保证人承担连带保证责任，即债权人可以要求任何一个保证人承担全部保证责任。保证人都负有担保实现全部债权的义务。

③ 主合同变更对保证责任的影响

除保证合同另有约定外，债权人与债务人协议变更主合同的，应当取得保证人的书面同意；未经保证人书面同意的，保证人不再对变更后的主合同承担保证责任。

④ 债权债务转让对保证责任的影响

债权人依法将主债权转让给第三人，除保证合同另有约定外，保证人在原保证担保的范围内继续承担保证责任。在保证期间内，债权人许可债务人转让债务的，应当取得保证人的书面同意，保证人对未经其同意转让的债务部分，不再承担保证责任。

⑤ 保证与物的担保并存时的规定

同一债权既有保证又有物的担保，应优先执行物的担保，保证人仅对物的担保以外的债权承担保证责任。如果债权人放弃物的担保，保证人在债权人放弃权利的范围内免除保证责任。

⑥ 保证人的追偿权

保证人承担保证责任后，享有追偿权，即有权向债务人追偿其代为清偿的部分。保证人自行履行保证责任时，其实际清偿额大于主债权范围的，保证人只能在主债权范围内对债务人行使追偿权。

例 2-10 某市在招商引资过程中，由市政府出面，甲企业与某境外企业达成一笔1000万美元的合同。在该境外企业的要求下，该市政府为合同做了保证担保。

请分析市政府为合同做了保证担保的行为是否符合法律规定，该担保合同是否有效？

解析 市政府为合同做了保证担保的行为不符合法律规定，该担保合同无效。

因为，我国相关法律规定，除经国务院批准，为使用外国政府或国际经济组织贷款进行转贷担保外，国家机关不得作为保证人。所以，市政府为合同做了保证担保的行为不符合法律规定，该担保合同无效。

2）抵押

（1）抵押和抵押物

抵押是指债务人或第三人的特定财产在不转移占有的前提下，将该财产作为债权的担保，当债务人不履行债务时，债权人有权依法以该财产折价或者以拍卖、变卖该财产的价款优先受偿。在抵押法律关系中，提供财产的债务人或者第三人称为抵押人；债权人享有的当债务人不履行债务时以变卖抵押物优先受偿的权利称为抵押权；享有抵押权的债权人称为抵押权人。

用于抵押的财产称为抵押物，抵押人只能以法律规定可以抵押的财产提供担保；法律规定不可以抵押的财产，抵押人不得用于提供担保。根据《担保法》规定，下列财产可以抵押：

① 抵押人所有的房屋和其他地上定着物；

② 抵押人所有的机器、交通运输工具和其他财产；

③ 抵押人依法有权处分的国有土地使用权、房屋和其他地上定着物；

④ 抵押人依法有权处分的国有机器、交通运输工具和其他财产；

⑤ 抵押人依法承包并经发包方同意抵押的荒山、荒沟、荒丘、荒滩等荒地的土地使用权；

⑥ 依法可以抵押的其他财产。

根据《担保法》规定，下列财产不得抵押：

① 土地所有权；

② 耕地、宅基地、自留地、自留山等集体所有的土地使用权（但法律另有规定的除外）；

③ 学校、幼儿园、医院等以公益为目的的事业单位、社会团体的教育设施，医疗卫生设施和其他社会公益设施；

④ 所有权、使用权不明或者有争议的财产；

⑤ 依法被查封、扣押、监管的财产；

⑥ 依法不能抵押的其他财产。

此外，我国法律对房地产的抵押作了专门规定，实行房与地同时抵押的原则。以依法取得的国有土地上的房屋抵押的，该房屋占有范围内的国有土地使用权同时抵押。以出让方式取得的国有土地使用权抵押的，应当将抵押时该国有土地上的房屋同时抵押。乡（镇）、村企业的土地使用权不得单独抵押，以乡（镇）、村企业的厂房等建筑物抵押的，其占用范围内的土地使用权同时抵押。

（2）抵押合同和抵押物登记

抵押合同是指通过当事人协商确定以某项特定财产抵押用来担保债务履行而订立的协议。根据我国法律规定，抵押人和抵押权人应当以书面形式订立抵押合同。抵押合同应当包括以下内容：被担保的主债权种类、数额；债务人履行的期限；抵押物的名称、数量、质量、状况、所在地、所有权权属或使用权权属；抵押担保的范围，包括主债权及利息、违约金、损害赔偿金和实现抵押权的费用；当事人认为需要约定的其他事项。

当事人以法律规定需要办理抵押登记的财产抵押的，应当向有关部门办理抵押物登记，抵押合同自登记之日起生效。

根据抵押物的不同，办理登记的部门也就不同：

① 以无地上定着物的土地使用权抵押的，为核发土地使用权证书的土地管理部门；

② 以城市房地产或乡（镇）、村企业的厂房等建筑物抵押的，为县级以上地方人民政府规定的部门；

③ 以林木抵押的，为县级以上林木主管部门；

④ 以航空器、船舶、车辆抵押的，为运输工具的登记部门；

⑤ 以企业的设备和其他动产抵押的，为财产所在地的工商行政管理部门。

当事人以上述财产以外的财产抵押的，可以自愿办理抵押物登记，登记部门为抵押人所在地的公证部门。是否办理抵押物登记，不影响抵押合同的生效，抵押合同自签订之日起生效。但未办理登记的抵押合同，不得对抗第三人。

（3）抵押的效力

根据我国《合同法》规定，抵押权因抵押物灭失而消灭。因抵押物灭失所得的赔偿部分，应作为抵押财产。抵押人对特定财产设定抵押后并不丧失对该财产的所有权，仍有权对已抵押的财产进行处分，但要受到抵押权效力的影响，主要表现为：

① 抵押人将已抵押的财产出租的，应当书面告知承租人。抵押权实现后，租赁合同在有效期内对抵押物的受让人继续有效。抵押人将已抵押的财产出租时，如果抵押人未书面告知承租人该财产已抵押的，抵押人对出租抵押物造成承租人的损害承担赔偿责任。

② 抵押人将已出租的财产抵押的，抵押权实现后，租赁合同对受让人不具有约束力。

③ 在抵押期间，抵押人转让已办理登记的抵押物的，应当通知抵押权人并告知受让人转让物已经抵押的情况。抵押人未通知抵押权人或者未告知受让人，转让行为无效，抵押权人仍可以行使抵押权。取得抵押物所有权的受让人，可以代替债务人清偿其全部债务，使抵押权消灭，受让人清偿债务后可以向抵押人追偿。抵押人转让未经登记的抵押物，抵押权不得对抗受让人，因此给抵押权人造成损失的，由抵押人承担赔偿责任。转让抵押物的价款明显低于其价值的，抵押权人可以要求抵押人就债务清偿提供相应的担保；抵押人不提供的，不得转让抵押物。

（4）抵押担保债权的清偿顺序

债务履行期限届满，抵押权人未受清偿的，可以与抵押人协议以抵押物折价或者以拍卖、变卖该抵押物所得的价款受偿；协议不成的，抵押权人可以向人民法院提起诉讼。抵押物折价或者拍卖、变卖后，其价款超过债权数额的部分归抵押人所有，不足部分由债务人清偿。

若同一财产向两个以上债权人抵押的，应遵循以下原则：

① 抵押合同自登记之日起生效的，拍卖、变卖抵押物所得的价款按照抵押物登记的先后顺序清偿；顺序相同的，按照债权比例清偿。

② 抵押合同自签订之日起生效，该抵押物已登记的，按照上述原则清偿；未登记的，按照合同生效时间的先后顺序清偿，顺序相同的，按照债权比例清偿。抵押物已登记的先于未登记的受偿。

同一债权有两个以上抵押人的，当事人对其提供的抵押财产所担保的债权份额顺序没有约定或约定不明的，抵押权人可以就其中任一或者各个财产行使抵押权。抵押人承担担保责任后，可以向债务人追偿，也可要求其他抵押人清偿其应当承担的份额。

3）质押

质押是指债务人或者第三人将动产或权利交与债权人占有，作为债务履行的担保。在质押法律关系中，提供动产或权利的债务人或第三人称为出质人；提供担保的动产或权利称为质物；债权人享有的当债务人不履行债务时以变卖质物优先受偿的权利称为质权；享有质权的债权人称为质权人。质押分为动产质押与权利质押。

（1）动产质押

动产质押是指债务人或第三人将动产移交债权人占有，将该动产作为债权的担保。设立动产质押必须由出质人与质权人订立质押合同。

① 质押合同

质押合同应当以书面形式订立。质押合同为实践合同，自质物移交于质权人占有时生效。质押合同应当包括以下内容：被担保的主债权种类、数额；债务人履行债务的期限；质物的名称、数量、质量、状况；质押担保的范围；质物移交的时间；当事人认为需要约定的其他事项。

除质押合同另有约定外，质押担保的范围包括主债权及利息、违约金、损害赔偿金、质物保管费用和实现质权的费用。

② 质权人的权利和义务

质权人享有的权利包括：

a. 留置质物的权利。质权人在债务人未清偿债务之前有权留置质物，并有收取留置质物所产生的孳息的权利。

b. 请求担保权。如果质物有损坏或者价值有明显减少的可能，足以危害质权人权利的，质权人可以要求出质人提供相应的担保；出质人不提供的，质权人可以拍卖或者变卖质物，并与出质人协议将拍卖或者变卖所得价款用于提前清偿所担保的债权或者向与出质人约定的第三人提存。

c. 优先受偿权。债务履行期限届满时质权人未受清偿的，可以与出质人协议以质物折价，也可以依法拍卖、变卖质物。质物折价或者拍卖、变卖后，其价款优先清偿债务，其价款超过债权数额的部分归出质人所有，不足部分由债务人清偿。

质权人的义务包括：

a. 质权人负有妥善保管质物的义务。因保管不善致使质物灭失或者毁损的，质权人应当承担民事赔偿责任。质权人在质权存续期间，未经出质人同意，擅自使用、出租、处分质物的，如果因此给出质人造成损失的，由质权人承担赔偿责任。

b. 质权人负有返还质物的义务。债务履行期限届满，债务人履行债务的，或者出质人提前清偿所担保的债权的，质权人应当返还质物。

(2) 权利质押

权利质押是指以所有权以外的财产为标的物而设置的债权担保。

① 可以质押的权利

根据我国《合同法》规定，下列权利可以质押：

a. 汇票、支票、本票、债券、存款单、仓单、提单；

b. 依法可以转让的股份、股票；

c. 依法可以转让的商标专用权、专利权、著作权中的财产权；

d. 依法可以质押的其他权利，包括公路桥梁、公路隧道或者公路渡口等不动产的收益权。

② 权利质押合同的生效时间

权利质押合同因出质标的不同，合同生效的时间也不同：

a. 以汇票、支票、本票、债券、存款单、仓单、提单出质的，应当在合同约定的期限内将权利凭证交付质权人。质押合同自权利凭证交付之日起生效。

b. 以依法可以转让的股份、股票出质的，出质人和质权人应当订立书面合同，并向证券登记机构办理出质登记。质押合同自办理出质登记之日起生效。

c. 以依法可以转让的商标专用权、专利权、著作权中的财产权出质的，出质人与质权人应当订立书面合同，并向其管理部门办理出质登记。质押合同自登记之日起生效。

权利出质后，出质人不得转让或许可他人使用，但质权人许可的除外。出质人未经质权人同意而转让或者许可他人使用已出质权利的，应认定为转让或许可使用行为无效。如果因此给质权人或者第三人造成损失的，由出质人承担民事责任。出质人所得的转让费、许可费应当向质权人提前清偿所担保的债权或者向与质权人约定的第三人提存。

4) 留置

留置是指债权人按照合同约定占有债务人的动产，债务人不按照合同约定的期限履行债务的，债权人有权扣留该动产，以该动产折价或者以拍卖、变卖该动产的价款优先受偿的一种债权担保方式。

因保管合同、运输合同、加工承揽合同及其他法律规定可以留置动产的合同而发生的债权，债务人不履行债务的，债权人有留置权。

债权人与债务人应当在合同中约定，债权人留置动产后，债务人应当在不少于 2 个月的期限内履行债务。债权人与债务人在合同中未约定的，债权人留置债务人动产后，应当确定 2 个月以上的期限，通知债务人在该期限内履行债务。债务人逾期仍不履行债务，债权人可以与债务人协议折价或依法拍卖、变卖留置物来偿还债务。债权人未通知债务人履行偿债义务，直接变价处分留置物的，应当对此造成的损失承担赔偿责任。

留置担保的范围包括主债权及利息、违约金、损害赔偿金、留置物保管费用和实现留置权的费用。留置物折价或者拍卖、变卖后，其价款超过债权数额的部分归债务人所有，不足部分由债务人清偿。

例 2-11　2005 年 4 月，王某将自己的“德劲”牌随身听交李某维修，双方就履行期限没有约定，5 月李某修理结束以后，王某请求交付，但没有支付维修费用的意思表示，此时李某可以主张哪些权利?

解析　李某可以主张同时履行抗辩权和留置权。

根据《合同法》规定，同时履行抗辩权是指双务合同的当事人，履行义务没有先后顺序，一方在对方未履行前，有拒绝对方请求自己履行合同义务的权利。一方在对方履行义务不符合约定时，有权拒绝其相应的履行要求，故王某在没有支付维修费用前，李某可以主张同时履行抗辩权。

根据《合同法》规定，留置是指债权人按照合同约定占有债务人的动产，债务人不按照合同约定的期限履行债务的，债权人有权扣留该动产，以该动产折价或者以拍卖、变卖该动产的价款优先受偿的一种债权担保方式。故王某在没有支付维修费用前，李某可以主张留置权。

5）定金

定金是指合同当事人一方为保证合同的履行，在合同成立后、履行前预先向对方当事人交付一定数额的货币。定金与预付款不同，预付款是合同当事人一方为履行付款义务而预先向对方当事人支付一定数额的款项，无担保作用，若对方不履行合同也无惩罚作用。

根据我国《合同法》规定：当事人可以约定一方向对方给付定金作为债权履行的担保。债务人履行债务后，定金应当抵作价款或者收回。给付定金的一方不履行约定的债务的，无权要求返还定金；收受定金的一方不履行约定的债务的，应当双倍返还定金。定金应当以书面形式约定。当事人在定金合同中应当约定交付定金的期限。定金合同从实际交付定金之日起生效，定金的数额由当事人约定，但不能超过主合同标的额的 20%。

当事人一方不完全履行合同的，应当按照未履行部分所占合同约定内容的比例，适用定金罚则。

此外，《合同法》还规定，当事人既约定违约金又约定定金的，在对方违约时，可以选择适用违约金或定金条款，但两者不可以并用。

例 2-12　甲与乙签订一标的额为 50 万元的合同，双方约定定金为 20 万元，乙一直没有支付定金。后双方因合同履行发生纠纷，乙要求甲以双倍返还定金的形式承担违约责任，甲拒绝。

请分析定金合同是否成立，是否生效? 定金数额的约定是否符合法律规定?

解析　定金合同已经成立但是未生效；定金数额的约定不符合法律规定。

定金合同是甲乙双方意思表示一致的约定，所以该合同已经成立。但是，定金合同自实际交付定金之日起生效，而本案中乙并未交付定金，所以该合同尚未生效。《合同法》还规定，定金的数额由当事人约定，但不能超过主合同标的额的 20%，而本案中约定的 20 万元超过了主合同标的额的 20%(10 万元)，故定金数额的约定不符合法律规定。

2.3 违约责任

2.3.1 违约责任的构成要件

1）违约责任的概念

违约责任，即违反合同的民事责任，是指当事人不履行合同义务或者履行合同义务不符合约定时，依照法律规定或者合同约定所承担的法律责任。当事人双方都违反合同的，应当各自承担相应的责任。

违约责任具有以下特点：

（1）违约责任的产生是以合同当事人不履行合同义务为条件的

合同债务是违约责任发生的前提，违约责任是债务不履行的后果，债务是因，责任是果，无债务则无责任。

（2）违约责任具有相对性

合同关系的相对性，决定了违约责任的相对性。违约责任只能在特定的当事人之间即合同关系的当事人之间发生，合同关系以外的人，不负违约责任，合同当事人也不对合同关系以外的人承担违约责任。

（3）违约责任主要具有补偿性

违约责任的补偿性是指违约责任的目的在于弥补或补偿违约行为造成的损害后果。当然，强调违约责任的补偿性不能完全否认违约责任有时也具有惩罚性的特征。

（4）违约责任可以由当事人约定

当事人可以在法律规定的范围内，在合同中对违约责任作出事先的约定。当事人可以约定一定数额的违约金，也可以约定损害赔偿的计算方法，也可以通过约定免责条款以限制或免除其在将来可能发生的责任。对违约责任的事先约定，从根本上说是由合同自由原则决定的。

（5）违约责任是民事责任的一种形式

刑事责任、行政责任中不存在违约责任这种责任形式，违约责任属于民事责任所特有的一种责任形式。

2）违约责任的构成要件

违约责任构成要件有三个：

（1）违约行为的存在

违约行为是合同当事人不履行或不完全履行合同义务的行为。

（2）有损害后果

损害必须是实际已经发生的，尚未发生的损害不能赔偿。损害又必须是可以计算的，只有可以计算的才能赔偿。

（3）违约行为与损害后果之间有因果关系

损害后果是由违约行为直接造成的，因果关系不仅决定了违约责任的成立，而且决定了承担违约责任的范围。

3）违约责任的归责原则

违约责任的归责原则，是指确定违约当事人的民事责任的原则。违约责任必须遵循一定的归责原则来确认违约的构成要件、举证责任、免责事由以及损害赔偿范围。

违约责任的归责原则有两项：过错责任原则和严格责任原则。

(1) 过错责任原则

过错责任原则以过错的存在作为追究违约责任的要件。对于过错的存在采取两种方式确认：一是适用“谁主张，谁举证”的原则，由权利人举证证明违约当事人存在过错，否则不能追究违约责任；二是在特定情况下适用“举证责任倒置的原则”，若有违约行为存在，可推定违约当事人主观上有过错，并可追究当事人的违约责任。违约当事人如欲免除违约责任，必须举证证明自己不存在过错。

(2) 严格责任原则

严格责任原则又称无过错责任原则，是指违约事实发生后，确认违约责任，主要考虑违约的结果是否因违约方的行为造成，而不考虑违约方的违约是因为故意还是过失造成。从举证方面来看，只要权利方能够证明违约结果是由违约方的违约行为引起，即可要求违约方承担违约责任。

我国《合同法》规定：当事人一方不履行合同义务或者履行合同义务不符合约定的，应当承担继续履行、采取补救措施或者赔偿损失等违约责任。由此可以看出，我国违约责任实行的是严格责任原则。《合同法》虽规定了严格责任原则，但并不排斥过错责任原则。因此，违约责任以严格责任原则为主，过错责任原则为辅。

4) 违约行为的形态

(1) 预期违约

当事人在合同履行期限届满之前，便明确表示或以自己的行为表示将不履行合同的为预期违约。预期违约的，对方可以在履行期限届满之前要求其承担违约责任。

(2) 拒绝履行

拒绝履行是指在合同履行期到来后，一方当事人无正当理由拒绝履行合同规定的全部义务。

(3) 不适当履行

不适当履行是指当事人虽有履行行为，但不符合合同约定。不适当履行包括：

① 部分履行行为。如未以合同规定的数量交付货物。

② 瑕疵履行行为。是指履行的标的不符合合同约定的质量要求，可分为违约瑕疵履行和损害瑕疵履行。由于违约瑕疵履行尚未造成人身损害或财产损失，对违约行为可以采取补救措施；而损害瑕疵履行由于已造成人身损害或财产损失，所以违约方还应承担损害赔偿责任。

③ 履行方式不适当。如未按约定的方式交货。

④ 履行地点不适当。如未在合同规定的地点交付货物。

⑤ 其他行为。如违反告知义务等。

(4) 迟延履行

迟延履行是指合同当事人的履行违反了履行期限的规定。广义上包括债务人给付迟延和债权人受领迟延；狭义的仅指债务人的给付迟延。

债务人给付迟延是指合同期限届满时未履行债务。我国《合同法》规定：若债务人迟延履行，对于合同债权人无利益的，债权人可以拒绝接受履行，并由债务人承担不履行的违约责任。

债权人受领迟延通常是指债权人无正当理由拒不接受债务人的正常履行。债权人受领迟延，债务人不承担迟延履行的责任，如因债权人受领迟延造成债务人损害的，由债权人承担损害赔偿责任。

2.3.2 违约责任的形式及免责规定

1）承担违约责任的形式

根据《合同法》的规定，违约的当事人承担违约责任的形式主要有：继续履行、采取补救措施、赔偿损失、支付违约金和定金等。具体适用哪种违约责任，由当事人根据自己的要求加以选择。

(1) 继续履行

继续履行，又称为实际履行、强制实际履行，是指债权人在债务人不履行合同义务时，可请求人民法院或者仲裁机构强制债务人实际履行合同义务。

当事人因违约支付了违约金或者赔偿金，也不能因此而代替合同的履行，对未履行的原合同债务仍应继续履行。

《合同法》规定，当事人一方不履行非金钱债务或者履行非金钱债务不符合约定的，对方可以要求履行，但有下列情形之一的除外：

① 法律上或者事实上不能履行；

② 债务的标的不适于强制履行或者履行费用过高；

③ 债权人在合理的期限内未要求履行。

(2) 采取补救措施

补救措施，是债务人履行合同义务不符合约定，债权人在请求人民法院或者仲裁机构强制债务人实际履行合同义务的同时，可根据合同履行情况要求债务人采取的补救履行措施。如《合同法》第 111 条规定，当事人履行合同义务时，质量不符合约定的，应当按照当事人的约定承担违约责任。对违约责任没有约定或者约定不明确，当事人可以协议补充，不能达成补充协议的，受损害方根据标的性质以及损失的大小，可以合理选择要求对方承担修理、更换、重做、退货、减少价格或者报酬等违约责任。

(3) 赔偿损失

当事人一方不履行合同义务或者履行合同义务不符合约定的，在履行义务或采取补救措施后，对方还有其他损失的，应当赔偿损失。损失赔偿额应相当于因违约所造成的损失，包括合同履行后可以获得的利益，但不得超过违反合同一方订立合同时预见到或者应当预见到的因违反合同可能造成的损失。

但《消费者权益保护法》对经营者损害消费者利益的赔偿责任有特殊规定。经营者对消费者提供商品或者服务有欺诈行为的，应当按照消费者的要求增加赔偿其受到的损失，增加赔偿的金额为消费者购买商品的价款或者接受服务的费用的一倍。这是损失赔偿额可以高于实际损失额的法律上的特殊规定。

《合同法》另外还规定："当事人一方违约后，对方应当采取适当措施防止损失的扩大，没有采取适当措施致使损失扩大的，不得就扩大的损失要求赔偿。当事人因防止损失扩大而支出的合理费用，由违约方承担。”

（4）支付违约金

违约金，是指按照当事人的约定或者法律规定，一方当事人违约时应当根据违约情况向对方支付的一定数额的货币。

违约金责任的成立条件主要有两个：首先，有违约行为的存在，各种违约形态，如拒绝履行、不适当履行、迟延履行等，都可以导致违约金的支付；其次，有违约金的约定。我国违约金都是约定违约金，如果当事人在合同中没有有关违约金的预先约定，在一方违约时，另一方就不能要求违约方支付违约金，而只能采取其他救济方法。

违约金的数额明显高于或者低于实际损害的，当事人可以请求人民法院或者仲裁机构予以减少或增加。根据《最高人民法院关于审理商品房买卖合同纠纷案件适用法律若干问题的解释》规定：“当事人以约定的违约金过高为由请求减少的，应当以违约金超过造成的损失的 30％为标准适当减少；当事人以约定的违约金低于造成的损失为由请求增加的，应当以违约造成的损失确定违约金数额”。违约方支付违约金后，还应当履行合同债务。

（5）给付定金或双倍返还定金

根据《合同法》的规定，当事人可以约定一方向对方给付定金作为履行合同的担保。给付定金的一方不履行约定的债务的，无权要求返还定金；收受定金的一方不履行约定的债务的，应当双倍返还定金。

当事人既约定违约金，又约定定金的，一方违约时，对方可以选择适用违约金或者定金条款。

因当事人一方的违约行为，侵害对方人身、财产权益的，受害方有权依照《合同法》要求其承担违约责任或者依照其他法律要求其承担侵权责任。

例 2－13 甲公司与乙公司签订了一份买卖合同，合同货物价款为 40 万元。合同约定：乙公司支付定金 4 万元；任何一方不履行合同，应该支付违约金 6 万元。现甲公司违约，乙公司向法院起诉，要求甲公司双倍返还定金，并支付违约金。请分析，法院能否支持其诉求？

解析 乙公司只能要求双倍返还定金或者支付违约金。

根据《合同法》的规定，当事人既约定违约金，又约定定金的，一方违约时，对方只能选择适用违约金或者定金条款。所以，乙公司要求甲公司既双倍返还定金又支付违约金，法院是不会予以支持的。

2）违约责任的免除

违约责任的免除，是指没有履行或没有完全履行合同义务的当事人，可以依照法律的规定或者合同的约定不承担违约责任。

《合同法》规定如下三种免责事由：

（1）不可抗力

不可抗力是指不能预见、不能避免并不能克服的客观情况。它包括自然现象和社会现象两种。自然现象包括地震、台风、洪水、海啸等，社会现象包括战争、海盗、罢工等。

《合同法》规定：“因不可抗力不能履行合同的，根据不可抗力的影响，部分或者全部免除责任，但法律另有规定的除外。当事人迟延履行后发生不可抗力，不能免除责任。”

当事人一方因不可抗力不能履行合同的，应当及时通知对方，以减轻可能给对方造成的损失，并应当在合理的期限内提供证明。

(2) 免责条款

免责条款是合同双方当事人在合同中预先约定的，当出现约定的事由或条件时，可免除违约方违约责任的条款。

(3) 法律的特殊规定

在法律有特殊的免责规定时，可以依法免除违约方的违约责任。如《合同法》在分则中规定，承运人对运输过程中货物的毁损、灭失承担赔偿责任，但承运人证明货物的毁损、灭失是因不可抗力、货物本身的自然性质或合理损耗以及托运人、收货人的过错造成的，不承担损害赔偿责任。

例 2-14 李小姐于 2004 年 3 月和“学府雅苑”的开发商签订了购房合同，购买该小区二期的商品房一套，合同约定交房时间为 2005 年 5 月 1 日。到期后，开发商未能如期交房。于是李小姐起诉开发商违约，要求其承担违约责任。开发商辩称有下列不可抗力情形影响了工程进度，应该免责：首先，工程在建过程中，发现了勘察时没有发现的地质软层；其次，长期阴雨天气；最后，公司采购的原材料在运输过程中遇到火灾。

请分析本案应该如何处理？

解析 开发商应该承担违约责任。

根据《合同法》规定，能够免除违约责任的不可抗力是指不能预见、不能避免并不能克服的客观情况。而本案中开发商的辩称理由是应当预见的风险因素，不属于不能预见、不能避免并不能克服的客观情况，故不能免除违约责任。

本章小结

从合同订立到合同履行，对于任何一个管理者，必须了解合同生效原理，熟悉合同违约及防范措施，掌握各种担保方式，这样才能运用合同管理知识真正做到事半功倍。本章中的案例针对性强，学习中应注意举一反三，触类旁通。

复习思考题

1. 承担违约责任的形式有哪些？
2. 怎样理解承诺可撤回不可撤销？
3. 附条件合同与附期限合同的区别？
4. 一般保证与连带保证的区别？
5. 抵押与质押的联系与区别？

3 工程项目招标

3.1 概述

工程项目建设招标投标是国际上通用的科学合理的工程承发包方式。在实行市场经济的国家,各级政府部门和其他公共部门或政府指定的有关机构的开支主要来源于法人和公民的税赋和捐赠,必须以一种特别的招标方式来促进节省开支、最大限度地透明和公开,以及提高效率目标。招标投标所具有的程序规范、透明度高、公平竞争、一次成交等特点,决定了招标投标是政府及其他公共部门工程项目建设的主要方式。随着我国市场经济体制改革的不断深入,招标投标这种反映公平、公正、有序竞争的有效方式也得到不断完善。

3.1.1 工程项目建设招标投标与建筑市场

1）工程招标投标的概念

工程招标投标,是指招标人事先提出工程的条件和要求,邀请众多投标人参加投标,并按照规定程序从中选择承包商的一种市场交易行为。

从招标交易过程来看,必然包括招标和投标两个最基本的环节。前者是招标人以一定的方式邀请不特定或一定数量的潜在投标人组织投标,后者是投标人响应招标人的要求参加投标竞争。没有招标就不会有承包商的投标;没有投标,招标人的招标就没有得到响应,也就没有开标、评标、定标和合同签订等。在世界各国和有关国际组织的招标投标法律规则中,尽管大都只称招标(如国际竞争性招标、国内竞争性招标、选择性招标、限制性招标等),但都对投标作出相应的规定和约束。因此,招标与投标是一对相互对应的范畴。

2）建筑市场的主体与客体

建筑市场分为广义的建筑市场和狭义的建筑市场。广义的建筑市场是指承载与建筑业生产经营活动相关的一切交易活动的总称,包括有形市场和无形市场,与工程建设有关的技术、租赁、劳务等各种要素的市场,为工程建设提供专业服务的中介组织,靠广告、通讯、中介机构或经纪人等媒介沟通买卖双方或通过招投标等多种方式成交的各种交易活动,还包括建筑商品生产过程及流通过程中的经济联系和经济关系。广义的建筑市场是工程建设生产和交易关系的总和。狭义的建筑市场一般是指有形建筑市场,以工程承发包交易活动为主要内容,有固定的交易场所(即工程交易中心)。

如今的建筑市场已形成由发包方(业主)、承包方和工程咨询服务机构组成的市场主体,由建筑产品和建筑生产过程组成的市场客体,以招投标为主要交易形式的市场竞争机制,以资质管理为主要内容的市场监督管理体系，以及我国特有的有形建筑市场——工程交易中心，这些因素构成了建筑市场体系。

业主是指既有某项工程建设需求，又具有该项工程建设相应的建设资金和各种准建手续，在建筑市场中担任发包工程建设的勘察、设计、施工任务，并最终得到建筑产品的政府部门、企事业单位或个人。

承包商是指拥有一定数量的建设装备、流动资金、工程技术经济管理人员、取得建筑资质证书和营业执照的、能够按照业主的要求提供不同形态的建筑产品，并最终得到相应工程价款的施工企业。

工程咨询服务机构是指具有一定注册资金、工程技术、经济管理人员，取得建筑咨询证书和营业执照，能对工程建设提供估算测量、管理咨询、建设监理等智力型服务，并获取相应费用的企业。

建设工程交易中心是我国建筑市场有形化的管理方式。目的是通过这个有形市场规范建设工程的承发包行为，促使从业人员遵纪守法，形成一种交易道德规范，制约业内人员不正当的、违法的和违反行规的行为。采取信息公开、依法管理、公平竞争以及属地进入和办事公正，具有信息服务功能（即包括收集、存储和发布各类工程信息、法律法规、造价信息、建材价格、承包商信息、咨询单位和专业咨询人员信息等）、场所服务功能（即满足建设项目在场内进行招投标的需要）、集中办公功能（即要求建设行政主管部门的各职能机构进驻建设工程交易中心集中办公，以便于建设项目进入有形建筑市场进行报建、投标交易和办理有关批准手续的需要）。

3）建筑市场的特点

（1）交易方式为买方向卖方直接订货，并以招投标为主要方式。

（2）交易价格以工程造价为基础，企业间的竞争是企业信誉、技术力量、施工质量的竞争。

（3）交易行为需受到严格的法律、规章、制度的约束和监督，并向公开市场化过渡。

由于建筑产品生产周期长，价值量大，生产过程中不同阶段对承包单位的能力和特点要求不同，决定了建筑市场交易贯穿于建筑产品生产的整个过程中。从工程建设的咨询、设计、施工任务的发包开始，到工程竣工、保修期结束为止，发包方与承包方、分包方进行的各种交易以及相关的商品混凝土供应、配件生产、建筑机械租赁等活动，都是在建筑市场中进行的。生产活动和交易活动交织在一起，使得建筑市场在许多方面不同于其他产品市场，使得建筑产品具有建筑生产和交易的统一性、建筑产品的单件性、建筑产品的整体性和专业工程的相对独立性、建筑生产的不可逆性和建筑产品的社会性。

3.1.2 工程项目建设程序与招标分类

1）工程项目建设程序

工程项目建设可以分为建设项目可行性研究阶段、工程勘察设计阶段、工程施工阶段。

（1）建设项目可行性研究

建设项目可行性研究是工程项目建设前期工作的重要步骤，是确定项目是否进行投资决策、编制建设项目设计任务书的依据。对建设项目进行可行性研究是基本建设管理中的一项重要基础工作，是保证建设项目以最小的投资换取最佳经济效益的科学方法。建设项目可行性研究在项目投资决策和项目运作建设中具有十分重要的作用。

(2) 工程勘察设计

① 工程勘察是指根据建设工程和法律法规的要求，查明、分析、评价建设场地的地质地理环境特征和岩土工程条件，编制建设工程勘察文件的活动，包括工程测量，岩土工程勘察、设计、治理、监测，水文地质勘察，环境地质勘察等工作。

② 工程设计是指根据建设工程和法律法规的要求，对建设工程所需的技术、经济、资源、环境等条件进行综合分析、论证，编制建设工程设计文件，提供相关服务的活动，包括总图、工艺、设备、建筑、结构、动力、储运、自动控制、技术经济等工作。

(3) 工程施工

工程施工是工程项目形成工程实体的阶段，是各种资源投入量最大、最集中，最终实现预定项目目标的重要阶段。

2) 工程招标投标的分类

建设工程招标投标多种多样，按照不同的标准可以进行不同的分类。

(1) 按照工程建设程序分类

按照工程建设程序，可以将建设工程招标投标分为建设项目可行性研究招标投标、工程勘察设计招标投标、工程施工招标投标。建设项目可行性研究招标投标，是指对建设项目的可行性研究任务进行的招标投标。中标的承包方要根据中标的条件和要求，向发包方提供可行性研究报告，并对其负责。承包方提供的可行性研究报告，应获得发包方的认可。工程勘察设计招标投标，是指对工程建设项目的勘察设计任务进行的招标投标。中标的承包方要根据中标的条件和要求，向发包方提供勘察设计成果，并对其负责。施工招标投标，是指对建设工程项目的施工任务进行的招标投标。中标的承包方必须根据中标的条件和要求提供建筑产品。

(2) 按照行业业务性质分类

按照行业业务性质，可以将建设工程招标投标分为勘察招标投标、设计招标投标、施工招标投标、建设监理招标投标和工程设备、材料招标投标。

(3) 按照工程建设项目的构成分类

按照工程建设项目的构成，可以将建设工程招标投标分为建设项目招标投标、单项工程招标投标、单位工程招标投标。建设项目招标投标，是指对一个工程建设项目（如一住宅小区）的全部工程进行的招标投标。单项工程招标投标，是指对一个工程建设项目中所包含的若干单项工程进行的招标投标。单位工程招标投标，是指对一个单项工程所包含的若干单位工程进行的招标投标。

(4) 按照工程发包、承包的范围分类

按照工程发包、承包的范围，可以将建设工程招标投标分为工程总承包招标投标、工程分承包招标投标和工程专项承包招标投标。工程总承包招标投标，是指对工程建设项目的全部（即交钥匙工程）或实施阶段（勘察、设计、施工等）的全过程进行的招标投标。工程分承包招标投标，是指中标的工程总承包人作为其中标范围内的工程任务的招标人，依法将其中标范围内的工程任务，通过招标投标的方式，分包给具有相应资质的分承包人，中标的分承包人只对招标的总承包人负责。工程专项承包招标投标，是指对某些比较复杂或专业性强，有特殊性要求的单项工程进行的招标投标。

(5) 按照工程是否具有涉外因素分类

按照工程是否具有涉外因素,可以将建设工程招标投标分为国内工程招标投标和国际工程招标投标。国内工程招标投标,是指对本国没有涉外因素的建设工程进行的招标投标。国际工程招标投标,是指对有不同国家或国际组织参与的建设工程进行的招标投标。国际工程招标投标,包括本国的国际工程(习惯上称涉外工程)招标投标和国外的国际工程招标投标两个部分。国内工程招标投标和国际工程招标投标的基本原则是一致的,但在具体做法上有差异。随着我国加入 WTO,建筑业将逐步与国际惯例接轨,国内工程招标投标和国际工程招标投标在做法上的区别已越来越小。

3.1.3 招标方式

目前从世界各国和相关国际组织有关的招标法律和规则来看,招标方式有公开招标、邀请招标和议标三种。《中华人民共和国招标投标法》(以下简称《招标投标法》)规定,招标分为公开招标和邀请招标两种方式,即议标招标方式已不再被法律认可。

1) 公开招标

公开招标,也称竞争性招标,是指招标人以招标公告的方式邀请不特定的法人或者其他组织投标,即招标人在指定的报刊、电子网络或其他媒体上发布招标公告,吸引众多的企业单位参加投标竞争,招标人从中择优选择中标单位的招标方式。按照竞争程度(范围)可分为国际竞争性招标和国内竞争性招标。

2) 邀请招标

邀请招标,也称有限竞争性招标或选择性招标,是指招标人以投标邀请书的方式邀请特定的法人或者其他组织投标,即由招标人根据供应商、承包资信和业绩,选择一定数目的法人或其他组织(一般不能少于 3 家),向其发出投标邀请书,邀请他们参加投标竞争。

3) 公开招标与邀请招标方式的区别

(1) 发布信息的方式不同

公开招标采用公告的方式发布;邀请招标采用投标邀请书的方式发布。

(2) 选择的范围不同

公开招标采用招标公告的方式,针对的是一切潜在的对招标项目感兴趣的法人或其他组织,招标人事先不知道投标人的数量;邀请招标是针对已经了解的法人或其他组织,而且事先已经知道投标人的数量。

(3) 竞争的范围不同

由于公开招标使所有符合条件的法人或其他组织都有机会参加投标,竞争的范围较广,竞争性体现得也比较充分,招标人拥有绝对的选择余地,容易获得最佳招标效果;邀请招标中投标人的数目有限,竞争的范围有限,招标人拥有的选择余地相对较小,有可能提高中标的合同价,也有可能将某些在技术上或报价上更有竞争力的供应商或承包商遗漏。

(4) 公开的程度不同

公开招标中,所有的活动都必须严格按照预先指定并为大家所知的程序标准公开进行,大大减少了作弊的可能;相比而言,邀请招标的公开程度逊色一些,产生不法行为的机会也就多一些。

(5) 时间和费用不同

公开招标要求招标信息能够到达所有的潜在投标人处，而从发布公告至投标人作出反应，以及从评标到签订合同，有许多时间上的要求，要准备许多文件，因而耗时较长，费用也比较高；由于邀请招标不发公告，招标文件只送几家，使整个招标的时间大大缩短，招标费用也相应减少。

由此可见，两种招标方式各有千秋，从不同的角度比较，会得出不同的结论。在实际中，各国及各国际组织的做法也不尽一致。世界贸易组织的“政府采购协议”也对这两种方式孰优孰劣采取了未置可否的态度。如“世行采购指南”把国际竞争性招标(公开招标)作为最能充分实现资金的经济和效率要求的方式，要求借款以此作为最基本的采购方式。只有在国际竞争性招标不是最经济和最有效的情况下，才可采用其他方式。而邀请招标在欧盟各国运用得非常广泛。

3.2 工程项目施工招标程序

招标是招标人(业主)对工程建设项目的实施者采用市场采购的方式来进行选择的方法和过程，也可以说是招标人对申请实施工程的承包人的审查、评比和选用的过程。只有按照国家相关法律、规定要求以及招标投标程序，才能选择一个高水平的承包人完成工程的建造和保修，并使工程的投资、进度和质量得到有效控制，获得合格的工程产品。《招标投标法》规定，对于以下工程建设项目包括项目的勘察、设计、施工、监理以及与工程建设有关的重要设备、材料等的采购，必须依法进行招标：

(1) 大型基础设施、公用事业等关系社会公共利益、公众安全的项目；

(2) 全部或者部分使用国有资金投资或者国家融资的项目；

(3) 使用国际组织或者外国政府贷款、援助资金的项目；

(4) 法律或者国务院对必须进行招标的其他项目的范围有规定的，依照其规定。

前款所列项目的具体规模和范围标准，以国家计委于 2000 年 5 月 1 日 3 号令发布实施的《工程建设项目招标范围和规模标准规定》为依据。

具体范围标准见原文第二条、第三条、第四条、第五条和第六条。

具体规模标准(包括项目的勘察、设计、施工、监理以及与工程建设有关的重要设备、材料等的采购)为：

(1) 施工单项合同估算价在 200 万元人民币以上的；

(2) 重要设备、材料等货物的采购，单项合同估算价在 100 万元人民币以上的；

(3) 勘察、设计、监理等服务的采购，单项合同估算价在 50 万元人民币以上的；

(4) 单项合同估算价低于第(1)、(2)、(3)项规定的标准，但项目总投资额在 3 000 万元人民币以上的。

3.2.1 工程施工招标的条件

据《招标投标法》第九条规定：“招标项目按照国家有关规定需要履行项目审批手续的，应当先履行审批手续，取得批准。招标人应当有进行招标项目的相应资金或者资金来源已经落实，并应当在招标文件中如实载明。”

《工程建设项目施工招标投标办法》第八条指出，依法必须招标的工程建设项目，应当具备下列条件才能进行施工招标：

（1）招标人已经依法成立；

（2）初步设计及概算应当履行审批手续的，已经批准；

（3）招标范围、招标方式和招标组织形式等应当履行核准手续的，已经核准；

（4）有相应资金或资金来源已经落实；

（5）有招标所需的设计图纸及技术资料。

《房屋建筑和市政基础设施工程施工招标投标管理办法》第八条规定，工程施工招标应当具备下列条件：

（1）按照国家有关规定需要履行项目审批手续的，已经履行审批手续；

（2）工程资金或者资金来源已经落实；

（3）有满足施工招标需要的设计文件及其他技术资料；

（4）法律、法规、规章规定的其他条件。

3.2.2 工程项目施工招标程序

招投标是一个整体活动，涉及到招标人和投标人两个方面。招标作为整体活动的一部分，主要是从招标人的角度揭示其工作内容，但同时又须注意到招标与投标活动的关联性，不能将两者割裂开来。所谓招标程序是指招标活动的内容的逻辑关系。不同的招标方式，具有不同的活动内容。

1）建设项目施工公开招标程序

公开招标的程序为：建设工程项目报建→审查建设单位资质→招标申请→资格预审文件、招标文件编制与送审→发布资格预审通告及招标通告→资格预审→发放招标文件→现场勘察→招标预审会→工程标底的编制与送审→投标文件的接收→开标→评标→定标→签订合同

（1）建设工程项目报建

根据《工程建设项目报建管理办法》的规定，凡在我国境内投资兴建的工程建设项目，都必须实行报建制度，接受当地建设行政主管部门的监督管理。

建设工程项目报建，是建设单位招标活动的前提，报建范围包括：各类房屋建筑（包括新建、改建、扩建、翻修等）、土木工程（包括道路、桥梁、房屋基础打桩等）、设备安装、管道线路铺设和装修等建设工程。报建的内容主要包括：工程名称、建设地点、投资规模、资金投资额、工程规模、发包方式、计划开竣工日期和工程筹建情况等。

在建设工程项目的立项批准文件或投资计划下达后，建设单位根据《工程建设项目报建管理办法》规定的要求进行报建，并由建设行政主管部门审批。具备招标条件的，可开始办理建设单位资质审查。

（2）审查建设单位资质

审查建设单位是否具备招标条件，不具备有关条件的建设单位，须委托具有相应资质的中介机构代理招标。建设单位与中介机构签订委托代理招标的协议，并报招标管理机构备案。

（3）招标申请

招标单位填写“建设工程招标申请表”，并经上级主管部门批准后，连同“工程建设项目

报建审查登记表”报招标管理机构审批。

申请表的主要内容包括：工程名称、建设地点、招标建设规模、结构类型、招标范围、招标方式、要求施工企业等级、施工前期准备情况(土地征用、拆迁情况、勘察设计情况、施工现场条件等)、招标机构组织情况等。

(4) 资格预审文件、招标文件编制与送审

公开招标时，要求进行资格预审的施工单位只有通过资格预审才可以参加投标。资格预审文件和招标文件须报招标管理机构审查，审查同意后可刊登资格预审通告、招标通告。

(5) 发布资格预审通告及招标通告

公开招标可通过报刊、广播、电视等或信息网上发布“资格预审通告”或“招标通告”。

(6) 资格预审

对申请资格预审的投标人送交填报的资格预审文件和资料进行评比分析，确定出合格的投标人的名单，并报招标管理机构核准。

(7) 发放招标文件

将招标文件、图纸和有关技术资料发放给通过资格预审获得投标资格的投标单位。投标单位收到招标文件、图纸和有关资料后，应认真核对，核对无误后，应以书面形式予以确认。

(8) 现场勘察

招标人组织投标人进行现场勘察的目的，在于了解工程场地和周围环境的情况，以获取投标单位认为有必要的信息。

(9) 招标预备会

招标预备会的目的在于澄清招标文件中的疑问，解答投标人对招标文件和现场勘察中所提出的疑问和问题。

(10) 工程标底的编制与送审(如有标底)

当招标文件的商务条款一经确定，即可进入标底编制阶段。标底编制完成后，应将必要的资料报送招标管理机构审定。

(11) 投标文件的接收

投标人根据招标文件的要求编制投标文件，并进行密封和标志，在投标截止时间前按规定的地点递交至招标人。招标人接收投标文件并将其秘密封存。

(12) 开标

在投标截止日期后，按规定时间、地点，在投标人法定代表人或授权代理人在场的情况下举行开标会议，按规定的议程进行开标。

(13) 评标

由招标代理、建设单位上级主管部门协商，按有关规定成立评标委员会，在招标管理机构监督下，依据评标原则、评标方法，对投标单位的报价、工期、质量、主要材料用量、施工方案或施工组织设计、以往业绩、社会信誉、优惠条件等方面进行综合评价，公正、合理、择优地选择中标单位。

根据《房屋建筑和市政基础设施工程施工招标投标管理办法》第四十一条规定，评标可以采用综合评估法、经评审的最低投标价法或者法律法规允许的其他评标方法。

① 综合评估法(综合定量评估法或百分制定量计分法)：是指对投标人投标文件提出的投

标价格、工程质量、施工安全、施工工期、施工组织设计或施工方案、投标人及项目经理业绩等内容满足招标人要求程度进行子目量化计分，得分高者为中标第一排序人或者中标人。

② 经评审的最低投标价法（综合定性评价法或技术、商务二阶段评标法）：是指投标人能够满足招标文件的实质性要求，且技术标科学、合理、可行，商务标报价经评审属最低合理者（不低于成本价格）即为中标人或依次确定中标候选人的排序。

(14) 定标

中标单位选定后由招标管理机构核准，获准后招标单位发出“中标通知书”。

(15) 签订合同

招标人与中标人在规定的期限内签订工程承包合同。

2) 建设项目施工邀请招标程序

邀请招标程序是直接向适于本工程施工的单位发出邀请，其程序与公开招标大同小异。其不同点主要是没有资格预审的环节，但增加了发出投标邀请书的环节。

这里的发出投标邀请书，是指招标人可直接向有能力承担本工程的施工单位发出投标邀请书。

3.2.3 资格审查

1) 资格审查的种类

一般来说，资格审查可分为资格预审和资格后审。资格预审是指在投标前对潜在投标人进行的资格审查。资格后审是指在投标后（即开标后）对投标人进行的资格审查。

通常公开招标采用资格预审，只有资格预审合格的施工单位才准许参加投标；不采用资格预审的公开招标应进行资格后审，即在开标后进行资格审查。

资格预审主要是审查潜在投标人或投标人是否符合下列条件：①具有独立订立合同的权利；②具有圆满履行合同的能力，包括专业、技术资格和能力，资金、设备和其他物质设施状况，管理能力，经验、信誉和相应的工作人员；③(3 年内)没有与骗取合同有关的犯罪或严重违法行为。此外，如果国家对投标人的资格条件另有规定的，招标人必须依照其规定，不得与这些规定相冲突或低于这些规定的要求。如在国家重大建设项目的施工招标中，国家要求一级施工企业才能承包，招标人就不能让二级及二级以下的施工企业参与投标。在不泄露商业秘密的前提下，潜在投标人或投标人应向招标人提交能证明上述有关资质和业绩情况的法定证明文件或其他资料。这样就能预先淘汰不合格的投标人，减少评标阶段的工作时间和费用，也使不合格的投标人节约购买招标文件、现场考察和投标的费用。

2) 资格预审程序

资格预审程序一般为编制资格预审文件、刊登资格预审通告、出售资格预审文件、对资格预审文件的答疑、报送资格预审文件、澄清资格预审文件、评审资格预审文件，最后招标人以书面形式向所有参加资格预审者通知评审结果，在规定的日期、地点向通过资格预审的投标人出售招标文件。

3) 资格预审文件的内容

资格预审文件的内容主要包括以下几个方面：

(1) 资格预审公告

资格预审公告内容包括：①招标人的名称和地址；②招标项目的性质和数量；③招标项

目的地点和时间要求；④获取资格预审文件的办法、地点和时间；⑤对资格预审文件收取的费用；⑥提交资格预审申请书的地点和截止时间；⑦资格预审的日程安排。

（2）资格预审须知

资格预审须知应包括以下内容：

① 总则

在总则中分别列出工程招标人名称、资金来源、工程名称和位置、工程概述（当中包括“初步工程量清单”中的主要项目和估计数量、申请人有资格执行的最小合同规模，以及资格预审时间表等，可用附件形式列出）。

② 要求投标人应提供的资料和证明

在资格预审通知中应说明对投标人提供资料内容的要求，一般包括：

a. 申请人的身份及组织机构，包括该公司或合伙人或联合体各方的章程或法律地位、注册地点、主要营业地点、资质等级等原始文件的复印件；

b. 申请人（包括联合体的各方）在近3年内完成的与本工程相似的工程情况和正在履行合同的工程情况；

c. 管理和执行本合同所配备的主要人员资历和经验；

d. 执行本合同拟采用的主要施工机械设备情况；

e. 提供本工程拟分包的项目及拟承担分包项目的分包人情况；

f. 提供近2年经审计的财务报表，今后两年的财务预测以及申请人出具的允许招标人在其开户银行进行查询的授权书；

g. 申请人近2年介入的诉讼情况。

③ 资格预审通过的强制性标准

强制性标准以附件的形式列入。它是通过资格预审时对列入工程项目一览表中各主要项目提出的强制性要求进行审查，包括强制性经验标准（指主要工程一览表中主要项目的业绩要求），强制性财务、人员、设备、分包、诉讼及履约标准等。达不到标准要求的，资格预审不能通过。

④ 对联合体提交资格预审申请的要求

对于一个合同项目能凭一家的能力通过资格预审的，应当鼓励以单独的身份参加资格预审。但在许多情况下，对于一个合同项目，往往一家不能单独通过资格预审，需要两家或两家以上组成的联合体才能通过，因此在资格预审须知中应对联合体通过资格预审做出具体规定，一般规定如下：

a. 对于达不到联合体要求的，或企业单位既以单独身份又以所参加的联合体的身份向同一合同投标时，资格预审申请都应拒绝。

b. 招标人不得强制投标人组成联合体共同投标，不得限制投标人之间的竞争。

c. 对每个联合体的成员应满足的要求是：联合体各方均应当具备承担招标项目的相应能力；由同一专业的单位组成的联合体，按照资质等级较低的单位确定资质等级；联合体的每个成员必须各自提交申请资格预审的全套文件；联合体协议应随同投标文件一起提交，该协议要规定出联合体各方对项目承担的共同和分别的义务，并声明联合体各方提出的参加并承担本项目的责任和份额，以及承担其相应工程的足够能力和经验；联合体必须指定某一成员作为主办人负责与招标人联系；在资格预审结束后新组成的联合体或已通过资格预审的联合体内部发生了变化，应征得招标人的书面同意，新的组成或变化不允许从实质上降低竞争力，不得包括未通过资格预审的单位和降低到资格预审所能接受的最低条件以下的单位；提出联合体成员合格条件的能力要求，例如可以要求联合体中每个成员都应具有不低于各项资格要求的25%的能力，联合体的主办人应具有不低于各项资格要求的40%的能力，所承担的工程应不少于合同总价格的40%；申请并接受资格预审的联合体不能在提出申请后解体或与其他申请人联合而自然地通过资格预审。

⑤ 对通过资格预审投标人所建议的分包人的要求

由于对资格预审申请者所建议的分包人也要进行资格预审，所以通过资格预审后，如果申请人对他所建议的分包人有变更时，必须征得招标人的同意，否则，对他们的资格预审被视为无效。

⑥对通过资格预审的国内投标人的优惠

世界银行贷款项目对于通过资格预审的国内投标人，在投标时能够提出令招标人满意的，并符合优惠标准的文件证明时，在评标时其投标报价可以享受优惠。一般享受优惠的标准条件为：投标人在工程所在国注册；工程所在国的投标人持有绝大多数股份；分包给国外工程量不超过合同价的50%。具备上述三个条件者，其投标报价在评标排名次时可享受7.5%的优惠。

⑦ 其他规定

包括递交资格预审文件的份数、送交单位的地址、邮编、电话、传真、负责人、截止日期；招标人要求申请人提供的资料要准确、详尽，并有对资料进行核定和澄清的权利，对于弄虚作假、不真实的介绍可拒绝其申请；对于资格预审者的数量不限，并且有资格参加投一个或多个合同的标；资格预审的结果和已通过资格预审的申请人的名单将以书面形式通知每一位申请人，申请人在收到通知后的规定时间内(如48小时)回复招标人，确认收到通知。随后，招标人将投标邀请函送给每一位通过资格预审的申请人。

资格预审须知的有关附件应包括如下内容：

a. 申请人表。主要包括申请人的名称、地址、电话、传真、成立日期等。如是联合体，应首先列明牵头的申请人，然后是所有合伙人的名称、地址等，一并附上每个公司的章程、合伙关系的文件等。

b. 申请合同表。如果一个工程项目分为几个合同招标，应在表中分别列出各合同的编号和名称，以便让申请人选择申请资格预审的合同。

c. 组织机构表。包括公司简况、领导层名单、股东名单、直属公司名单、驻当地办事处或联络机构名单等。

d. 组织机构框图。主要叙述并用框图表示申请者的组织机构，与母公司或子公司的关系，总负责人和主要人员。如果是联合体应说明合作伙伴关系及在合同中的责任划分。

e. 财务状况表。包括的基本数据为：注册资金、实有资金、总资产、流动资产、总负债、流动负债、未完成工程的年投资额、未完成工程的总投资额、年均完成投资额(近3年)、最大施工能力等，近3年年度营业额和为本项目合同工程提供的营运资金，现在正进行的工程估价，今后2年的财务预算，银行信贷证明，并随附由审计部门审计或由省、市公证部门公证的财务报表，包括损益表、资产负债表及其他财务资料。

f. 公司人员表。包括管理人员、技术人员、工人及其他人员的数量；拟为本合同提供的各类专业技术人员数及其从事本专业工作的年限。公司主要人员表包括公司主要人员的一般情况和主要工作经历。

g. 施工机械设备表。包括拟用于本合同自有设备，拟新购置设备和租用设备的名称、数量、型号、商标、出厂日期、现值等。

h. 分包商表。包括拟分包工程项目的名称、占总工程价的百分数，分包人的名称、经验，财务状况、主要人员、主要设备等。

i. 业绩。已完成的同类工程项目表，包括项目名称、地点、结构类型、合同价格、竣工日期、工期、招标人或监理工程师的地址、电话、传真等。

j. 在建项目表。包括正在施工和准备施工的项目名称、地点、工程概况、完成日期、合同总价等。

k. 介入诉讼事件表。详细说明申请人或联合体内合伙人介入诉讼或仲裁的案件。应该注意每一张表格都应有授权人的签字和日期，对于要求提供证明附件的应附在表后。

4）资格预审文件的填报

对投标人来说，填好资格预审文件是能否购买招标文件进行投标的第一步。因此，填写资格预审文件一定要认真细心，严格按照要求逐项填写，不能漏项，每项内容都要填写清楚。投标人应特别注意要根据所投标工程的特点，有重点地填写，对在评审内容中可能占有较大比重的内容多填写，有针对性地多报送资料，并强调本公司的财务、人员、施工设备、施工经验等方面的优势；对报送的预审文件内容应简明准确，装帧美观大方，给招标人一个良好的印象。

要做到在较短的时间内填报出高质量的资格预审文件，平时就要做好在财务、人员、施工设备和经验等各方面原始资料的积累与整理工作，分门别类地存入计算机中，以便随时可以调用和打印出来。例如，公司施工经验方面应详细记录公司近 5～10 年来所完成和目前正在施工的工程项目名称、地点、规模、合同价格、开竣工的时间；招标人名称、地址、监理单位名称；在工程中本公司所担任的角色是独家承包还是联合承包，是联合体负责人还是合伙人，是总承包人还是分承包人；公司在工程项目实施中的地位和作用等。

5）资格预审评审

由评审委员会进行资格预审评审工作。评审委员会一般由招标人负责组织，由招标人的代表、有关专业技术和财务经济等方面的专家组成，人数在 5 人以上且为单数。

（1）评审标准

资格预审是为了检查、评估投标人是否具备能令人满意地执行合同的能力。只有表明投标人有能力胜任，公司机构健全，财务状况良好，人员技术、管理水平高，施工设备适用，有丰富的类似工程经验，有良好信誉，才能被招标人认为资格预审合格。

（2）评审方法

① 首先对接收到的资格预审文件进行整理，看是否对资格预审文件作出了实质性的响应，即是否满足资格预审文件的要求。检查资格预审文件的完整性，检查资格预审强制性标准的合格性。如投标申请人的（包括联合体成员）营业执照和授权代理人的授权书应有效；投标申请人（包括联合体成员）的企业资质和资信登记等级应与拟承担的工程标准和规模相适应；如以联合体的形式申请资格预审，应提交联合体协议，明确联合体主办人；如有分包，应满足主体工程限制分包的要求；投标申请人提供的财务状况、人员与设备情况及履行合同

的情况应满足要求。只有具备了对资格预审文件作出实质性响应的投标人才能参加进一步评审。

② 一般情况下，资格预审都采用评分法进行，按一定评分标准逐项进行打分。评选结果按淘汰法进行，即先淘汰明显不符合要求的申请人，对于满足填报资格预审文件要求的投标人按组织机构与经营管理、财务状况、技术能力、施工经验四个方面逐项打分。只有每项得分超过最低分数线，而且四项得分之和高于60分（满分为100分）的投标人才能通过资格预审。资格预审评审时，上述评分的四个方面还可以进一步细分为若干因素分别进行打分。上述各个方面各个因素所占评分权重应根据项目的性质以及它们在项目实施中的重要性而定。如是复杂的工程项目，人员素质与施工经验应占更大比重。

最低合格分数线应根据参加资格预审的投标人的数量来决定。如果申请投标人的数量比较多，则可适当提高最低合格分数线，这样可以多淘汰一些水平较低的投标申请人，使通过资格预审的投标人数量不致太多。

6）资格预审评审报告

资格预审评审委员会对评审结果要写出书面报告，评审报告的主要内容包括：工程项目概要；资格预审工作简介；资格预审评价标准；资格预审评审程序；资格预审评审结果；资格预审评审委员会名单；资格预审评分汇总表；资格预审分项评分表；资格预审评审细则等。资格预审报告应上报招标管理部门审查，资格预审评审结果应在其文件规定的期限内通知所有投标申请人，同时向通过资格预审的投标申请人发出投标邀请。

7）投标人资格审查应注意的问题

(1) 通过建筑市场的调查确定主要施工经验方面的资格条件

依据拟建工程的特点和规模进行建筑市场调查，调查与本工程项目相类似的已建工程和拟建工程的施工企业资质和施工水平的状况，调查可能进行此项目投标的投标人员数目等，依此确定实施本工程项目施工企业的资质和资格条件。该资格条件既不能过高而减少竞争，也不能过低而增加评标工作量。

(2) 资格审查文件的文字和条款要求严密和明确

一旦发现条款中存在问题，特别是影响资格审查时，应及时修正和补遗，但必须在递交资格预审截止日前14天或28天发出，否则投标人来不及作出响应，影响评审的公正性。

(3) 应审查资格审查资料的真实性

投标人提供的资格审查资料是编造的或者不真实时，招标人有权取消其资格申请，而且可不作任何解释。因此，投标人编制资格预审文件时切忌弄虚作假，此外还要加强资格预审文件的编后审查工作，尽量减少不必要的损失。

8）资格后审

对于一些开工期要求比较早，工程不算复杂的工程项目，为了争取早日开工，有时不进行资格预审，而进行资格后审。

资格后审是在招标文件中加入资格审查的内容。投标人在填报投标文件的同时，按要求填写资格审查资料。评标委员会在正式评标前先对投标人进行资格审查，对资格审查合格的投标人进行评标，对不合格的投标人不进行评标。

资格后审的内容与资格预审的内容大致相同，主要包括：投标人的组织机构、财务状况、人员与设备情况、施工经验等方面。

3.3 工程施工招标文件的编制

招标文件的编制是招标准备工作中最为重要的环节。招标文件既是提供给投标人的投标依据(投标人根据招标文件介绍的工程情况、合同条款、工程质量和工期的要求等确定投标报价),又是招标人与投标人签订工程合同的基础。

因此,招标文件的编制必须做到完整、系统、准确、明了,使投标人能够充分了解自己应尽的职责和享有的权益。

3.3.1 招标文件的编制原则

(1) 应遵守国家的法律和法规,如合同法、建筑法、招投标法等多项有关的法律法规。

(2) 如果是国际组织贷款,应符合该组织的各项规定和要求。

(3) 要注意公正地处理招标人和投标人(或供货商)的利益,要使投标人(或供货商)能获得合理的利润,如果不恰当地将过多的风险转移给投标人,势必迫使投标人加大风险金,提高投标报价,最终还是招标人增加支出。

(4) 招标文件应该正确地、详细地反映项目的客观情况,以使投标人的投标能建立在可靠的基础上,这样也可减少履约过程中产生争议。

(5) 招标文件所包括的众多内容应力求统一,尽量减少和避免相互矛盾,招标文件的矛盾会为投标人创造索赔机会。招标文件用语应力求严谨、明确,以便在产生争端时易于根据合同文件判断解决。

(6) 利用国家相关部门编制有关工程施工招标文件范本,规范招标文件的内容和格式,节约招标文件编写的时间,提高招标文件的质量。

3.3.2 工程的分标

当一个工程项目投资额很高,技术复杂,工程量也很大时,往往一个施工单位难以完成,为了加快工程进度,发挥各承包人的优势,降低工程造价,对一个建设项目进行合理分标是非常必要的。

根据分标应保证工程整体性和专业性的原则,在分标时要考虑如下一些主要因素:

(1) 工程特点

如果工程场地集中,工程量不大,技术上不复杂的工程可不分标。这样由一家承包,便于管理。但如果场地面积广,工程量大,有特殊技术要求,应考虑分标。

(2) 对工程造价的影响

对于大型、复杂的工程项目(如大型水电站),要求承包人有很强的施工能力和施工经验,解决施工中的技术难题,而且施工期长,投资巨大。如果不分标,会使有资格参加投标的单位数量大大减少,竞争对手少必然会导致投标报价提高,招标人就得不到比较合理的报价;而分标就会避免这种情况,发挥承包人的特长,使更多的竞争对手参加投标。

(3) 注意对资金筹措的安排

根据资金筹措情况和工程建设的次序进行分标,可以按资金情况在不同时间分段招标。

(4) 注意对工地现场的管理和工程各部分的衔接

分标应考虑对施工现场的管理，竭力避免各承包人之间的相互干扰，特别要对承包人的施工场地，包括各承包人的现场分配、生活场地、附属厂房、材料堆放场地、交通运输、弃渣场地要进行细致而周密的安排。工程进度的衔接也很重要，特别是在关键线路上的项目一定要选择施工水平高、能力强、信誉好的承包人，以防止因工期、质量的问题影响其他承包人的工作。

总之，分标是正式编制招标文件前的一项很重要的工作，必须对上述各因素进行综合考察和分析比较，确定最好的分标方案，然后按分标的特点编写招标文件。

3.3.3 工程施工招标文件

工程施工招标文件一般包含10个方面的内容，即：投标邀请书、投标须知、合同条款、技术规范、投标书和投标保证格式、工程量清单、合同协议书、各类保证、资料表、图纸等，下面重点介绍投标邀请书和投标须知。

1) 投标邀请书

投标邀请书是用来邀请资格预审合格的投标人按招标人规定的条件和时间前来投标。它一般应说明以下各点：

(1) 招标人单位、招标性质；

(2) 资金来源；

(3) 工程简况、分标情况、主要工程量、工期要求；

(4) 承包人为完成本工程所需提供的服务内容，如施工设备、材料采购和劳务等；

(5) 发售招标文件的时间、地点、售价；

(6) 投标文件送交的地点、份数和截止时间；

(7) 提交投标保证金的规定额度和时间；

(8) 开标的日期、时间和地点；

(9) 现场考察和召开标前会议的日期、时间和地点。

2) 投标须知

投标须知中首先列出前附表，将投标须知各条款中论述的投标的重要时间表、地址、投标书副本份数、工程项目资金来源、投标保证金数额等集中列在表中，便于投标人作好投标工作安排。主要内容：

(1) 总则

① 工程描述。说明本工程的名称、地理位置、工程规模和性质、工程分标情况及本合同的工作范围等。

② 资金来源。说明招标项目的资金来源。

③ 资格与合格条件要求。投标人应提交独立法人资格和相应的施工资质证书，提供令招标人满意的资格文件，包括拟实施本合同的人员、机械情况、以往类似工程的施工经验、经过审计的主要财务报表等，以证明投标人具有履行合同的能力。两个或两个以上施工单位组成的联合体投标时，每一个成员均应提交上述资格与合格要求的资料，应指定其中一家联合体成员作为主办人，由联合体所有成员的法定代表人签署提交一份授权书，以证明其主办人资格，联合体各成员之间签订的联合体协议书副本应随投标文件一起递交。协议书中应

明确各个成员为实施合同所共同或分别承担的责任。

④ 投标费用。投标单位应承担其编制投标文件与递交投标文件所涉及的一切费用，不管投标结果如何，招标人对上述费用不负任何责任。

⑤ 现场考察。投标人按招标人的要求和时间安排考察现场。

(2) 招标文件

① 招标文件的内容。根据建设部 1996 年 12 月发布的《建设施工招标文件范本》的规定(其他部门招标文件范本的内容大同小异)，对于公开招标的招标文件，分为四卷，共十章，其内容的目录如下：

第一卷　商务条款
第一章　投标须知
第二章　合同通用条件
第三章　合同专用条件
第四章　合同格式：包括合同协议书格式，动员预付款银行保函与履约保证格式

第二卷　技术规范
第五章　技术规范

第三卷　投标文件
第六章　投标书及投标书附录
第七章　工程量清单与报价表
第八章　辅助资料表
第九章　资格审查表(资格后审使用)

第四卷　图纸
第十章　图纸

② 招标文件的澄清。投标人发现招标文件中有遗漏、错误、词义含糊等情况，应按规定的时间限制向招标人进行书面质询。招标人将书面答复所有质询的问题，送交全部投标人，但不涉及问题的由来。

3.3.4 ××工程施工招标文件实例

目　　录

（三）资金来源
（四）资格要求与证明文件
（五）工程质量要求
（六）工程工期要求
（七）文明施工要求
（八）投标费用
（九）招标日程安排及说明
二、招标文件的有关说明
（一）招标文件的内容
（二）招标文件的发放
（三）招标文件的效力
（四）招标文件的澄清及修改
三、投标报价说明
（一）投标价格
（二）预算书编制依据
（三）投标货币
四、投标书的编制
（一）投标书的语言
（二）投标书的组成
（三）投标有效期
（四）投标保证金
（五）承诺
（六）现场考察和答疑
（七）投标书的份数和签署
五、投标书的递交
（一）投标书的密封与标志
（二）投标截止期
（三）迟到的投标书
六、开标与评标
（一）开标
（二）评标过程的保密
（三）投标书响应性的确定
（四）投标报价的确定
（五）投标书的评价与比较
七、授予合同
（一）合同授予标准
（二）中标通知书
（三）履约保证金
（四）合同协议的签署

八、结束语

第二章　技术规范

一、现场施工条件

二、本工程采用的技术规范

第三章　商务标

一、商务投标书格式

（一）投标书格式

（二）授权委托书格式

二、工程施工图预算报价书

（一）编制说明

（二）报价表

三、补充资料表

（一）填表说明

（二）资料报表

第四章　技术标

一、施工方案、进度及附图

（一）施工方案及附图

（二）初步施工进度表

（三）供电需求

二、技术资料表格

（一）主要施工设备表

（二）劳动力及材料计划表

（三）临时设施布置及用地需求表

第五章　合同主要条款

第一部分　协议书

第二部分　通用条款

第三部分　专用条款

（一）合同文件

（二）对施工队伍的要求

（三）发包人与承包人的工作

（四）工期

（五）合同价款与支付

（六）合同价款的调整

（七）竣工验收与结算

（八）奖罚办法

（九）违约和争议

（十）其他

第一章　投标须知

一、总　则

根据××文件“关于××工程初步设计的批复”，××工程建设规模为 17 484.31 m^2。为了加强该工程的建设管理，确保工程质量，保证建设工期，控制工程投资，依据《中华人民共和国招标投标法》以及国家《关于加强基础设施工程质量管理的通知》的要求，经××批准，决定对××工程采取公开招标的方式择优选择土建施工单位。

（一）工程综合说明

1.1　工程名称：××工程

1.2　建设地点：××

1.3　建设单位：××公司

1.4　设计单位：××设计院

1.5　监理单位：××监理公司

1.6　工程现场：“三通一平”已完成。

1.7　工程概况：该工程建筑物主体高度为 67.9 m，总建筑面积为 17 484.31 m^2，地上 16 层，面积为 13 458.59 m^2，地下 1 层，面积为 4 025.72 m^2。

（二）招标内容和范围

2.1　主楼、辅助楼、基础桩、护壁桩、人防的建筑结构工程（含一般性装饰）。

2.2　主楼、辅助楼、地下室、人防的室内给排水、电气、暖通、消防、水喷淋系统等管线及相关设备的构件预埋、安装工程。

2.3　不在本次招标报价范围内的工程有：

(1) 主楼、辅助楼的室内二次装修、幕墙工程、综合布线、消防报警（含广播）、消防系统、安防系统、智能网管理系统、变配电工程、供水设备、发电机组、中央空调、人防设备和电梯设备及安装；

(2) 室外工程（室外场区的给排水、路灯照明、道路、绿化等工程）；

(3) 专用设备及安装工程。

（三）资金来源

本工程建设投资全部为自筹。

（四）资格要求与证明文件

4.1　要求参加投标的企业必须具有独立法人资格，且具备施工一级资质。

4.2　要求投标人的项目经理必须获得国家一级项目经理资质；其他主要管理、技术人员应具有相应资历。

4.3　投标人应提供企业法人营业执照、资质证书及相关证件（包括质量论证、获奖证书、重合同守信用、银行开具的资信等级等证明文件）来证明其具有足够的资源及能力来有效地履行合同。

（五）工程质量要求

省级优良工程。

（六）工程工期要求

中标人应在收到中标通知书 5 天内洽谈合同，15 天内签订合同。正式开工以招标人批准监理工程师签发的开工令的第二天为起始日，全部工程必须保证在380日历天内完工。

（七）文明施工要求

本工程要求按××市关于文明施工相关管理办法组织施工。

（八）投标费用

不论投标的结果如何，投标人应承担其投标书编制与递交所涉及的一切费用。招标人对上述费用不负任何责任。

（九）招标日程安排及说明

序号	日期	内容	地址
1	12月3日14:30前	发售招标文件	××建设工程交易中心
2	12月5日上午9:30	投标人现场勘察	××建设工程交易中心
3	12月8日上午9:30	投标答疑	××建设工程交易中心
4	12月25日上午9:00止	投标书递交	××建设工程交易中心
5	12月25日上午9:30	开标、评标、定标	××建设工程交易中心
6		发中标通知书	
7		签订合同	

二、招标文件的有关说明

（一）招标文件的内容

1.1　招标文件包括：投标须知、技术规范、投标文件格式、合同主要条款、图纸等内容。

1.2　招标文件中标注的所有时间均为北京时间。

（二）招标文件的发放

凡接到《资格预审合格通知书》的单位，凭通知书及单位介绍信（应携带企业法人营业执照、施工资质等级证书、企业法定代表人证书或法定代表人委托证书的原件），按时到招标单位购买一套招标文件（工本费贰仟元/套），另交图纸资料押金壹万元/套，凡购买招标文件的投标人不论是否提交投标书，都不应扩散招标文件，向他人提供或泄露招标文件的内容。

（三）招标文件的效力

投标人应认真审阅招标文件中所有的须知、条件、格式、项目、规范和图纸。不能满足招标文件要求的投标书，将被拒绝。

（四）招标文件的澄清及修改

要求澄清招标文件的投标人，应在收到招标文件后5日内，以书面、传真的方式通知招标人。招标人将以书面、传真的方式答复要求澄清的问题。此书面答复（包括对询问的解释，但不说明询问的来源）将以复印件送给所有的投标人。

三、投标报价说明

（一）投标价格

1.1　投标人必须提交详细的工程施工图预算报价书及报价汇总表。

1.2　本工程为总价包干招标，投标人对其采用预算定额外的补充单价，应以目前××市现行价格水平为基础，编制并提供单价分析表，其费用列入总报价。

1.3 投标人对工程造价的优惠承诺(需单独报出费率),需单列,并列入总报价。

1.4 地下室土方开挖按施工规范要求,需考虑原地块地下的障碍物的因素,采用一次性包干,投标人应承诺承担相应的风险并单独列出此费用。

1.5 此次招标工程桩、护壁桩按图纸设计的长度计算,结算时按实调整。

(二) 预算书编制依据

2.1 实物工程量按本工程施工图纸自行计算工程量,自行承担计算误差责任。

2.2 采用《××建筑工程预算定额》2001年版。

2.3 采用《全国统一安装工程预算定额》(××单位估价表)2000年版。

2.4 三材、地方材料价差调整及主要安装材料的价格以《××建设工程造价管理》2003年最新一期为依据,不足部分参考《××安装工程材料价格》2000年版及相关市场价格。水泥采用"××"牌;钢材采用"××"牌;混凝土采用商品混凝土。

2.5 本工程施工组织按竹胶模、塔吊、钢管脚手架考虑。

2.6 本工程余土外运。

2.7 人工费按××号文执行。

(三) 投标货币

投标书的报价应全部用人民币表示。

四、投标书的编制

(一) 投标书的语言

投标书及投标有关的来往函件和文件均使用中文。

(二) 投标书的组成

投标书分为商务标和技术标,商务标和技术标应分别装订成册。技术标的内容中不得含有投标人的名称和过去的业绩,否则视为废标。

2.1 投标人的投标书应包括下列各项:

(1) 商务标

·投标书及其附件

·投标人企业法定代表人授权委托书(复印件)

·投标人资质证书(复印件)

·投标人企业法人的营业执照(复印件)

·投标人通过质量论证体系的证明(复印件)

·年检有效的施工企业安全生产资格证书(复印件)

·拟担任本工程项目经理资质证书(复印件)

·投标报价汇总表

·工程施工图预算报价书(包括工程量、单价、合价、取费费率等)

·详细的报价编制说明

·证明业绩(含获奖)、信誉等的相关证书(复印件)

·证明投标者所具有资源、经验、能力和财务状况的资料

·投标人认为需要的其他材料

(2) 技术标

·施工方案、进度及附图

· 主要施工设备表及各项设备进场时间表

· 劳动力和材料计划表

· 临时设施布置及用地需求表

· 保证工期质量、安全的主要技术组织措施

投标人必须毫无例外的使用招标文件提供的投标格式

（三）投标有效期

3.1　投标书有效期为开标日后的60天(日历天)。

3.2　在原定投标书有效期之内，如果出现特殊情况，招标人可向投标人提供延长有效期的要求。这种要求和答复以书面、传真的形式进行。投标人可以拒绝这种要求而不被没收投标保证金。同意延期的投标人，不需要也不允许修改他的投标书，但需要相应地延长投标保证金的有效期。

（四）投标保证金

4.1　投标人在递交投标书时必须已经交纳50万元投标保证金进账凭证，此保证金是投标书的一个组成部分。

4.2　对于未能按要求提供投标保证金的投标书，将被招标人视为不合格投标而予以拒绝。

4.3　未中标的投标人的保证金将尽快退还(无息)，最迟不超过规定的投标有效期期满后28天。

4.4　中标人的投标保证金，在签约并提供了符合要求的履约保证金后，予以退还(无息)。

4.5　如有下列情况，将没收投标保证金：

(1) 投标人在投标有效期内撤回其投标书；

(2) 中标人未能在：

① 收到中标通知书15天内签署合同；

② 收到中标通知书，签订合同之前，提供符合要求的履约保证金。

（五）承诺

5.1　本次投标要求投标人承诺：若中标，在工程施工中与设备安装、高级装饰、弱电、消防等施工单位密切配合、互相协作，以确保工程完成，其协作内容含施工顺序的优先，提供必要的支架和生产、生活临时用房(地)、设备。

5.2　投标人承诺：若中标，所派主要人员严格按投标书的承诺随工进场，否则，视为违约。

5.3　考虑该工程的特殊性，投标人在投标时根据自身企业的技术力量和经济实力认为有必要，可提出附加条件或有关承诺。

（六）现场考察和答疑

6.1　招标人邀请所有投标者对施工现场进行考察，以获取投标人编制投标书所需的资料，考察费用由投标人自理，投标人应按日程安排准时参加。

6.2　投标人应在规定的时间书面提出投标疑问清单，招标人在投标答疑会上进行集中答疑。

6.3　投标答疑会的目的是澄清疑问，解答投标人书面提出的问题及设计者解答施工图

纸上存在的问题。

6.4 答疑会提出的所有问题，招标人整理后以会议纪要的形式发给各投标人，此纪要作为招标文件的一部分。

（七）投标书的份数和签署

7.1 投标人应编制1份投标书正本和5份副本，并明确写明“正本”和“副本”。正本和副本如有不一致之处，以正本为准。

7.2 投标书的正本与副本均应使用不能擦去的墨水打印或书写，并由投标人的法定代表人或正式授权的全权代理人签署，授权书应以书面委托的方式出具，并附在投标书中。有增加或修正的各项，都应由投标书签字人签字证明。

7.3 全套投标书应无涂改、行间插字，除非这些修改是根据招标人的指示进行的，或者是投标人造成的必须修改的错误。修改处应由投标人加盖单位公章。

五、投标书的递交

（一）投标书的密封与标志

1.1 投标人应将投标书正本和副本分开密封在内层包封内，并在内包封上正确标明“正本”或“副本”字样。商务标与技术标分开密封，即内层包封共分4包。

1.2 所有内层包封再密封在一个外层包封中。

1.3 内层和外层包封上均应具有下列标志：

（1）写明招标人的名称和地址：

××市××路××号

××公司

（2）具有下列识别标志：

① ××工程土建施工投标书；

② 在投标截止时间前不得开封。

文件用A4纸打印（图纸与表格可不用其他型号的纸打印），在内层包封上应完整、准确地写明投标人的名称与地址，以便投标被宣布迟到时，能原封退回。

1.4 外层包封上不允许出现任何显示投标人名称、地址的文字、公章等。

1.5 没有按上述规定密封并书写标志的投标书，将被拒绝，并退还给投标人。

（二）投标截止期

2.1 投标人应按时把投标书交给招标人，并由纪检监察部门签收。

2.2 投标书递交的地址：见前附表。

（三）迟到的投标书

招标人在投标截止期以后收到的投标书视为迟到的投标书，将原封退给投标人。

六、开标与评标

（一）开标

1.1 本次招标在××建设工程办公室和相关监督部门的监督指导下，由招标人主持，当场启封、检查、唱标。

投标人的法定代表或授权代理人应带身份证件、营业执照、施工资质等级证书、年检有效的施工企业安全生产资格证书、企业法定代表人证书或法定代表人委托证书及业绩证明（以上资料必须为原件，否则无效，如有任何弄虚作假行为将被无条件地取消资格）准时到场并签名参加开标，并对开标的结果进行确认。

1.2　投标人的名称、投标总额、撤回（如果有的话）、要求的投标保证金提交情况以及被认为适当的其他细节将在开标时宣布。

（二）评标过程的保密

2.1　技术标开标后，凡属于审查、澄清、评价和比较投标的有关资料和信息，任何时候都不应向投标人或与此过程无关的其他人泄露。

2.2　投标人在此过程中任何施加影响的行为，都将导致取消投标资格。

（三）投标书响应性的确定

3.1　在详细评标之前，将首先审定每份投标书是否在实质上符合招标文件的要求。

3.2　就本条款而言，实质上响应要求的投标书，应该与招标文件的所有条款、条件和规范相符，无显著差异和保留。所谓显著差异或保留是指对工程的范围、质量及运用产生实质性影响，或者对合同中规定的发包方的权利及投标者责任造成实质性限制。而且纠正这种差异或保留，将会对其他实质上响应要求的投标者的竞争地位产生不公正的影响。

3.3　对实质上不符合招标文件要求的投标书将予以拒绝，并且不允许通知投标人修正或撤销不符合要求的差异或保留使之成为符合要求的投标。

（四）投标报价的确定

投标价以投标人所报汇的总价为准，如果用数字表示的数额与用文字表示的数额不一致时，以文字数额为准。

（五）投标书的评价与比较

招标人仅对实质上符合招标文件要求的投标书进行评价与比较。根据招标文件的要求，对投标人的报价、施工组织设计和管理、拟投入的施工机械设备、工期、质量、业绩、承诺和安全保证体系等进行综合评审打分，并按预定的决标办法根据得分高低进行排序，得分最高者中标（如果得分相同，由招标领导小组根据综合因素确定中标人）。招标人不保证最低投标价的投标者中标。

七、授予合同

（一）合同授予标准

招标人将把合同授予其投标书在实质上符合招标文件要求并得到招标单位发给中标通知书的投标人，该中标人必须具有有效实施本合同的能力和资源。

（二）中标通知书

2.1　在投标有效期截止前，招标人将以书面形式通知中标人。

2.2　中标人应按招标人的要求立即回复确认函，作为收到中标通知书的回函确认。

2.3　中标通知书将成为合同的组成部分。

2.4　在中标人按规定提供了履约保证金后，招标人及时将未中标的结果通知其他投标人。

（三）履约保证金

3.1　中标人应在接到中标通知书后一周内，向招标人提交履约保证金壹佰万元人民币。

3.2　中标人的履约保证金应通过银行汇票方式提交。

3.3　履约保证金在工程竣工验收合格后7天内（含活期利息）退给承包人。

3.4　如果中标人不遵守以上规定，作废除处理，并没收其投标保证金。

（四）合同协议的签署

在通知中标的投标人中标的同时，招标人将：

（1）把招标文件提供的合同协议书格式，连带双方达成的其他协议送交中标人，中标人应在收到上述协议后7天内签字并返还给招标人；

（2）合同双方授权代表在合同协议书上签字，并分别加盖双方单位的合同专用章。招标人收到中标的投标者按合同规定提交的履约保证金后，本合同生效。

八、结束语

（1）中标人与招标人签订工程承包合同，并缴纳了履约保证金后即为招标结束。

（2）未中标人接到决标通知书起7天内，归还招标人全部施工图纸，同时收回图纸押金壹万元（不计利息）。如损坏、遗失图纸，按1 000元/张赔偿。投标过程中所发生的一切费用，由投标人自理，投标书一律不退还。

（3）招标人对未中标人的未中标原因没有作任何解释的义务和责任。

第二章　技术规范

一、现场施工条件

××工程施工现场内已达到"三通一平"的条件。

二、本工程采用的技术规范

（1）本工程以现行国家有关建筑工程施工及验收规范、建筑工程质量检查评定标准和设计图纸等技术文件为依据进行施工，如施工队伍没有达到上述技术标准文件的要求，所造成的损失和返工由施工单位自行负责。本工程主要执行以下技术规范。（略）

（2）在合同履约期间，本工程所采用的标准或规范若有修改或新颁，监理工程师认为有必要采用时，在报经业主批准后，应向承包人发出变更指令。

第三章　商务标

一、商务投标书格式

（一）投标书格式

××公司：

1. 经考察现场和研究上述工程图纸、合同条款、规范和其他有关文件后，我方愿以（大写）____________元的总价（含优惠）或者按合同条款确定的一个总价和图纸、合同条款、规范的条件承包××工程土建的施工、完工和修补缺陷。

一旦我方中标，我方保证在收到招标人和监理工程师的开工通知后________天内开工，并在开工通知所限定的最后一天算起的________天内完工并移交合同规定的整个工程。

2. 如果我方中标，我方将按照合同条款的规定提交____________万元人民币（银行汇票），作为履约保证金。

3. 我方同意本投标书的有效期至开标日期之后的________天，在此期间我方的投标有可能中标，我方将接受此约束。

4. 除非另外达成协议并生效，你方的中标通知书和本投标书将构成约束我们双方的合同。

5. 我方理解：你方不一定授标给最低报价的投标人。同时，也理解贵方不负责我方的任何投标费用。

6. 我方提交________元人民币的投标保证金，如果我方在本投标书有效期内撤回投标，或在接到中标通知书________天内未能与你方签订工程承包合同或未按要求缴纳履约保证金，你方有权没收该投标保证金，并另选中标人。

投标人：（盖公章）　　　　　　　　　　法人代表：（签字、盖章）

地址：（包括电话、传真、邮政编码）

银行账号：（包括开户行名称、地址、邮政编码）

日期：　　　　年　　　　月　　　　日

（二）授权委托书格式

本授权委托书声明：

在本书上签字的本公司法定代表人（法人代表姓名、职务），代表本公司任命在本书上签字的（被授权人姓名、职务）为本公司的合法代理人，就××工程土建的施工、完工和修补缺陷，以本公司的名义签署投标书、进行谈判、签署合同和处理与之有关的一切事务。（授权期限　　天）

代理人无转委托权。特此委托。

公司名称：（盖公章）

授权人：（法定代表人签字、盖章）

代理人：（被授权人）

日期：　　　　年　　　　月　　　　日

二、工程施工图预算报价书

（一）编制说明

1.1　本工程施工图预算报价书应与投标须知、合同通用条款、专用条款、技术规范和图纸一起使用。

1.2　本工程施工图预算报价书中所列工程量是依据施工图纸、定额工程量计算规则计算的。进度款的支付是以实际完成工程量为依据，由承包人计量，招标人和监理工程师核准的实际完成工程量。

1.3　无论工程量是否列明，招标文件所提供的施工图范围内的工程内容均已包含在本报价书内。

1.4　除非合同另有规定，本报价书包含合同项下的施工设备、劳务、管理、材料、安装、维护、保险、利润、税款及合同包含的所有风险、责任等所应有的费用。

1.5　本报价书不再重复工程及材料的一般说明。

1.6　修正报价计算中的算术错误的原则如下：

（1）如果数字表示的数额与文字表示的数额不一致，以文字表示的数额为准；

(2)投标价以投标人所报总价为准。

1.7　采用定额及调整文件。

1.8　本报价是投标人结合自身经营情况及市场信息报出的，并承诺在合同实施期间不因市场变化因素而要求改动。

1.9　所有报价均以人民币表示。

（二）报价表

表 3－1　报价汇总表

序号	项目名称	价　值(元)			三材用量(t)		
		建筑工程	安装工程	合计	钢材	水泥	木材
1							
2							
3							

投标总价(大写)______________________________元

投标人:(盖公章)

法定代表人:(签字、盖章)

日期:　　　　　年　　　　　月　　　　　日

表 3－2　建筑工程施工图预算报价表

单位工程:________________　　报价:________________元　　根据第________________号图纸

序号	编制依据定额编号	工程或费用名称	计算单位	数量	价值(元)			
					单价	其中工资	合价	其中工资
1								
2								
3								

表 3－3　安装工程施工图预算报价表

单位工程:________________　　报价:________________元　　根据第________________号图纸

序号	编制依据定额编号	工程或费用名称	单位	数量	重量(t)		单位价值(元)				总价值(元)			
					单位重量	总重量	主材	单价	其中工资	其中机械	主材	合价	其中工资	其中机械
1														
2														
3														
4														

三、补充资料表

（一）填表说明

1.1　投标人应确认本补充资料表完全正确，投标人不可对其格式作任何变化，但可以提供续页。

1.2　投标人应注意，该完整的补充资料表要作为评标时发包方考虑的因素之一。

1.3　投标人还应注意，该完整的补充资料表将成为最终合同文件的组成部分，除非监理工程师有其他的批准，投标人在施工中的行为将要求与该补充资料表所规定的相一致。

1.4 凡招标人没有给出的表格格式，由投标人根据招标人要求编制。

（二）资料报表

表 3-4 单价分析表

编号	项目号								
	工程量清单项目								
	项目名称	单位	单价（元）	数量	金额（元）	数量	金额（元）	数量	金额（元）
1	人工	工日							
2	材料								
	……								
3	材料费小计	元							
4	机械								
	……								
5	机械费小计	元							
6	其他直接费	元							
	……								
7	其他直接费小计	元							
8	直接费小计	元							
9	间接费	元							
	……								
10	间接费小计	元							
11	计划利润	元							
12	税金	元							
	共计	元							

表 3-5 合同付款计划表 单位：千元

自开工日起时间（月）	投标人估算金额			
	时 段 内		累 计	
	金 额	%	金 额	%
合 计				100

预备费________________

投标价________________

表 3-6　投入合同的主要人员表

	姓　　名	担任职务及资格经历
	指定人	
一、总部人员 法人代表 项目主管 二、现场人员 项目经理 技术负责人 计划负责人 财务负责人 结构施工负责人 施工机械负责人 试验负责人 水电安装负责人		

表 3-7　投入本合同的主要人员资历表

一般情况					
姓名		年龄		技术职称	
职务		本合同中拟任职		为申请人服务时间	
学历	年毕业于　学校　专业				
与本合同项目有关的语言能力					
经　　历					
年	负责过的主要工程(类型和金额)			该项目中的任职	备注

第四章　技术标

技术标中不得含有投标人的单位名称和过去的业绩，技术标必须与商务标分别装订成册，否则视为废标。技术标应包括施工方案及使用的主要施工机械，施工组织计划，保证工期质量，安全的主要技术组织措施等。

一、施工方案、进度及附图

(一) 施工方案及附图

投标人应递交完整的施工组织设计，说明各部分项目工程的施工方法和布置，提交包括临时设施和施工道路的施工总布置及其他必需的图表、文字说明书等资料，至少应包括：

(1) 含临时设施和施工道路的施工总布置图。

(2) 根据本工程特点、地域特点、自然条件和周围环境充分阐明：现场设备和劳动力动员周期，设备、材料运到工地的方法，施工方案、方法选择用文字和图示说明。

(3) 说明如环境保护、保证工程质量、安全生产而采取的技术、组织保证措施。

(4) 应说明主要分项工程的生产率，及其估计的施工周期。

(二) 初步施工进度表

投标人应提交初步的施工进度表，说明按投标书附件规定的完工期进行施工的各个关键日期。中标的投标人还要按合同相关条款的要求提交详细的施工进度计划。

初步施工进度表采用横道图斜率图(或关键线路网络图)表示，并绘制工作管理曲线，说明建议的开工日期，各分项各阶段的完工日期和分包合同签订的日期，反映合同规定要求的所有开工、完工日期。施工进度计划应与上面所说施工方法配套。

(三) 供电需求

投标人应对施工地点附近招标人提供的供电情况进行调查，并确定供电线路的出线地点和供电线路方案，经发包方批准后实施。

二、技术资料表格

(一) 主要施工设备表

表 3-8　主要施工设备表

编号	名称型号规格	数量	制造年份或生产国	未用过或已用过	自用或租赁	估价(到岸价或出厂价或现在价值)(元)	额定功率(kW)	生产能力(t/h 或 m^3/h)	运到工地日期

(二) 劳动力及材料计划表

2.1　劳务计划表

投标人应按所列格式提交劳动力计划表，本计划表是以＿＿＿＿＿＿＿＿班工作制为基础。

表 3-9　劳务计划表

工种、级别	自开工起月份							
	1—3	3—6	6—9	9—12	12—13	…	…	…
一、基建工 二、机械工								

2.2　材料计划表

投标人应按所列格式提交材料计划表，说明施工每季所需材料品种和数量。

表 3-10　材料计划表

名称	规格	计量单位	运到工地的单价(元)	数量			
				第 1 季	第 2 季	第 3 季	第 4 季

(三) 临时设施布置及用地需求表

投标人应提交一份临时设施表，说明临时工程、加工厂的人员、设备及办公、仓储、供电、供水、交通、卫生、生活等设施的情况和布置。

表 3-11　临时设施用地需求表

土地的计划用途	所需面积(m^2)	位置	需用时间(自…至…)
1. 生产设施用地 2. 生活用地 3. 施工临时道路用地 4. 其他临时设施用地 合　计			

注：(1) 投标人应在此表中逐项填写临时设施所需用地面积总数，土地用途须详细描述；

(2) 如不够填写可加。

第五章　合同主要条款

第一部分　协议书

发包人(全称)：______________________

承包人(全称)：______________________

依照《中华人民共和国合同法》、《中华人民共和国建筑法》及其他有关法律、行政法规，遵循平等、自愿、公平和诚实信用的原则，双方就本建设工程施工事项协商一致，订立本合同。

工程概况

工程名称：______________________

工程地点：______________________

工程内容：______________________

工程立项批准文号：__________________

资金来源：____________________________

一、工程承包范围

承包范围：

二、合同工期

开工日期：____________________________

竣工日期：____________________________

合同工期总日历天数________天。

三、质量标准

工程质量标准：________________________

四、合同价款

承包人就工程承包内容的造价、质量、工期、文明安全施工等实行总承包，总价一次性包死。

金额（大写）：________元（人民币）

¥：________元

五、组成合同的文件

组成本合同的文件包括：

（1）合同协议书

（2）中标通知书

（3）合同专用条款

（4）投标书及附录

（5）招标文件及补充资料和投标预备会标书澄清及答疑文件

（6）投标人投标时所作的申明、承诺、优惠条件、澄清会的各项澄清及答复资料等

（7）技术规范

（8）合同通用条款

（9）施工图工程预算报价书及报价汇总表

（10）补充资料表

（11）施工图

任何组成合同的其他文件包括双方有关工程的洽商、变更等书面协议或文件均视为本合同的组成部分。

六、本协议书中有关词语含义与本合同第二部分《通用条款》中分别赋予它们的定义相同。

七、承包人向发包人承诺按照合同约定进行施工、竣工，并在质量保修期内承担工程质量保修责任。

八、发包人向承包人承诺按照合同约定的期限和方式支付合同价款及其他应当支付的款项。

九、合同生效

合同订立时间：________年________月________日

合同订立地点：____________________

本合同双方约定________天后生效。

发包人:(公章)

住所:

法定代表人:

委托代理人:

电话:

传真:

开户银行:

账号:

邮政编码:

承包人:(公章)

住所:

法定代表人:

委托代理人:

电话:

传真:

开户银行:

账号:

邮政编码:

第二部分　通用条款

根据建设部和国家工商行政管理局1999年12月24日建[1999]313号文的要求,本招标文件的“通用条款”采用国家工商行政管理局和建设部1999年12月颁发的《建设工程施工合同(示范文本)》(GF—1999—0201)的“通用条款”。

(略)

第三部分　专用条款

(一) 合同文件

1.1　定义

1.1.1　本合同的发包人是:××公司

1.1.2　本合同的监理单位:××监理公司

1.1.3　承包人:(指投标被发包人接受的当事人)

1.2　合同文件及解释顺序

组成合同的几项文件可以认为是互为说明的,但在有含意不清或有矛盾时,则由监理工程师来作说明和调处,并就此向承包人发出指示。

除非合同中有特殊说明,组成合同的文件的解释先后顺序如下:

(1) 合同协议书;

(2) 中标通知书;

(3) 合同专用条款;

(4) 投标书及附录;

(5) 招标文件及补充资料和投标预备会标书澄清及答疑文件;

(6) 投标人投标时所作的申明、承诺、优惠条件、澄清会的各项澄清及答复资料等;

(7) 技术规范;

(8) 合同通用条款;

(9) 施工图工程预算报价书及报价汇总表;

(10) 补充资料表;

(11) 施工图;

(12) 任何组成合同的其他文件(包括双方有关工程的洽商、变更等书面协议或文件)。

1.3　合同语言和法律

1.3.1　合同语言:合同的正式语言为中文。

1.3.2　合同适用法律:《中华人民共和国建筑法》、《中华人民共和国合同法》等有关法律、法规。

1.4 图纸

1.4.1 承包人所需的施工图，由监理工程师审查后，提供4份作为工程施工的依据。如承包人需增加图纸份数可向发包人购买。承包人应对收到的任何图纸和技术文件进行仔细阅读和检查，如发现错误或表达不清时，可以书面方式通知发包人和监理工程师，供设计单位及时在施工前进行修改和补充。

1.4.2 施工组织措施计划及图纸由承包人根据施工图自行设计编绘，并报送发包人和监理工程师，一式5份。

1.4.3 发包人于开工日期15天前将施工图提供给承包人。

（二）对施工队伍的要求

本合同工程不得转包，也不得将整个单位工程分包。如出现上述情况，发包人有权终止合同的执行，全额没收履约保证金，并由承包人赔偿对发包人造成的经济损失。

承包人同意并接受，在合同实施中，如承包人的施工队伍素质、力量、机械配备不符合投标书的承诺，不履行总包职责，造成现场管理混乱或工程质量或进度明显达不到预定计划要求时，监理工程师在获得发包人的批准后有权要求其调整充实力量，加强管理，或划出部分工程量委托其他企业承包，并处以阶段工程款的2%的违约金。当上述措施仍无效时，监理工程师可向发包人建议终止合同，最后由发包人决定终止本合同，并由承包人赔偿全部经济损失。

承包人的项目经理必须常驻施工工地，不得兼任其他工地，一经发现，发包人有权终止合同的执行，履约保证金作为违约金，不予退回。给发包人造成的经济损失由承包人负责赔偿。

（三）发包人与承包人的工作

3.1 发包人的工作：

(1) 施工场地具备施工条件的要求；

(2) 将施工所需水电等管网线接至施工现场的指定地点，并保证施工期间的需要；

(3) 保证施工场地与公共道路的开通，满足施工运输的需要。

3.2 承包人的工作：

(1) 除按国家统计局与主管部门规定的有关报表外，承包人还应负责向发包人和监理工程师提供的计划、报表的名称及完成时间是：按月提供已完成工程量，统计报表和下月的工程进度计划，每月25日前报监理，提供工程计划表(一式2份)。

(2) 在合同签字后10天内，承包人应将详细的施工组织设计(一式5份)报送发包人和监理工程师批准(附关键线路的网络进度图)。

(3) 月(季度)施工进度计划(附网络图)，承包人应于每月最后10天前递交下月修正的施工进度计划(一式5份)。

(4) 月(季度)工程进度实施报告，承包人应于次月5天前向发包人和监理工程师递交施工进度实施报告(一式5份)。

(5) 承包人负责组织制订本工程质量计划和创省优工程规划，报送发包人和现场监理机构。

(6) 承担施工安全保卫工作及非夜间施工照明的责任和要求：

① 承包人应加强安全技术管理，保证现场施工的安全，教育施工人员文明施工。由于承包人管理不善，或因施工人员的过失造成的人身伤亡、设备和工程质量事故、工地火灾以及其他人为事故，其全部责任均由承包人自行负责。

② 施工过程中，承包人应保证本工程安全施工，保护工地周围建筑物和居民的安全，若危害了其他单位、个人的财产及人身安全，承包人必须承担全部责任和赔偿一切损失。

③ 承包人应在各施工区、道路及生活区设置照明系统。

④ 凡可能漏电伤人或易受雷击的电器设备及建筑物均应设置接地或避雷装置。承包人负责这些装置的采购、安装、管理和维修，并应定期派专业人员检查这些装置的效果。

⑤ 承包人应在施工区内设置和维护一切必要的安全信号装置。

⑥ 遵守政府有关主管部门对施工场地交通、环卫和噪音及安全生产等的管理规定，按规定办理有关手续并承担费用。

(7) 承包人负责协调和处理好外部施工环境，否则由此引起的工期延长、造价增加及施工质量问题由承包人承担责任。

(8) 已竣工工程未交付发包人前，承包人负责对已完工程进行保护，保护期内如有损坏，承包人自费修复。

(9) 承包人应负责对施工场地地下管线和邻近建筑物、构筑物(含文物保护建筑)、古树名木进行安全保护，并承担费用。

(10) 施工场地要求承包人自费保持工地和全部工程区域的清洁卫生，遵守相应的管理机构对卫生和健康状况的要求。

(11) 承包人在采购上述主要材料时，应征得发包人认可方可签订采购合同。同时，承包人应提供材料样品封样，以便在承包人进货时，发包人进行对照。

(12) 承包人应提供主要材料的质量合格证书、试验报告。发包人有权对承包人的成品、半成品、材料进行随时抽样检查。抽样不合格，承包人必须重新采购，所发生的费用由承包人自负，抽样合格，费用则由发包人承担。

(四) 工期

4.1　本工程工期为________日历天，自开工日起算。

4.2　本工程开工日以发包人批准，监理工程师发出开工令为准。

4.3　本工程控制性进度为：自开工之日起，在投标工期天内完成本合同规定的全部工程。

(五) 合同价款与支付

5.1　本合同价款采用固定价格合同。

5.1.1　合同价款中包括的风险范围：承包人在投标时漏项少算的工程费用、材料价格上涨，短时间停水、停电及材料供应不上等。风险范围以外的合同价款的调整方法见(六)合同价款的调整。

5.1.2　属承包人提出优化设计的合理化建议，以其节约工程费用的20%奖励承包方，承包方为便于施工而更改施工方案所增加的工程费用一概不予调整。

5.2　工程款支付

5.2.1　工程预付款：正式合同签订后10天内，发包人向承包人预付合同价5%的动员预付款。此费用仅用于承包人支付开始施工时与本工程有关的费用。如果承包人滥用此款，发包人有权立即收回。当工程进度款付至合同款的60%时，此后将预付款开始分三次(每月一次)进行抵扣。

5.2.2 工程款的支付：工程款每月底按监理、发包人审核的工程量的85%进行支付，但本工程竣工验收后，进度款的支付总数不超过合同款的85%。工程审计决算后，按照实际发生数进行一次性结算(最后扣除5%的工程质量保证金)。增加的工程量(设计变更、隐蔽工程、点工签证)发生的费用不计入每月的工程进度款，待工程决算时，一次性结算。

5.2.3 每月25日承包方将当月完成的工程量报表报监理审核，5天内报发包人核定支付月工程进度款。

(六) 合同价款的调整

6.1 本合同价款总价包干，在整个合同执行期内不受国家政策和市场价格的影响，双方各自承担风险，价格不予调整。但下列条件之一可调整总价。总价调整部分的计算方法依据现行工程造价计价规定和投标人投标时报出的优惠比例进行计算。

(1) 经发包人和监理工程师认可的设计变更(变更的程序及授权范围见通用条款)；

(2) 由监理工程师计量、发包人认可的招标文件以外的工程量变化；

(3) 由发包人变更材料产生的价差。

(七) 竣工验收与结算

7.1 全部工程完工后，准备交工验收前，承包人应将由施工引起的垃圾、障碍物全部消除。同时提供4套竣工资料，含工程检验及竣工验收条款规定和按其他有关规定要求的资料和结算资料等。

7.2 当具备交工验收条件时，承包人应提前10天提出交工验收报告，通知发包人组织验收，发包人接到验收报告及上述主要竣工资料后5天内，组织有关部门对工程进行初验。

7.3 经验收，如有不合格工程，承包人应无条件返工修补整改，直至验收合格后方能签署验收证书。由此追加的费用和延误的工期由承包方负责。

7.4 全部工程验收合格，自双方签署工程验收证书之日起5天内，承包方的人员、机具、材料必须全部退出，清理施工现场，按规定内容整理好全部竣工资料。若拖延清场，按拖延工期同样处罚。竣工资料不齐者，不得办理工程结算款。

(八) 奖罚办法

8.1 工程验收达到省优标准，则不奖不罚。工程质量达不到省优标准或初验不合格，承包方除负责返工修补合格并承担费用和工期责任外，按合同价的5%处罚违约金。

8.2 工期奖罚的办法：实际工期在370～380天范围内不奖不罚。超出此范围，提前1天，奖励合同价的0.05%；拖延1天，罚减合同价的0.05%。奖罚的限额为合同价的5%。

8.3 承包人签订工程承包合同时交发包人履约保证金，如承包方违约造成合同终止，其履约保证金作为违约金支付发包人，并应赔偿发包人超过违约金的直接经济损失。

(九) 违约和争议

9.1 违约

9.1.1 本合同中关于发包人违约的具体责任如下：

(1) 未按约定付预付款应承担的违约责任：工期顺延。

(2) 未按约定付进度款应承担的违约责任：工期顺延。

(3) 未按约定付结算款应承担的违约责任：付结算款并加付利息(按中国人民银行公布

的活期利率计算)。

9.1.2 本合同中关于承包人违约的具体责任如下:

(1) 竣工延期应承担的违约责任:工期延误超过1个月,除按8.2款处罚外,发包人将扣除承包方履约保证金的30%以上作为违约金。

(2) 质量不合格时应承担违约责任:未达到省级优良,除按8.1款处罚外,还要求返工使工程达到质量标准,增加的工期按8.2执行或按9.1.2中的第(1)条规定承担误期违约责任。

(3) 项目经理及所派主要人员严格按投标书的承诺随工进场,否则,视为违约。

9.2 争议

双方约定,在履行合同过程中产生争议时,应先由双方协商解决。协商不成时,任何一方均可向××仲裁委员会提请仲裁。

(十) 其他

10.1 不可抗力

10.1.1 不可抗拒的自然灾害指在施工区内发生的:

(1) 7级以上地震;

(2) 10级以上持续3天的大风;

(3) 百年一遇的暴雨、大雪;

(4) 百年一遇的洪水位。

灾害性气象以当地气象部门提供的资料为准;强烈地震资料以国家地震局和江西省地震部门提供的资料为准;洪水位以当地水文部门提供的资料为准。

10.1.2 社会动乱的破坏作用,如战争(指发生在现场)。

10.2 保险

承包人应对其为本合同工程的所有施工机械设备和现场施工人员向保险公司投保。如果承包人自行决定不对其所有投入本工程的设施设备和人员投保,一旦这些设备和人员在合同实施期间发生任何程度的损坏和伤亡,发包人将不以任何方式给予任何补偿。

10.3 合同份数

双方约定本合同正本2份,副本8份。

附:评分细则

为体现评标工作的公平、公正、科学和择优的原则,本评标采用设置标底综合定量评价法。本方法总分为100分(其中投标报价50分,企业综合素质25分,技术标25分),计分共由三大部分8个计分子目组成,得分高者即为中标第一排序人,以此类推。

办法的分部分值及计算方法如下:

一、投标报价:50分

具体计分方法如下:

设定各投标人报价算术平均值为A,招标人的标底为B,满分报价为C,下浮系数为N。

1. 招标人设置标底时

(1) 当招标人标底价在所有投标人报价之间或之上时,A值的确定原则为:

若投标人个数少于或等于5家时,A值为各投标人报价去掉一个最高值,去掉一个最低值的算术平均值;

若投标人个数多于5家时，A值为各投标人报价去掉两个最高值，去掉一个最低值的算术平均值。

满分报价 $C=(0.7A+0.3B)(1-N\%)$

(2) 当招标人标底价在所有投标人报价之下时，A值为各投标报价在$(1+10\%)B$(含本数)范围内的所有投标人报价的算术平均值。

满分报价 $C=(0.7A+0.3B)(1-N\%)$

满分报价中的N值为1、1.5、2、2.5、3这5个下浮系数，其确定的方法应由招标人指派的代表在招投标监督机构和投标人代表的监督之下，在开标会上当众、当场随机抽取。

当招标人设置的标底B超过各投标人最高报价的5%或小于各投标人最低报价的5%时，招标人的标底舍去，招标评标按不设置标底方法处理(不受投标人数量的限制)。

2. 招标人不设置标底时(使用此办法时投标人不得少于5家)

满分报价 $C=A(1-N\%)$

其中下浮系数N为1、1.5、2、2.5、3。

N由招标人指派的代表在招投标监督机构和投标人代表的监督之下，在开标会上当众、当场随机抽取确定。

在确定A值时应遵循以下原则：

当投标人个数为单数时，以投标报价居中的投标人报价为基准数，A为所有在基准数±5%(含本数)范围内的投标人报价算术平均值；

当投标人个数为双数时，以投标报价居中的两个投标人报价的算术平均值为基准数，A为所有在基准数±5%(含本数)范围内的投标人报价的算术平均值。

采用无标底招标时，评标委员会认为有必要时可对有关投标人的报价进行重点核查，使计算有误导致投标报价有重大偏差或所有有意哄抬标价者在征得监督部门的同意下，不得参加评标标底的平均，情节严重的取消评标资格并依法进行处理。

3. 各投标人的投标报价得分

将各投标人的投标报价与满分报价相比较(采用四舍五入的方法精确至小数点后三位)，每上升1%扣10分，每下降1%扣5分，扣完为止，具体按下表采用插入法进行计分：

投标报价	$0.90C$	$0.92C$	$0.94C$	$0.96C$	$0.98C$	C	$1.01C$	$1.02C$	$1.03C$	$1.04C$	$1.05C$
报价得分	0	10	20	30	40	50	40	30	20	10	0

各投标人报价得分计算公式为(投标人报价在$0.90C$至$1.05C$范围者参与计分)：

(1) 当投标人报价大于满分报价时：

$$50-\left(\frac{\text{投标报价}}{\text{满分报价}}-1\right)\times100\times10$$

(2) 当投标人报价低于满分报价时：

$$50-\left(\frac{\text{投标报价}}{\text{满分报价}}-1\right)\times(-100)\times10$$

二、企业综合素质：25分

1. 建筑业企业资质等级：7分

凭经建设行政主管部门年检的资质证书副本(原件)按下列标准计分。年检合格的一级以上(含一级)建筑业企业计 7 分,二级企业计 6 分,三级企业计 5 分;对年检基本合格的单位按计分标准一半计分;对无年度年检记录(除资质新就位情况外)和年检不合格者一律不计分。

2. 安全生产:5 分

具体操作:

凭年检有效的建筑业施工企业安全资格证书原件按下列方法计分:

(1) 有效年检年度年检结论为合格者计 5 分;

(2) 有效年检年度年检为基本合格者计 2.5 分;

(3) 有效年检年度年检为不合格者不计分。

对在年检栏中无年检记录的企业不计分;对无年检记录要求的一次性安全资格证书视同年检合格记分。

对在开标日至上年度年检日(以年检记录盖章日期为准)期间发生安全事故的投标企业一律凭县级以上建设行政主管部门的安全事故处罚文件(原件)结论为准进行安全计分,死亡及重伤事故控制在规定范围内的计 2.5 分(规定范围死亡事故频率 0.17‰,重伤事故频率 2‰),超过规定范围者不计分;无处罚结论的不扣分。

3. 质量体系认证或招标人对投标人以及投标项目经理素质考察:3 分

凡通过 ISO9001、ISO9002 质量体系认证的投标施工企业,凭有效证书原件计 3 分。

4. 投标项目经理资质:5 分

一级项目经理计 5 分;二级项目经理计 4 分;三级项目经理计 3 分;四级以下项目经理计 2 分。计分一律凭建设行政主管部门颁发的项目经理资质证书原件计分。

5. 施工经历:5 分

参与工程投标的施工企业在近三年(不含开标本年度)项目经理内施工过与招标工程相同或以上的工程(指结构、层次和单项合同金额)。

本项计分一律凭 2 种以上(含 2 种)能证明投标企业施工经历有关证件材料原件(施工许可证、施工合同、中标通知书、工程招投标情况备案报告书、质量竣工验收备案材料、施工图纸,但不含文字证明材料),未同时提供 2 种以上(含 2 种)证件材料的不予计分。

6. 市场行为扣分

投标人有违反建筑市场秩序和招投标不规范行为且被县级以上建设行政主管部门依法给予处罚的,每出现一次扣 2 分(凭建设行政主管部门的处罚文件原件或投标人的投标管理手册记录结果),有效处分期为一年(以处罚文件或投标管理手册记录之日算起)。

三、技术标:25 分

技术标评分应含以下两部分内容,各投标人每部分的计分应由评标委员会成员公正评定,然后取各成员的评分算术平均值。

1. 投标人对招标条件和要求响应性内容:10 分

(1) 投标人按要求时间和方式提供了投标担保的计 2 分;

(2) 投标人的投标文件制作和签章符合招标文件规定要求的计 2 分;

(3) 投标人的投标工期符合招标文件要求的计 2 分;

(4) 投标人承诺的质量等级符合招标文件要求的计 2 分;

(5) 投标人的投标文件无附有招标人不能接受条件的计 2 分。

投标人的投标文件中有细微偏差时,每发现一处扣 1 分。

投标文件细微偏差是指投标文件在实质上响应招标文件要求，但在个别地方存在漏项或者提供了不完整的技术信息和数据等情况，并且补正这些遗漏或者不完整不会对其他投标人造成不公平的结果。投标人拒不按照要求对投标文件中细微偏差予以书面补正的扣 2 分。

评标委员会在对各投标人进行本项评分时，如发现投标人投标文件中含有 12 号令所规定的重大偏差内容时，应作废标处理。

2. 施工组织设计或方案：15 分

各投标人的施工组织设计或方案由专家评委成员按附件三规定的内容和要求计分比例进行评选计分。投标人施工组织设计或方案的内容按招标文件要求编写并无技术性或针对性错误的最低得分不能低于 12 分，否则，该评委的计分作废；对有技术性或针对性错误的投标人施工组织设计或方案的评审不受最低得分限制，直至扣为零分。每部分评审具体要求如下：

(1) 施工组织部署：1.5 分

① 有完整的施工管理组织机构和管理人员配置情况内容；

② 有详细用工和人员使用计划，并配置合理，工种齐全；

③ 明确了项目经理、施工员、材料员、预算员、质检员、安全员配置情况，且对项目经理的信誉和以往业绩进行了介绍；

④ 施工平面布置有布置图，且考虑周到、布局合理、切实可行，无明显与施工现场四周原有固定建筑物冲突的地方。

(2) 施工进度计划：1.5 分

① 有具体的施工进度网络图，标注各专业工程进度的横道图线准确、清楚、合理，符合实际施工进度要求，各专业工程施工配合明确、科学；

② 施工进度计划表和进度图要有数字支撑，并且数据正确、详实；

③ 施工进度总计划应符合招标文件规定的工期要求。

(3) 施工技术措施：3 分

① 施工技术措施针对性强、有创新，有施工工程主要项目(如土方、柱、梁、板模板和钢筋绑扎以及混凝土施工、砖砌体、地板块料镶贴、铝合金门窗安装、涂料粉刷、屋面防水等)的具体施工技术方案，并符合国家规范标准的要求；

② 采用新产品、新技术、新工艺，并按照工程实际充分采用新材料；

③ 有满足工程特殊技术需要的施工方法；

④ 建立健全了一整套技术管理制度(含图纸的熟悉、审查、技术交底、材料检验、工程质量检查和验收、工程技术档案、技术复核、技术责任)。

(4) 施工质量保证措施和目标：3 分

① 施工项目创优目标明确；

② 施工质量保证体系和质量检查监督机构健全，并有直接的控制措施和手段；

③ 材料进场和二次检验制度落实；

④ 工程养护和冬雨季施工措施明确；

⑤ 各分部分项工程质量控制目标明确；

⑥ 工序质量控制措施和自检、自控措施齐全；

⑦ 严格执行国家的有关施工规范、标准，有明确要求；

⑧ 有工程质量回访和保修内容。

(5) 文明施工和安全生产措施：1.5 分

① 建立了施工安全保障体系和控制事故发生的具体方法，且职责明确；

② 安全技术措施对工程特点和施工工艺有针对性，按施工部位列出施工的危险点，对照各危险点制定具体的防护措施和安全作业的注意事项；

③ 专业性较强的项目如脚手架、模板工程、基坑支护、施工用电、垂直运输设备及起重吊装等，应当编制专项施工组织设计；

④ 建立了一整套文明施工措施和规定，施工现场的材料、设备放置有明确要求；

⑤ 有工地人员内部的安全教育内容；

⑥ 有创文明施工的措施。

(6) 施工机械配置：1.5 分

① 施工机械配置合理、先进，且满足施工进度需要；

② 落实了施工机械、设备的使用、维护、保养制度；

③ 工程中所有使用的机械、设备计划落实，来源明确，并有明细表。

(7) 施工合理化建议和降低成本措施：1.5 分

① 施工合理化建议有针对性，且满足施工工程的需要；

② 降低成本措施切实可行；

③ 施工合理化建议有采纳价值，且有社会和经济效益。

(8) 工程质量通病防治措施：1.5 分

① 阐明了施工工程可能出现质量通病的部位和有针对性的处理对策；

② 制定了消除空、裂、渗、漏、堵、粗、污等质量通病的措施和施工工艺；

③ 成立了消除质量通病的机构，并配备了人员。

3.4 无标底招标

设有标底招标是我国现行的招标方式之一，而随着我国市场经济改革的深化和加入世贸组织与国际接轨的需要，其弊端日益突现。经济发达国家广泛使用无标底招标，无标底招标是我国建筑市场发展的必然趋势，也是加入 WTO 后主要的工程交易方式。

3.4.1 有标底招标存在的问题

工程招标是一项综合性的技术经济活动，涉及面广，程序复杂，尽管我国出台了《招标投标法》及其配套法规，但在实施过程中招投标单位并没有严格按照招投标法律法规执行，招投标工作随意性大，公平公正性差，缺少统一标准，暗箱操作相对严重，行政干预较大，腐败现象较为普遍，存在着诸多问题。

导致这些问题的根源主要是以下两个方面：

(1) 定价不合理。工程定额反映的是一定时期(一般一年以上)某一地区(省、市)工程的料、工、费的平均价格。在市场经济条件下，与计划经济相适应的工程定额不能随时反映经常变化的市场价格。由于城市与农村、平原与山区、发达地区与贫困地区的经济发展差距客观存在，作为一个地区的平均标准很难也不可能准确地反映个别地方的价格水平。所有的人工、工时、材料单价等都按照所谓的定额标准来确定，与实际情况相差甚远，造成利润空间大，不仅严重浪费了国家资金，而且客观上成为滋生腐败的温床。

（2）标底易泄密。按规定编制标底的单位要有相应的资格，因此，在相对较小的地域范围内，编制标底的单位和人员是相对固定的，建筑商千方百计地打探标底，采用各种各样的手段拉拢知情人员已是公开的秘密；而泄漏标底、权钱交易在我们身边时有发生。

3.4.2 无标底招标的特点

无标底招标是指招标人在招标时，对招标项目不编制标底或者是即使编制标底也不作为评标标准，招标人针对招标文件的条件与要求作出实质反映，经由评标委员会按照评审标准对投标文件评审后确定中标人。不设标底，可消除标底编制不够正确对招标投标过程所产生的负面影响，更有利于降低造价，保证公平、公正。无标底招标采用了量价分离的科学形式，更加符合市场经济的要求，有利于加强招投标过程的竞争机制。

与现行招标方式相比，无标底招标具有下列优点：

（1）不存在标底泄密问题。无标底消除了暗箱操作的一个重要环节，遏制了滋生腐败行为的条件，达到了事前防范、源头治理的目的。有标底招标过程中，投标单位如能获取标底信息，则中标希望就很大。在投标单位重金收买下，某些人员由于个人利益或小集团利益的驱使，会泄漏标底，使招标失去实际意义；而无标底招标则不会出现这一现象。

（2）最大限度上排除了人为因素的干扰。无标底招标过程的评定标准严格、明确，使得人为操作的可能性大大降低，使招标人和评委会对中标人确定的主观因素逐渐被消除。

（3）能很大程度上反映投标人的综合素质水平，充分体现市场经济的运作规律，实现整顿和规范建筑市场的需要。

（4）鼓励了公平竞争，促进投标单位降低企业成本，有利于投标企业（施工企业）增强企业自身实力，即通过提高人才、技术和装备的综合实力从而提高企业的效益。从无标底招标的实质上讲，投标企业只有提高人员素质，提高技术装备，依靠科学先进的管理办法和施工水平，才能降低成本，在投标中获胜，占领市场份额。

（5）招标人获得了合理低价的工程发包成本，降低工程造价，节省国家建设投资，提高社会效益。由于无标底招标一般是以低价中标为原则，投标企业在报价时及合同执行过程中会利用企业自身的先进施工工艺和施工方法，在工程的施工管理上采用高素质的管理人员和先进科学的管理方法，以降低工程施工成本，节约工程支出，因此其管理费用和施工成本相对是最低的，从而最大限度地节约了工程投资。

（6）规范了建筑市场各方的行为，节制了转包行为的发生。一般无标底招标项目的中标价格都较低，中标人必须尽心尽力地去完成项目才会有所盈利，再想通过转包来牟取非法利润根本行不通。

（7）有利于打破地区或部门保护行为。有标底招标的标底一般由本地区或本部门内的人员编制，由于部分领导或人员存在较严重的地区或部门保护思想，而本地区或本部门施工单位为获取中标，也会千方百计凭借本地区或本部门的人际关系获取标底编制信息以求中标。无标底招标时，招标方不存在报价保密问题，因此有效地打破了地区或部门保护行为。

（8）与国际惯例接轨，加快我国与世界间的国际经济一体化发展趋势。国际上通行的工程招投标基本上都是无标底的，我国通行的做法明显与之不一致，实行无标底招标是实现与国际惯例接轨的必经途径。

3.4.3 无标底招标的两种评标标准

虽然国外招投标评审方式略有不同，但总体上都是经评审的投标价格最低者中标（下称“合理低价中标”）。我国深圳也主要采用这种形式，而上海等地则较多采用“无标底招标，有标底评标”的评审形式。两者的主要区别在于：

（1）商务标评价依据不同。“合理低价中标”不设标底（或标底作为业主的投资预期，当所有投标价都远高于标底时，业主有权要求修改条件后重新招标）。“无标底招标，有标底评标”仍设参考标底，其程序较为复杂。以上海为例，首先除去最高、最低值的均价，在（+2，−6）范围内确定有效投标；再随机确定有效标均价的 60%～70%，加上参考工程造价的 30%～40%，并随机确定 1%的下浮幅度后作为评标标底。

（2）在一些地区所采取的“无标底招标，有标底评标”的评审形式中，技术标以一定比例进入综合评分。

（3）在“合理低价中标”过程中，由于价格成为决定性因素，资格预审的重要性更为突出，把关更严。在“无标底招标，有标底评标”的评审形式中，当符合投标资格者较多时，仍采用抽签的形式决定投标资格。

3.4.4 无标底招标存在的问题

目前我国市场经济尚不完全成熟，相关的法律法规还不配套，人员素质还不是很高，在实际的招投标活动中，投标人为能中标，不仅同意建设单位的压级压价、垫资、拖欠工程款等条件，而且下浮率之大令人咋舌，投标报价出人意料地低，低于成本的可能大大增加。虽然评标委员会可以按照规定，要求投标人作出说明并提供相关的证明材料，但由于企业个别成本无统一的衡量标准，在短时间内很难弄清，造成投标报价越来越低，弊端日益显现。主要问题有：

（1）规范化、标准化的市场统一规则难以建立。市场经济讲究的是规范化和标准化的运行机制，遵循的“游戏规则”应该是标准的、统一的、唯一的。对于同一个工程项目，企业的个体成本是不一样的，每个企业都可以强调本企业的特殊性，用来说明投标报价不低于成本价的种种理由。如有的国有施工企业解释说，如果没有工程可干，工人的最低生活费还是要发，工人闲着还会给企业带来其他的问题，机械设备闲着也是一种浪费等等；而私有施工企业则解释说，我们没有包袱，成本较低等等。由于没有统一的衡量标准，评标委员会只能按每个企业的理由对各自的投标报价进行测算评定，但要在短时间内判定“不低于成本价的竞标”是很难的，这样中标的往往只能是最低投标报价者。公平、公正的市场竞争机制将受到冲击，规范化、标准化的统一规则难以建立。

（2）建筑企业的发展后劲和综合实力将受到影响。当前，建筑施工企业片面追求产值、稳定队伍、不重产出的现象在国企和集体企业中仍较普遍，不计成本的“血本大比拼”是承揽工程的主要手段，造成了整个行业恶性竞争。结果，拼掉的是建筑业的“元气”，将影响整个行业总体水平的提高和健康发展，降低同国外建筑企业的竞争能力。

（3）工程质量、施工安全和廉政建设将会受到影响。市场经济条件下的交易应该是公平、公正、等价的，企业的行为是以获取利润为目的的，任何不公平的交易行为最终会受到惩罚。工程建设的历史表明，工程质量、工程工期、工程造价是紧密结合在一起的，任意压低造价或缩短工期，都可能给工程造成不必要的事故隐患。投标企业低价中标后，为避免亏损，往往会采取一些不正当的手段：一是通过偷工减料来减少损失，给工程留下了质量隐患。二是安全生产侥幸心理增加，通过减少安全设施的投入和缩减安全管理人员及安全费用支出来节省开支，给施工安全带来了后患。三是千方百计地拉拢、腐蚀建设、监理、设计等单位的有关人员，通过施工中的签证或修改设计等方式来补偿损失。四是软缠硬磨拖延工期，使项目不能如期投产，迫使建设单位增加造价。

(4) 建设单位存在着潜在的高价风险。虽然目前建筑施工企业为了生存不得已出现低价竞争，但终究会在低价竞争给企业带来的损害中清醒过来，整个行业来个“物极必反”，共同提高报价，甚至最低的投标报价可能比实际造价高出许多。由于有些建设单位没有编制标底，无法衡量报价之高低，势必影响建设单位的利益。

3.4.5 无标底招标在我国的推行和发展

随着我国民主与法制建设进程的加快，公开、公平、公正和诚实守信的原则在招标活动中得到充分的体现与实施，区别于有标底工程建设项目招标的无标底招标方式日渐被业主、代理机构等所关注。无标底招标的推行，既符合市场经济的定价规则，也适应我国入世与国际惯例接轨的需要。

根据无标底招标工作试行以来的经验总结，我国无标底招标工作取得了以下成效：首先，工程价格完全由投标企业根据市场来确定投标报价，是市场成熟的标志。其次，是市场经济条件下公平、公正、竞争原则的体现，可以避免腐败现象的发生。其三，可以避免标底泄密所带来的不良后果。其四，可以为招标人求得最大的效益。任何人无权决定中标单位，可以名正言顺地对付各种社会关系，施工单位也不再需要找关系、摸标底，而注重从技术方案、报价方面集中力量进行研究，开展正当的竞争。

我国无标底招标中值得注意的问题主要是：

(1) 招标文件的编制一定要详细、完善。招标文件是招标人选择中标人并签订合同文件的重要依据。无论是技术条款还是商务条款，任何一处的不恰当，都有可能给招标工作带来麻烦，也会给招标人的合同管理工作带来不必要的风险，还有可能成为施工索赔理由。因此，编制审查招标文件时一定要对工程施工的条件、工期、质量以及合同条款、合同格式等进行仔细、认真地分析，以尽可能使招标文件详细、完善。

(2) 招标单位应该有一个成本参考价。由于工程项目建设形成的是特殊的、预期的建筑产品，要经过一定的建设周期才能实现其使用价值，因而是先定价后成产品，即先确定中标价再进行项目建设。招标单位编制的标底是对最终建筑产品的造价预期，好似人们在商店购买商品时愿意成交的心理价格，理应成为衡量中标价的尺度。虽然是无标底招标，但招标单位有一个成本参考价，可以防止少数投标单位盲目压价而导致低于成本报价或恶意串通抬高报价的事件发生。该成本价可以是招标标段总成本价或单价成本价或主要材料成本单价。如果评标过程中发现少数投标者以低于成本价报价时，可以在询标过程中经询标澄清，如询标时投标单位无正当理由能说明该报价时，可以不考虑其中标。

(3) 要有个业务精、素质高的评委班子。评标工作是对投标单位的各项施工技术、施工方案和工艺以及资金情况进行一次严格的计算审查过程。由于无标底报价时各投标人报价差距较大，且各项报价主要与工程的施工工艺、施工方法等有关，因此必须要具有各方面专家组成的评委，才能保证对各投标人的投标作出合理、公正的评价，选出优秀的施工企业中标，才能实现无标底招标的目的。

(4) 加强招投标过程的管理，严格按相关招投标法律法规办事，招标单位工作人员要严格遵守保密制度，要防止各投标单位串标，对投标单位加以保密，对招标投标过程中可能出现的问题要充分分析，做到早预防、有准备，这样才能确保无标底招标工作的成功。

(5) 应防范"逆向选择"的结果。即能力强、信誉好的施工企业不愿意承担无利可图的工程项目，而信誉差、业务少的施工企业选择低报价，以获得工程项目，从而为工程建设管理埋下隐患，严重威胁工程建设的质量和进度。在美国，每年都有上千家施工企业因丧失信誉而倒闭。但在我国，因缺乏信誉而倒闭的施工企业却凤毛麟角。国外投标中，施工企业对中标概率很小的项目一般不轻易参与投标，一是避免投标费用的损失，更重要的是避免信誉的降低。因此，加强施工企业资格预审，剔除"屡投不中"的施工企业，一方面可以避免低能力施工企业的参与，另一方面也避免了串标的形成。合作博弈的条件是合作任何一方的得益不为负。对中标概率的考核是降低合作方得益和剔除"破坏者"的有效手段。特别是对有"报价失常"前科的施工企业应高度重视，以排除不合格施工企业的参与。

本章小结

工程招标投标，是指招标人事先提出工程的条件和要求，邀请众多投标人参加投标，并按照规定程序从中选择承包商的一种市场交易行为。我国现行的招标分为公开招标和邀请招标两种方式。其中，公开招标为主要形式，采用的程序为：建设工程项目报建→审查建设单位资质→招标申请→资格预审文件、招标文件编制与送审（如有标底）→发布资格预审通告及招标通告→资格预审→发放招标文件→现场勘察→招标预审会→工程标底的编制与送审（如有标底）→投标文件的接收→开标→评标→定标→签订合同。

公开招标通常采用资格预审，只有资格预审合格的施工单位才准许参加投标；不采用资格预审的公开招标应进行资格后审，即在开标后进行资格审查。

招标文件的编制必须做到完整、系统、准确、明了，使投标人能够充分了解自己应尽的职责和享有的权益。招标文件既是提供给投标人的投标依据（投标人根据招标文件介绍的工程情况、合同条款、工程质量和工期的要求等确定投标报价），又是招标人与投标人签订工程合同的基础。

为充分体现与实施招标的公开、公平、公正原则，区别于有标底工程建设项目招标的无标底招标方式日渐被业主、代理机构等所关注，它较好地克服了工程定额定价不合理及标底易泄密的两大弊端。

复习思考题

1. 什么是建筑工程招标？
2. 建筑工程招标的分类有哪些？
3. 建筑工程招标有几种招标方式？各有何特点？
4. 为什么要对潜在投标人进行资格审查？资格审查的内容是什么？
5. 招标文件应当包括哪些内容？
6. 无标底招标有何特点？

4 工程施工投标

我国已经成为WTO正式成员国，市场经济体制在逐步完善，施工企业将全面进入建筑市场，并成为竞争的主体参与工程招投标。工程施工投标则是施工企业在激烈的竞争中，凭借本企业的实力和优势、经验和信誉，以及投标水平和技巧获得工程项目承包任务的过程，也是施工企业对能够获得一定利益的市场的争取和占领过程。

4.1 投标组织与施工投标程序

4.1.1 投标组织

工程招标与投标是激烈的市场竞争活动。招标人希望通过招标以较低的价格在较短的工期内获得技术先进、品质优良的工程产品；投标人希望以自己在技术、经验、实力和信誉等方面的优势在竞争中获胜，占据市场，获取利润，求得发展。因此，建立一个强有力的、专业的投标班子是投标成功的根本保证。

一个好的投标班子的成员应由经济管理人才、专业技术类人才、商务金融类人才以及合同管理类人才组成。所谓经济管理类人才，是指直接从事费用计算的人员，他们不仅熟悉本公司在各类分部分项工程中的工料消耗标准和水平，而且对本公司的技术特长与不足之处有客观的分析和认识，掌握生产要素的市场行情，了解竞争对手的情况，能运用科学的调查、分析、预测的方法，使投标报价工作建立在可靠的基础上。所谓专业技术类人才，是指工程设计和施工中的各类技术人才，他们掌握本专业领域内的最新技术知识，具有较丰富的工程经验，能从本公司的实际技术水平出发，选择经济合理的施工方案。所谓商务金融类人才，是指具有从事金融、贷款、保函、采购、保险等方面工作经验和知识的专业人员。所谓合同管理类人才，是指熟悉与经济合同相关的法律、法规，熟悉合同条件，并能进行深入分析，提出应特别注意的问题，具有合同谈判和合同签订的经验，善于发现和处理索赔等方面的敏感问题的人员。总之，投标班子应由方方面面的人才组成，同时要注意保持班子成员的相对稳定，积累和总结以往经验，不断提高其素质和水平，以形成一个高效率的工作集体，从而提高本公司投标报价的竞争力。

4.1.2 工程联合承包的方式

面对那些规模庞大、技术复杂的工程项目，凭借一家企业承建有一定难度时，可以由几家工程公司联合起来投标，发挥各公司的特长和优势，补充技术力量的不足，增大融资能力，提高整体竞争能力,这种方式即为工程联合的承包。

联合投标可以是同一个国家的公司相互联合,也可以是国际性的联合,即来自不止一个国家的公司的联合。这类联合组织有许多形式,如:

(1) 合资公司。由两个或几个公司共同出资正式组成一个新的法人单位,进行注册并进行长期的经营活动。

(2) 联合集团。各公司单独具有法人资格,不一定以集团名义注册为一家公司,他们可以联合投标和承包一项或多项工程。

(3) 联合体。专门为特定的工程项目组成一个非永久性的团体,对该项目进行投标和承包。联合投标和承包,有利于各公司相互学习、取长补短、相互促进、共同发展,但需要拟定完善的合作协议和严格的规章制度,并加强科学管理。

4.1.3 投标程序框图

工程施工投标程序如图 4-1 所示。本框图是以公开招标方式为例,列出投标主要步骤与招标人招标的程序,其中主要内容将在以下各节中说明。若采用邀请招标时,其投标程序是招标人通过社会和市场调查,对认定有能力和实力完成招标项目的企业发出投标邀请书,其后的投标程序与公开招标的投标程序是相同的,但要对投标人的资质和资格进行后审。一旦发现资格不符合招标条件时,招标人随时有权拒绝该投标人的投标。所以,投标人对自己资格是否达到资格条件应十分注意,否则会给自己造成经济上和名誉上的损失。框图中各项工作内容和步骤,应结合不同工程项目性质、工程规模和不同国家来确定其程序,但主要工作是必不可少的。

4.2 投标的决策与技巧

投标人通过投标取得项目,是市场经济条件下的必然结果。但是,作为投标人来,并不是每标必投,因为投标人要想在投标中获胜,即中标得到承包工程,然后又要从承包工程中盈利,就需要研究投标决策并注意投标的技巧。

4.2.1 投标决策

1) 投标决策的含义

投标决策包括三方面内容:首先是针对项目招标确定投标或是不投标;其次是确定去投标,投什么性质的标;最后才是用以优胜劣的策略和技巧力争中标。投标决策的正确与否,关系到能否中标和中标后的效益,关系到施工企业的生存和发展。如今,每个施工企业都充分认识到投标决策的重要意义,把这一工作摆在企业的重要议事日程上。

2) 投标决策的划分

(1) 投标决策的前期阶段

该阶段的决策主要是研究是否投标,决策的主要依据是招标公告以及公司对招标工程、业主情况的调研和了解的程度。如果是国际工程,还包括对工程所在国和工程所在地的调研和了解的程度。

决策是否投标应考虑的因素有:

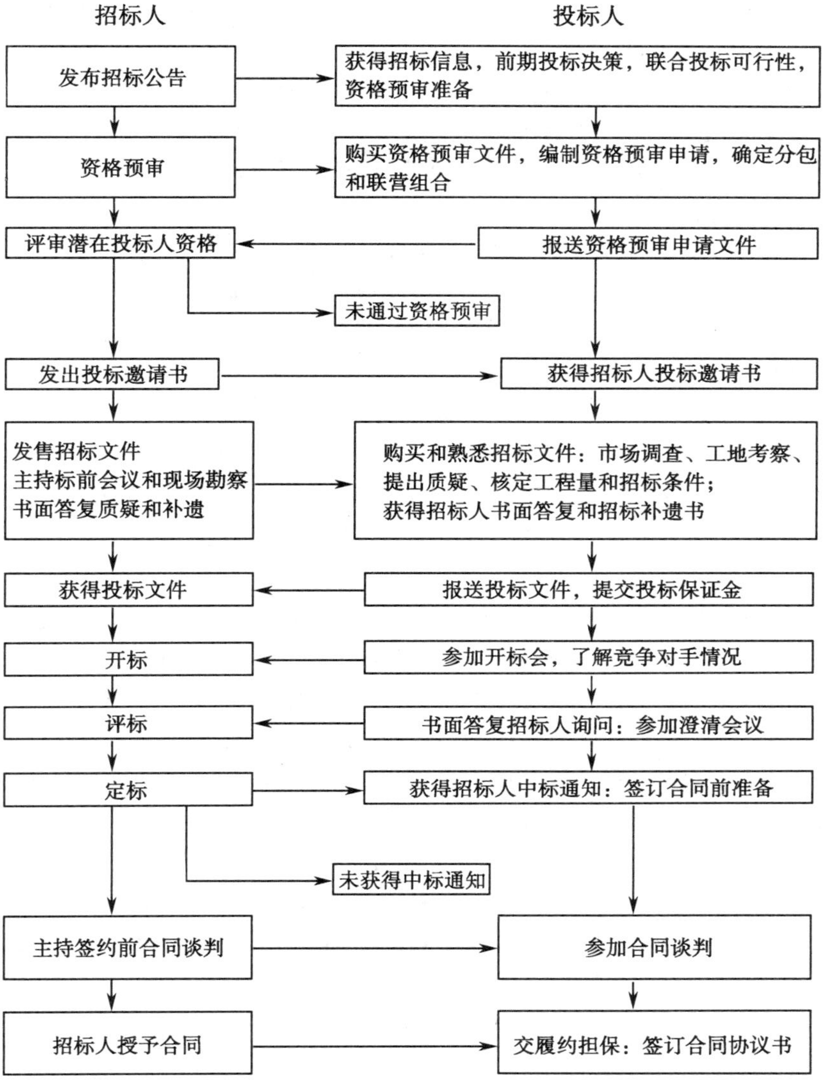

图 4－1　施工投标程序框图

① 工程所在国的政治和经济状况，以及项目资金额度和来源的可靠程度；

② 工程水文和地质条件，以及勘测深度和设计水平；

③工程控制性工期和总工期紧迫程度；

④ 选择何种标准合同范本作为通用合同条款，以及对此合同条款熟悉的程度；

⑤ 招标人（即发包人）支付能力和履约信誉状况；

⑥ 监理工程师的权力、独立处理合同争议的能力和公正程度，以及争议裁决委员会的组成和协调能力等状况；

⑦ 竞争对手的实力和优势，以及其在建工程和拟建工程的状况；

⑧ 对本企业自身的技术和经济实力以及施工管理水平进行评估，看其能否满足拟投标的项目要求。

对于下列招标项目应放弃投标：

① 本施工企业主营和兼营能力之外的项目；

② 工程规模、技术要求超过本施工企业技术等级的项目；

③ 本施工企业生产任务饱满，而招标工程的盈利水平较低或风险较大的项目；

④ 本施工企业技术等级、信誉、施工水平明显不如竞争对手的项目。

(2) 投标决策的后期阶段

该阶段的决策主要是研究倘若去投标，是投什么性质的标，以及一旦决定投标，则首要问题是确定投什么性质的标；其次是在投标中采取的策略问题。

按性质分，投标有风险标和保险标；按效益分，投标有盈利标和保本标。承包商应结合自身经济实力和施工管理水平作出选择。

① 企业经济实力雄厚，施工管理水平较高时

可投的风险标：虽然工程项目难度大、风险大，而且技术、施工设备和资金等方面存在尚未解决的问题，但如果有施工队伍窝工，且工程盈利丰厚，是可以投此风险标的。但是也应评估，当出现风险导致亏损时企业能够承受才行。如果亏损过大，以致有可能破产时，这样的标是不能投的。

可投的亏损标：如果在与投标对手竞争，或为占领新市场，亏损又在企业能承受的范围内，可以压低投标报价，即投亏损标。日本大成建设株式会社投云南省鲁布革水电站的标就是投亏损标。但是，只能在合同条件中没有低于成本的限制的前提下投亏损标。

可投的盈利标：如果本企业施工任务饱满，拟承建的项目又是本企业的优势，招标人授标意向明确时，可以投盈利标。但是也应慎重，因为这是本企业超负荷的任务，假如不能按期完成项目，企业信誉受损，是得不偿失的。

② 企业经济实力较差，施工管理水平一般时

可投的保险标：由于企业经不起投标或合同执行失误造成的经济损失，因此应对招标项目的责任和风险作充分的评估，并结合本企业的技术、施工设备和资金等问题，研究出对策和解决办法，再投有把握的保险标。

可投的保本标：当企业无后继项目任务，有窝工存在时，不求盈利，投保本标也是可行的。

4.2.2 投标的技巧

工程项目施工投标技巧研究，其实是在保证工程质量与工期的条件下，寻求一个好的报价的技巧问题。恰当的报价是能否中标的关键；但恰当的报价并不一定是最低报价。实践表明，标价过高，无疑会失去竞争力而落标，而标价过低(低于正常情况下完成合同所需的价格或低于成本)，也会成为废标而不能入围。

1) 不平衡报价法

所谓不平衡报价，是对常规报价的优化，其实质是在保持总报价不变的前提下，通过提高工程量清单中一些基价细目的综合单价，同时降低另外一些细目的单价来使所获工程款收益现值最大。即对施工方案实施可能性大的报高价，对实施可能性小的报低价。目的是“早收钱”或“快收钱”。即：赚取由于工程量改变而引起的额外收入；改善工程项目的资金流；赚取由通货膨胀引起的额外收入。

一般有以下几条原则：

(1) 先期开工的项目(如开办费、土方、基础等隐蔽工程)的单价报价高，后期开工的项目如高速公路的路面、交通设施、绿化等附属设施的单价报价低。

(2) 经过核算工程量，估计到以后工程量会增加的项目的单价报价高，工程量会减少的项目的单价报价低。

(3) 图纸不明确或有错误的，估计今后会修改的项目的单价报价高，估计今后会取消的项目的单价报价低。

(4) 没有工程量，只填单价的项目(如土方工程中挖淤泥、岩石、土方超运等备用单价)的单价报价高(这样既不影响投标总价，又有利于多获利润)。

(5) 对暂定金额项目，分析其让承包商做的可能性大时，其单价报价高；反之，报价低。

(6) 零星用工(记日工)的单价一般可稍高于工程中的工资单价，因为记日工不属于承包总价的范围，发生时实报实销。但如果招标文件中已经假定了记日工的"名义工程量"，则需要具体分析是否报高价，以免提高总报价。

(7) 对于允许价格调整的工程，当利率低于物价上涨时，则后期施工的工程细目的单价报价高；反之，报价低。

需要注意的是：①不平衡报价要适度，一般浮动不要超过30%；否则，"物极必反"。因为近年业主评标时，对报价的不平衡系数要分析，不平衡程度高的要扣分，严重不平衡报价的可能成为废标；②对"钢筋"、"混凝土"等常规项目最好不要提高单价；③如果业主要求提供"工程预算书"，则应使工程量清单综合单价与预算书一致；④同一标段中工程内容完全一样的计价细目的综合单价要一致，不同章下工程所用的工、料、机单价也要一致。

例如，在广州市"美国花旗银行"基础工程的投标中，广东某水电公司就是采用此方案而中标的。"花旗银行"基础工程主要包括地下室四层及挖孔桩。投标公司考虑到"花旗银行"地处广州市繁华的商业区和密集的居民区，是十分繁忙的交通枢纽，采用爆破方法不太可行，因此在投标时将该方案的单价报得很低，而将采用机械辅以工人破碎凿除基岩方案的单价报得较高，所以按原设计方案报价较低而中标。施工中，正如该公司的预料，公安部门不予批准爆破，业主只好同意采用机械辅以工人破碎开挖，使其不但中标，而且取得了较好的经济效益。

2) 突然袭击法

由于投标竞争激烈，为迷惑对方，可在整个报价过程中，仍然按照一般情况进行，甚至有意泄露一些虚假情况，如宣扬自己对该工程兴趣不大，不打算参加投标(或准备投高标)，表现出无利可图不干等假象，到投标截止前几小时，突然前往投标，并压低投标价(或加价)，从而使对手措手不及而败北。

3) 低价投标夺标法

承包商为了打进某一地区，依靠自身的雄厚资本实力，采取一种不惜代价、只求中标的低价投标方案，应用这种手法的承包商必须有较好的资信条件，并且提出的施工方案也是先进可行的。

4) 优惠取胜法

向业主提出缩短工期、提高质量、降低支付条件，提出新技术、新设计方案，提供物资、设备、仪器(交通车辆、生活设施等)，以此优惠条件取得业主赞许，争取中标。

5）以人为本法

注重与业主及当地政府搞好关系，邀请他们到本企业施工管理过硬的在建工地考察，以显示企业的实力和信誉。处理周边关系，求得理解与支持，争取中标。

6）扩大标价法

这种方法也比较常用，即除了按正常的已知条件编制价格外，对工程中变化较大或没有把握的工作，采用扩大单价，增加“不可预见费”的方法来减少风险。但是这种投标方法往往因为总价过高而不易中标。

7）联合保标法

在竞争对手众多的情况下，可以采取几家实力雄厚的承包商联合起来控制标价，一家出面争取中标，再将其中部分项目转让给其他承包商分包，或轮流保标。

4.3 投标施工组织设计

投标施工组织设计的重点是根据招标文件的要求，认真进行调查研究，搞好方案比选，做好施工前的各项准备工作，根据招标工程的具体情况，遵循经济合理的原则，为科学施工作出全面部署，即对整个工程如何进行，需从时间、空间、资源、资金等方面进行综合规划和全面平衡，并指出施工的目标、方向、途径和方法，保证按期完成建设任务。

投标施工组织设计是在市场调查和工地考察的基础上，依据工程设计图纸、技术质量要求和规范标准、经复核的工程数量、招标人提供的建设条件和施工条件，以及招标文件规定的工程开工日期和完工日期等进行编制的。

1）投标施工组织设计的主要内容

投标施工组织设计的形式应图文并茂。文字说明有工程特点或工程概况，编制范围，编制依据，开竣工日期计划，施工部署，施工方案或施工方法及施工顺序，安全、质量、环保及工期控制措施和需要说明的其他问题等。图表（技术质询表）部分常采用施工总平面布置图，施工网络计划图，主要分项工程施工工艺框图，工程管理曲线图，资金、材料优化图，施工进度斜率图，分项工程生产率和施工周期表，主要施工机具、设备表，主要材料计划表，主要工程逐月完成数量表，安全、质量保证体系以及工程计划进度曲线图（S形曲线）。主要内容包括：

（1）施工组织机构设置和人员编制，确定各级主要管理人员的学历和资历；

（2）各单项工程的施工方案、施工方法和施工设备组织的制定；

（3）各单项工程施工进度安排，各阶段控制性工期安排和工程总进度的安排；

（4）大型临时设施和生活辅助设施的设置；

（5）各单项工程施工布置和施工总体平面布置；

（6）施工设备选型、施工设备清单和数量，以及各种施工设备生产效率的确定；

（7）工程劳动力需要量，包括工人工种、级别、数量、工资和使用计划等；

（8）工程建筑材料和永久设备需要量，包括建筑材料的种类、规格、数量和需要量计划，永久设备的型号、数量、产地和需要计划等。

2）编制投标施工组织设计时应注意的事项

（1）编制施工方案时应注意的问题

① 根据工程设计情况，按照土建和安装的工艺顺序，确定本工程的施工顺序和平面

上的分区、分段，以及立体上的分层，有利于组织流水立体作业，以达到加快施工进度的目的。

② 结合工程特点和现场施工条件，选用在技术上先进、经济上合理、质量上可靠而又能够实施的施工方法。

③ 尽量采用机械化施工，包括解决安装、运输和操作等机械的选用。

④ 确定施工时的技术要求和标准，特别是在采用新工艺、新技术、新材料或新结构时，要制定相应的技术要点，包括操作要点，使新技术得以在工程上推广使用。

⑤ 贯彻"安全第一"、安全为了施工、施工必须安全的思想。

⑥ 要提出合理的优化方案。在标书允许的范围内，施工企业要对招标工程的设计和施工方案进行优化、比选，提出经济合理的变更，精打细算、开源节流，充分利用已有设施，尽量减少临时工程，降低成本，提高经济效益。

(2) 编制施工进度计划时应注意的问题

① 要抓住制约工程项目的控制工程来统筹安排工程进度。

② 考虑到施工中不可预见的因素较多，因此合同工期的安排不能按招标文件的要求排满，要打紧、打实，并采用一切先进技术和施工手段，灵活地调配人力、物力资源，确保机械的完好率，尽可能缩短工程工期，做到提前安排，留有余地。

③ 分清工程主次，统筹兼顾，保证主体工程和关键工程按期完成。其他工程要为关键工程创造条件，并同步完成。

④ 按施工方案确定施工顺序，均衡地安排好辅助工程的施工时间，做到人力、物力、财力的合理利用，求取最大的经济效益。

⑤ 重视各项准备工作，使施工进度建立在可行的基础上。

⑥ 尽可能使各项工程在有利的条件下进行，避免冬季、雨季、夏季等不利于施工的影响因素，并采取措施全天作业。

(3) 绘制施工现场平面布置图时应注意的问题

施工现场总平面布置图是施工组织设计的重要组成部分，它是在拟建工程设计总平面的基础上，根据施工设施组成的内容、功能要求，结合用地条件、技术规范，并综合研究各项设施的平面、空间关系，合理布置，使其组成一个有效的、合理的有机体而进行的设计。

绘制拟建施工平面布置图时，应注意以下内容：

① 首先对起重机械进行选定和布置。施工起重机械分有轨(如塔吊)、无轨(如坦克吊、轮胎吊)和固定式(如井架)三种。采用哪种起重机械，在施工方案中已经确定。因为起重机械的位置及行走路线直接影响仓库、堆场、搅拌站及水、电、道路的设置，所以应首先给予布置。

② 布置运输道路干道一般要求环行并具备双车行驶，位置尽可能利用永久道路路基，并要求做到道路畅通、排水良好。这是文明施工的基本保证。

③ 布置现场搅拌站、材料仓库、堆场的位置。根据主吊机、垂直运输设施的需要和现场条件而定，使仓库、堆场尽量靠近使用地点，而且便于运输。

④ 布置行政管理和现场生活设施。在现场要使这类设施减少到最小，且宜采用活动房。行政设施宜在进出口附近，生活设施应在工地的上风向，最好不临近干道。

⑤ 布置工具房。工具房的安排不能忽视，否则会影响文明施工，平面上也要有统一安排。

⑥ 布置管线。一般是从施工总平面中的干线引入，沿小区或道路布置，要力求线路最短。

⑦ 布置土方堆置场。一般是随挖随运，存入场外堆置场，回填时再运入工地，以保证工地的文明施工，只有在土方量不大，短期内就要回填土方时，才允许在挖土附近临时堆置。这时，必须明确堆土场的范围和使用时间。

3）投标施工组织设计编制的要点

编制一个好的投标施工组织设计可以大大降低标价，提高竞争力。编制的原则是在保证工期和工程质量的前提下，尽可能使工程成本最低，投标价格合理。

（1）工程进度计划

工程进度计划的表现形式主要有线条图进度计划和网络图进度计划。其中，线条图进度计划又分为水平图表进度计划和垂直图表进度计划；网络图进度计划又分为双代号网络计划和单代号网络计划。

在投标阶段编制的工程进度计划不是工程施工计划，可以粗略一些，应考虑和满足以下要素：

① 总工期符合招标文件的要求，如果合同要求分期、分批竣工交付使用，应标明分期、分批交付使用的时间和数量。

② 表示各项主要工程的开始和结束时间。例如，房屋建筑中的土方工程、基础工程、混凝土结构工程、屋面工程、装修工程、水电安装工程等的开始和结束时间。

③ 体现主要工序相互衔接的合理安排。

④ 有利于基本上均衡安排劳动力，尽可能避免现场劳动力数量急剧起落，这样可以提高工效和节省临时设施。

⑤ 有利于充分有效地利用施工机械设备，减少机械设备占用周期。

⑥ 便于编制资金流动计划，有利于降低流动资金占用量，节省资金利息。

（2）施工方案

制定施工方案要从工期要求、技术可行性、保证质量、降低成本等方面综合考虑，其内容应包括下列几个方面：

① 根据分类汇总的工程数量和工程进度计划中该类工程的施工周期，以及招标文件的技术要求，选择和确定各主要工程项目（例如土石方、混凝土和钢筋混凝土、结构吊装、装修、新结构、新工艺等）的施工方法和适用、经济的施工方案。

② 根据上述各类工程的施工方法，选择相应的机具设备，并计算所需数量和使用周期；研究确定是采购新设备，还是调进现有设备，还是在当地租赁设备。

③ 研究决定哪些工程由自己组织施工，哪些分包，提出分包的条件设想，以便询价。

④ 用概略指标估算直接生产劳务数量，考虑其来源及进场时间安排。从所需直接生产劳务的数量，可结合以往经验估算所需间接劳务和管理人员的数量，并可估算生活临时设施的数量和标准等。

⑤ 用略低指标估算主要的和大宗的建筑材料的需用量，考虑其来源和分批进场的时间安排，从而可估算现场用于存储、加工的临时设施。如果有些建筑材料，如砂、石等拟

就地自行开采，则应估计采砂、石场的设备、人员，并计算自采砂、石的单位成本价格。如有些构件拟在现场自制，应确定相应的设备、人员和场地面积，并计算自制构件的成本价格。

⑥ 根据现场设备、高峰人数和一切生产和生活方面的需要，估算现场用水、用电量，确定临时供电和供水设施。

⑦ 考虑外部和内部材料供应的运输方式，估计运输和交通车辆的需要和来源。

⑧ 考虑其他临时工程的需要和建设方案。例如进场道路、停车场地等。

⑨ 提出某些特殊条件下保证正常施工的措施。例如降低地下水位以保证基础或地下工程施工的措施，冬季、雨季施工措施等。

⑩ 其他必需的临时设施的安排。例如临时围墙或围篱、警卫设施、夜间照明，现场临时通讯联络设施等。

(3) 编写投标施工组织设计时要把握的方面

① 摆正投标人与评标人的关系，切忌采用指令性语句，可多采用假设(虚拟)语句，如"若我单位中标，我们将……"等。

② 在编写过程中，要始终注意维系双边关系，不要掺杂对第三者有褒贬的内容，实事求是地描述本单位的有关情况，不要将其他工程中的描述放入本施工组织设计中。

③ 重点突出，针对性强，文体明快。

④ 行文流畅，图文并茂，装帧工整。

⑤ 不采用仅在本行业或本单位内部使用的语汇。

⑥ 与投标书中其他部分的内容协调一致，不出现差异甚至矛盾。

⑦ 进度表、平面图要用醒目的线型与图例绘制，其内容要以图面清爽为原则，做到项目齐全，整洁美观。

⑧ 在投标书中其他已提及的资料，若非需要，不要再重复。

⑨ 注意招标书中的特殊要求。

4) 投标施工组织设计的编制技巧

(1) 首先要制定一份好的方案目录，反映出方案合理的结构和顺序，以引起评标人的兴趣，并建立良好的初步印象。因为在评标期间，评标人一般不可能逐个细读每一份投标方案，而往往是先逐个整体粗看一下目录，来判断方案考虑是否周全，重点是否突出，逻辑是否合理等，再重点细看，所以目录必须做到标题明确，错落有致，上下关联，小标题尽可能详细，以示方案中考虑内容周全。这样的目录才能起到效果，从而掌握投标主动权。

(2) 内容要详细，尽量覆盖施工中的方方面面。现行的评标办法，往往是评委给各分项打分，每项以不同的权数进行累计，累计结果分数最高者取胜。所以，施工组织设计的内容必须覆盖施工中的方方面面，以免出现漏项，失去可贵的分数。但由于投标时间短，各种基础资料不全，不可能每一项都叙述清楚，因此，非重点部分可以略写，甚至可以只列标题，内容以"略"字代替，以使方案重点突出、主次分明，从而能有效地引导评标人的注意力，增加投标制胜的筹码。

(3) 对于一些特殊结构的项目，要着重突出投标者以往类似工程的施工经历，优选成熟的技术与先进工艺，突出本企业在此方面的优势，从而以长胜短，以强胜弱，增加中标机会。

(4) 对于大型工程项目，要重点突出先进施工机械的选择和各种机械的合理组合，使各种机械的生产能力、型号等不仅能满足工程项目的要求，而且要达到整体效率最佳，充分显示本企业机械化施工水平，提高竞标能力。

(5) 对于小型构造物较多，且结构复杂或施工场地狭窄的工程项目，应突出施工总体布置和组织，将各构造物的施工安排、施工顺序、衔接关系、材料的进场、临时设施布置等用平面图反映。

(6) 在整个施工组织设计的编制过程中，要力争图文并茂。因为好的图表不仅能代替很多文字，且直观、简单，能使评标人一目了然，快速了解施工组织情况。

(7) 提出修改设计方案，着重解决对设计不合理且可改变设计处，以及材料的替代作用。但首先必须按原设计制定施工组织设计。提出报价，然后在附上修改设计的比较方案及相应报价。在提出修改设计的方案时要提出技术先进、经济合理的建议和方案，从而吸引业主的兴趣，同时也要考虑到不增大中标以后施工企业的风险，为日后的索赔打下基础，即有些内容点到为止。

(8) 适当留有余地。投标施工组织设计不同于实施性施工组织设计，具有宏观控制作用，故不可避免地会随着时空因素的变化，在局部上有一定的可变更性。因此在制订方案时，应留有一定程度的调整余地，但应注意把握分寸。

由于投标施工组织设计的编制时间短、难度大，因此编制时应有针对性，即力求与业主招标文件的条款一一对应；应结合投标项目的特点，充分展示企业在施工设备、人员素质、管理水平、技术能力、类似工程业绩、信誉等方面的实力以及独到的施工手段和能力，反映出企业对承担该项工程的诚心；同时以粗对粗、粗中求细，即施工方案侧重于施工规划和部署，对设备投入、工期、计划、技术等的描述都是控制性的，一般的操作细节、控制要点均可以略去，但方案必须涉及施工中的方方面面，不可遗漏，否则会被业主认为考虑不周。

4.4 投标过程

投标过程是指从填写资格预审调查表开始，到将正式投标文件递交业主为止所进行的全部工作，一般需要完成下列工作：①资格预审，填写资格预审调查表；②购买招标文件(通过资格预审)；③组织投标班子；④进行投标前调查，现场踏勘；⑤分析招标文件，校核工程量；⑥投标质疑；⑦编制施工组织计划；⑧投标报价的计算；⑨编制投标文件；⑩递送投标文件。

4.4.1 资格预审

资格预审是投标人能否通过投标过程中的第一关。有关资格预审文件的要求、内容，以及资格预审评定的内容在“3.2 工程项目施工招标程序”中已有详细介绍。这里仅就投标人申报资格预审时应注意的事项作一介绍。

首先，应注意平时对一般资格预审的有关资料的积累工作，并储存在计算机内，到针对某个项目填写资格预审调查表时，再将有关资料调出来，并加以补充完善。

其次，在投标决策阶段，研究并确定今后本公司发展的地区和项目时，注意收集信息，如果有合适的项目，应及早动手作资格预审的申请准备。

第三，加强填表时的分析，既要针对工程特点，下工夫填好重点部位，又要反映出本公司的施工经验、施工水平和施工组织能力。这往往是业主考虑的重点。

第四，做好递交资格预审表后的跟踪工作。如果是国外工程可通过当地分公司或代理人，以便及时发现问题，补充资料。

4.4.2 投标前的调查与现场考察

投标人在现场考察之前，应先拟定好现场考察的提纲和疑点，设计好现场调查表格，做到有准备、有计划地进行现场考察。

现场考察（踏勘）是指招标人组织投标人对项目实施现场的经济、地理、地质、气候等客观条件和环境进行的现场调查。一般应至少了解以下内容：

（1）施工现场是否达到招标文件规定的条件；

（2）施工的地理位置和地形、地貌；

（3）施工现场的地址、土质、地下水位、水文情况等；

（4）施工现场的气候条件，如气温、湿度、风力等；

（5）现场的环境，如交通、供水、供电、污水排放等；

（6）临时用地、临时设施搭建等，即工程施工过程中临时使用的工棚、堆放材料的库房，以及这些设施的占地。

投标人提出的报价应当是在现场考察的基础上编制出来的，而且应包括施工中可能遇见的各种风险和费用。

4.4.3 分析招标文件、核实工程量

分析招标文件、核实工程量的目的是：第一，全面了解承包商在合同中的权利和义务。第二，深入分析施工承包商中所需要承担的风险。第三，细致研究招标文件中的漏洞和疏忽，为制定投标策略寻找依据，创造条件。例如，发现工程量清单中关于工程量的错误和漏洞，则可以使用不平衡报价法，工程量偏高的项目报低价，工程量偏低的项目报高价。第四，全面掌握本项目需发生的各分项工程的数量，便于精确地编写各工程细目的单价以及在投标中进行准确的报价。

施工招标过程中，投标时间是紧张的，有时甚至比较仓促，国内招标的工程更是如此，但不能因时间的仓促而削弱对招标文件的分析与研究。投标人员可能是参加过多个项目投标的有经验的专家，靠经验办事是他们的优势和传统，但决不能以经验代替对招标文件的分析与研究；否则，易给自己带来投标失误甚至是无法弥补的损失。

作为一名有经验的专家，施工投标中要注意将招标文件中的各项规定和过去承担过的项目合同逐一进行比较，发现其规定上的差异，并逐条做好记录。如技术规范中的质量标准和过去合同中的规定相比，有什么提高（质量标准越高，施工成本越高）；合同条款中关于各种风险的规定与过去相比有什么差异（物价上涨、法规变更后是否允许调整费用，施工条件不具备造成承包商损失时是否规定由业主赔偿，不可抗力、不可预见力以及承包商在施工中不能克服的风险是否规定由业主承担）。

招标文件内容广泛，承包商应对于可能对投标价计算产生重大影响的以下几个主要方面加以注意：

（1）投标须知

投标须知也称投标条件或投标指南，详细说明了投标人在准备和提出报价方面的要求。投标人一旦提交了投标文件，则应在整个投标有效期内对其所提交的投标文件负责。投标须知中的内容通常不构成最终合同的内容，因此，有关承包人履约或按合同支付的指导性内容，以及涉及作为未来的承包人的风险与义务等内容，一般不在投标须知中表述，而在合同条款中阐明。

在投标须知中应特别关注招标人评标的组织、方法和标准以及授予合同的条件，以使投标人有针对性地投标。投标一旦偏离或者不完整，就有可能被招标人拒绝。

（2）通用合同条款和专用合同条款

注意招标人选用何种标准合同条款作为通用合同条款，这些条款是否是自己熟知并反复经历过的，如 FIDIC 施工合同条件或其他合同条件。如果该合同条件是投标人熟悉的，经反复实践过的，则它对投标人盈利和风险的影响是可估计的。这时只要研究专用合同条款——指结合工程所在国、工程所在地和工程本身的具体情况对通用合同条款进行修改，使其能全面评估施工合同条件。如果通用合同条款和专用合同条款不是用投标人所熟悉的标准合同条件制定的，将意味着这样的施工合同条件会带来较大的风险。因为投标时段一般比较短，不可能对不熟悉的施工合同条件摸清，不能做到心中有数。所以对于不熟悉的施工合同条件，投标人投标报价要高些，即风险基金要摊入多些。这样的情况下，对通用合同条款和专用合同条款都应进行全面评估，重点评估发包人和承包人的一般义务和责任、监理工程师的权力、控制性工期和总工期、工程质量检验和工程移交、工程价款计量和支付、物价波动和法规改变的价格调整、合同变更和合同价格调整、违约和索赔、争议的解决、发包人的风险等。对不清楚的问题，作归纳和统计，待标前会或现场考察时去解决。

结合投标须知和合同条款在报价时应特别注意考虑下列因素：

① 承包方式（承包合同类型）及是否有指定分包商。

② 开竣工时间及工期奖惩，便于安排施工进度计划和施工方案、现场技术措施（冬、雨季施工措施）。

③ 维修期和维修期间的担保金额。这对何时可收回工程“尾款”、承包商的资金利息和保函费用计算有影响。

④ 保函要求。包括投标保函、履约保函、预付款保函、缺陷责任期保函、临时进口施工机具保函等。应注意保函有效期的规定、允许开保函的银行限制等。

⑤ 保险。是否指定了保险公司以及保险种类和最低保险金额。

⑥ 付款条件。即预付款的支付、工程价款结算办法、尾留金的支付条件等。这些是影响承包商计算流动资金及其利息费用的重要因素。

⑦ 对某些部位的工程或设备提供，是否必须由业主指定的分包商进行分包，应为指定的分包商提供何种条件，承担何种责任，以及计价方法等。

⑧ 材料、设备、工资在施工期限内涨价及当地货币贬值时有无补偿，即合同中有无任何调价条款，以及调价计算公式。

（3）技术规范、招标图纸和参考资料

① 技术规范

技术规范是招标文件和合同条件的一个非常重要的组成部分，是施工过程中承包人控制质量和监理工程师检查验收施工质量的主要依据，是投标人在投标时必不可少的资料。因为依据这些资料，投标人才能进行工程估价和确定投标价。

技术规范的第一章为总则，通常包括工程介绍，工程范围、定义，工程所使用的技术标准、规范和图纸，承包人对工程施工包括临时工程施工应负的责任，为监理工程师提供的设施等；第二章开始为专业技术规范，一般包含范围、材料、一般规定、施工要求、质量控制以及计量与支付六个方面内容。

投标人应重点研究工程地质和地貌、水文地质、水文和气象、建材情况、工程勘测深度和工程设计水平，以及本合同的合同范围和合同内容、工程施工工序、工程质量标准和技术要求、计量和支付等。从投标报价方面讲，该部分是直接费用部分的报价条件。对不清楚的问题要作归纳和统计，待标前会或现场考察时去解决。

投标人还应研究招标文件中要求采用的施工验收规范或是有无特殊的施工技术要求、有无特殊材料设备技术要求，有关选择代用材料、设备的规定等，以便考虑相应的定额，计算有特殊要求的项目价格。

② 招标图纸和参考资料

招标图纸是招标文件和合同的重要组成部分，是投标人在拟定施工组织方案，确定施工方法以至提出替代方案，计算投标报价时必不可少的资料。投标人在投标时应严格按招标图纸和工程量清单计算标价，即使允许投标人提出替代方案投标，但首先必须按招标图纸提出投标报价，然后再提出替代方案的投标报价，以供评标时进行审查与比较。

招标图纸中所提供的地质钻孔柱状图、土层分层图等均为投标人的参考资料，对于招标人提供的水文、气象资料等也是参考资料，投标人应根据上述资料作出自己的分析和判断，据此拟定施工方案，确定施工方法，提出投标报价。业主和监理工程师对这类分析和判断不负责任。

(4) 核实工程量

招标项目的工程量在招标文件的工程量清单中有详细说明，但由于种种原因，工程量清单中的工程数量有时会和图纸中的数量存在不一致的现象。国际工程中大部分土木工程采用单价合同或以单价合同为主，一般由业主提供有数量的工程量清单让投标人报价用，但国际上的某些工程项目招标并无工程量清单，而仅有招标图纸，这就要求投标人按照自己的习惯列出工程细目并计算出工程量。在本书5.2标底与投标报价计价模式中针对工程量清单的内容进行了详细阐述。

研究招标文件工程量清单、核实工程量时应注意：

① 全面核实设计图纸中各分项工程的工程量，仔细研究招标文件中的工程量清单的编制体系和方法。

② 计算受施工方案（施工方法）影响而需额外发生（设计图纸中未能计算进去的）和消耗的工程量；结合工程量清单、技术规范和合同条款研究永久性工程之外的项目有何报价要求。

③ 结合投标须知、合同条件、工程量清单，注意对不同种类的合同采取不同的方法和策略。对于承包商而言，在总价合同中承担着工程量方面的风险，就应当将工程量核算得准确一些；在单价合同中，承包商主要承担单价不准确的风险，就应对每一子项工程的单价作出详尽细致的分析和综合。

4.4.4 投标质疑

投标质疑是投标准备的重要工作。从招标人发售招标文件开始至投标截止日前的规定时间内(一般为 14 天至 28 天),投标人有权以书面形式提出各种质疑,招标人也有权对招标文件中存在的任何问题进行修改和补遗。招标人对上述质疑进行书面答复、修改和补遗,并将此寄给购买招标文件的所有投标人,并且这些书面文件也将成为招标文件的组成部分,对将来签订合同的双方均有法律约束力。在要求业主澄清招标文件时,应注意如下事项:

(1) 招标文件中对投标者有利之处或含糊不清的条款,不要轻易提请澄清(它可以成为投标人制定报价手法的突破口)。

(2) 不要轻易让竞争对手从投标人提出的问题中窥探出投标者的设想、施工方案。

(3) 对含糊不清的重要合同条款,如工程范围不清楚、招标文件和图纸相互矛盾、技术规范明显不合理等问题,均可要求业主或招标人澄清解释。

(4) 关于业主或招标人的澄清或答复,应以书面文件为准,切不可以口头答复为依据来确定标价。

在向招标人递交投标文件前,应准备投标备忘录。招标人要求投标人必须遵从招标文件的条款进行投标,但是在投标过程中,投标人对招标文件反复研究后,往往会发现许多问题。这些问题应按其性质分类,并分别采取措施加以解决,或做好备忘录以待日后解决。这些问题可分以下几类:

(1) 对投标人有利的问题。投标人在投标时可以利用招标文件中的某些条款,或以后合同执行时可根据某条款提出索赔要求的,这类问题在投标过程中一般是不被提及的。如单价合同中某项目工程量偏小,可适当提高单价;工程量清单项目分项不细,对采用不均匀报价技巧有利;由招标人直接提供建筑材料和永久设备,则招标人承担数量和质量的责任,这便于承包人进行工期和经济索赔等。

(2) 对投标人不利的问题。如报价条件模糊;合同中总价包干工程项目漏项或者工程量明显偏小;指定的供货人不作为指定分包商对待等。这类性质的问题应随时向招标人提出质疑,要求澄清或更正。如果来不及提出问题或招标人来不及答复问题时,应整理好投标备忘录,等到合同谈判时提出解决。

(3) 按国内及国际惯例或标准合同条款中某些条款,原本对合同双方比较公平或者对投标人有利,而在该项目招标中,招标人把上述条款均改成对招标人有利的条款。例如,按国际惯例,工程预付款是签订合同协议书,并交纳同额度银行预付款保函后,招标人一次支付合同价的 10%的工程预付款,而有的招标人改成分两次或三次支付;工程施工详图延误交付承包人施工时,应给予工期赔偿,但有的招标人在招标文件中规定,只有在承包人事先提出施工图供应计划并得到监理工程师批准的条件下,当延误供应施工图影响了工期时,才能得到工程延期补偿;保留金达到合同价的 5%时,使用同额度银行保函替代,这是国际上经常采用的办法,但是,招标人往往在招标文件中规定每期支付扣留保留金,而未规定达到合同价的 5%时用同额度银行保函替代。在上述情况下,投标人有意修改条款使自己处于有地位是允许的。但是,投标人在投标过程中不宜提出此问题,这对争取中标是不利的。这类性质的问题应该在招标人对此投标人有授标意向,并进行合同谈判时提出。这时招标人比较容易接受,一旦接受将作为合同文件的组成部分。所以该阶段要做好这方面的备忘录,在适当的时机提出问题加以解决。

4.4.5 编制施工组织设计

编制的投标施工组织设计是投标过程的重要组成部分。在投标过程中，施工组织设计编制的好坏直接关系到投标人报价能否入围，能否中标，以及中标后在此基础上，进一步编制实施的施工组织设计，以指导工程建设。详细内容见本章4.3投标施工组织设计。

4.4.6 投标报价的计算

投标报价是投标人承包项目工程的总价格。对一般项目合同而言，招标人在能够满足招标文件实质性要求的前提下，以投标人报价作为主要标准来选择中标人。所以，投标成败的关键是确定一个合适的投标报价，这是投标人能否中标和盈利的最关键的问题。

建设项目的价格是市场上的商业价格，按市场供求关系即竞争情况定价。所以，招标人的标底不应是按计划经济条件下制定的国家定额编制的概算；投标人的投标报价更不应是按国家定额编制的实施工程的项目概算。投标报价是由成本和利润组成，其中成本是由直接费用和间接费用构成。经验成熟的施工企业，应有自己各项目的直接费用的单价。也就是说，对在施工方法和施工技术上有优势的施工项目，企业通过反复的施工实践，经各项目的成本分析，制定出主要项目直接费用的单价。该单价是准确的保本价，这是编制投标报价的基础。在保本的直接费用单价上再摊入间接费用、风险基金和利润后，即为各项目的综合单价。在投标时结合工程项目和市场竞争情况，对上述综合单价进行适当修正（增加或减少风险基金和利润部分），即为投标报价。这样既能做到心中有数，也能加快投标报价的编制工作。对招标的项目中企业没有直接费用单价的项目，可采用实物法编制直接费用单价，即依据项目的各种资源投入和产出计算单价，然后再分别计算投标项目的间接费用，再加上风险基金和利润后，分别摊入直接费用单价中，成为综合单价，最后乘以各项目招标工程量，成为各项目合价，总和即为投标总价。

4.4.7 编制投标文件

投标文件必须依照招标文件中提供的格式或大纲编制，除另有规定外，投标人不得修改投标文件格式。如果原有的格式不能表达投标意图，可另附补充说明，不要复写、抄写或复印，要求用计算机打印。

在我国实际工作中，许多项目在评标时按商务标和技术标两阶段评审。相应的投标文件分为商务标——商务部分和报价部分；技术标——施工组织设计。商务部分内容有：①投标书及投标书附录（或附件）；②投标银行保函；③法人委托书；④投标人一般情况表；⑤投标人财务状况表；⑥投标人在建工程情况；⑦分包人情况（如果有分包人）；⑧投标人的资格材料等。报价部分内容有：①标价的工程量清单；②单价分析表（如要求）；③合同支付估算表；④合同用款估算表；⑤临时用地计划表；⑥调价公式的近似权重系数表；⑦材料基期价格指数表。

投标人首先应按招标文件的规定认真填写标书，反复核对，至少做标人算完后，由另一人复核单价和逐项审查是否有计算上的错误，填报标书不得涂改。其次，签署的投标文件的份数应符合资料表的规定，其中一份正本，其余为副本。当正本与副本有不一致时，以正本为准。投标文件正本应用不褪色的墨水书写或打印，由投标人的法定代表人或其授权的代理人签署，并将(投标)授权书附在其内。投标文件正本中的任何一页都要有授权的投标文件签字人签字或盖章，而且投标文件中的任何一页都不应涂改、行间插字或删除。如果出现上述情况，不论何种原因造成的，均应由投标文件签字人在改动处签字或盖章，要防止丢项、漏项和漏页。最后，单位名称应写全称，切忌写简称。特别注意法人代表要签字盖章，不要漏章。

4.4.8 递送投标文件

投标人编制投标文件完成后应在招标文件规定的投标截止日之前，将投标文件报送指定的地点。招标人或者招标代理机构收到投标文件后，应当签收保存，并应采取措施确保投标文件的安全，以防泄密。投标人报送投标文件后，在截止日之前，允许投标人撤回投标文件，可对其修改补充。修改或补充的内容作为投标文件组成部分。投标人的投标文件在投标截止日期以后送达的，将被招标人拒收。

本章小结

工程施工投标是激烈的市场竞争活动，而作为投标人要想在投标中获胜，即中标得到承包工程，建立一个强有力的、内行的投标班子是投标成功的根本保证。面对那些规模庞大、技术复杂的工程项目，凭借一家企业承建有一定难度时，则可采用工程联合承包的方式。

投标过程包括资格预审、填写资格预审调查表、购买招标文件(通过资格预审)、组织投标班子、进行投标前调查、现场踏勘、分析招标文件和校核工程量、投标质疑、编制施工规划、投标报价的计算、编制投标文件、递送投标文件所进行的全部工作，而投标施工组织设计又是投标书的重要组成部分。

投标人要从承包工程中盈利，就必须研究投标决策的问题，并注意投标的技巧，这关系到施工企业的生存和发展。

复习思考题

1. 简述建设工程投标程序。
2. 投标决策的含义是什么？
3. 投标的技巧指的是什么？
4. 投标施工组织设计的主要内容是什么？
5. 投标文件的主要内容是什么？

5 施工项目投标报价

投标报价是投标书的核心组成部分，招标人往往将投标人的报价作为主要标准来选择中标人，同时也是招标人与中标人就工程标价进行谈判的基础。因此，报价的策略、技巧，标价评估与决策是作出合适的投标报价以至中标的关键。

5.1 投标报价的组成和计算

5.1.1 报价的主要依据

1）招标文件（合同条件、技术规范、设计图纸及工程量清单）

招标文件中提供的工程量清单是编制报价的主要依据。编制报价时要认真进行校核，若有不符之处应按招标文件的有关规定请业主澄清，切勿自行修改工程量清单的内容和数量，以免造成废标。

报价时招标文件各部分的优先次序应是：合同专用条款及数据表（含招标文件补遗书中与此有关的部分）优先于合同通用条款；工程量清单中的工程数量（含招标文件补遗书中与此有关的部分）优先于图纸中的工程数量；工程量清单中项目划分、计量与技术规范相结合。

2）工、料、机消耗量水平

预算定额是国家或国家授权制定单位，规定消耗在某一单位工程基本构造要素上的工、料、机数量标准和最高限额，投标单位在编制报价时应参考对应工程最新的预算定额。但为了提高报价竞争力和保证能完成施工合同，可结合本施工企业的施工技术管理水平，同时必须根据工程所在地的实际情况对各项定额作适当调整，或按照国家（或行业主管部门）统一规定的工程项目划分、计量单位和工程量计算规则，根据企业自行编制的计算直接费用的企业定额，编制出既具有竞争力、又能保证完成施工合同的报价。

现在有一种改革趋势，即“工程实体消耗量（材料）与施工措施性消耗量分离（人工和机械、施工方法、施工工艺）”，前者控制，后者放开竞争。现在国内投资工程主要是“控制量”原则。

3）工、料、机价格水平

工、料、机的价格是影响报价的关键因素，目前一般采用“指导价或市场价”的原则，即人工工日单价执行地区或行业规定的人工工日单价的指导价格，机械台班执行地区或行业统一工程机械台班费用定额的机械台班分析价或租赁价（标底一般用前者），材料价格采用业主规定的供应价或市场调查供应价，分析之后得到工地材料价格。

4）综合取费标准

所谓综合取费标准，是指其他直接费、现场经费、间接费、计划利润、税金的取费标准，除税金采用国家规定的法定税率以外的各项费用都可以根据工程特点、企业经营管理水平和市场竞争状况综合取定，即采用“竞争费”的原则。建设、交通、铁道、水利水电等行业概预算编制办法都规定了各工程项目的各项费用的取费办法和最高取费标准，投标单位在编制报价时同样要参考这些取费标准，结合本企业的情况和工程所在地的实际作出适当调整，确定其他直接费、现场经费、间接费、计划利润和国家法定的价内税税率、采用固定价格所测算的风险费的取费及费率，确保既要中标又要获得一定利润。

5）施工组织设计及施工方案（包括临时工程数量）

先进合理的施工方案或切实可行的工程进度计划是编制合理报价的重要因素。不同的施工方案具有不同的技术条件和不同的经济效果。先进合理的施工方案具有技术上先进而经济上合理的特点，必然会得到合理的报价。针对具体工程，技术先进的施工工艺未必经济合理，而不同的进度计划具有不同的工期和不同的工程成本，因而切实可行的工程进度计划也是编制合理报价的重要因素。

6）其他因素

建设期内工程造价增长因素、难以预料的工程和费用，以及保险费、供电贴费、技术复杂程度、地形地质条件、工期质量要求等都是编制报价的依据。

7）对投标工程相关内容的研究与评估

（1）对投标对手的调查与研究。要收集掌握竞争对手参加投标的一些资料，如企业资质、施工能力、是否急于中标、以往报价的价位高低及与业主的关系等。

（2）对有关报价参考资料的研究。要对当地近几年来已完成的同类工程造价进行分析和评估。

（3）对投标工程有关情况的分析。要了解工程所在地的地理、自然条件、周边料场分布及运价情况。

（4）对招标单位倾向性和投标困难的评估。

（5）了解评标、定标办法。《招标投标法》规定了两种中标条件：①最低评标价中标。这也是世界银行推荐的定标方法。《招标投标法》参照国际惯例，结合中国国情，规定最低评标价中标，就是经评审的投标价最低，但前提条件是该投标符合招标文件的实质性要求，并且投标价不能低于自己的成本。目前，在国内这种方法只适用于设备、材料采购等项目的招标。②获得最佳综合评价的投标中标。所谓综合评价，就是按照价格标准（报价）和非价格标准（施工能力、管理水平等）对投标文件进行总体评估和比较。采用综合评价法时，一般将价格以外的有关因素折成货币或给予相应的加权计算，以确定最低评标价或最佳的投标。被评为最低评标价或最佳的投标，即可认定为该投标获得综合评价。所以，投标价格最低的不一定中标。这种定标方法的过程又可分为“最低评标价法”和“打分法”两种。

对报价的评定有以业主标底为基础的，以及近年来推行的复合标底。业主的标底和在业主标底一定幅度范围内“入围”的承包商的报价各占一定比例形成复合标底，承包商报价接近复合标底时为最优。采用复合标底主要有两方面的原因：一是考虑承包商的报价要求；二是防止泄露标底的情况发生，这一般是主要原因。复合标的通常模式为：承包商的报价在业主标底的－10％到＋5％范围内为有效，可以参与复合标。

投标单位只有在了解拟投标工程项目将用何种办法定标的基础上，才能进行相应的投标决策。

5.1.2 投标报价的步骤

做好投标报价工作，需充分了解招标文件的全部含义，采用已熟悉的投标报价程序和方法；应对招标文件有一个系统而完整的理解，从合同条件到技术规范、工程设计图纸，从工程量清单到具体投标书和报价单的要求，都要严肃认真地对待。其步骤一般为：

(1) 熟悉招标文件，对工程项目进行调查与现场考察。

(2) 结合工程项目的特点、竞争对手的实力和本企业的自身状况、经验、习惯，制定投标策略。

(3) 核算招标项目实际工程量。

(4) 编制施工组织设计。

(5) 考虑土木工程承包市场的行情，以及人工、机械及材料供应的费用，计算分项工程直接费。

(6) 分摊项目费用，编制单价分析表。

(7) 计算投标基础价。

(8) 根据企业的管理水平、工程经验与信誉、技术能力与机械装备能力、财务应变能力、抵御风险的能力、降低工程成本增加经济效益的能力等进行获胜分析和盈亏分析。

(9) 提出备选投标报价方案。

(10) 编制出合理的报价，以争取中标。

5.1.3 国际工程投标报价的组成和计算

工程项目投标报价的具体组成应随投标的工程项目内容和招标文件进行划分。国际工程招标一般采用最低价中标或合理低价中标方式，投标价的确定要经过工程成本测算和标价确定两个阶段。标价是由成本、利润和风险费组成，其中工程成本包括直接费用和间接费用。工程成本包含的费用内容和测算方式与国内工程差异较大，其计算方法具体如下：

1) 直接费

直接费是指由工程本身因素决定的费用，其构成受市场现行物价影响，但不受经营条件的影响。工程直接费一般由人工费、施工机械费、永久设备费、材料费、分包费等组成。

(1) 人工费

人工费单价需根据工人来源情况确定。我国到国外承包工程，劳动力来源主要有两方面：一是国内派遣工人；二是雇用当地工人(包括第三国工人)。人工费单价的计算就是指国内派出工人和当地雇用工人平均工资单价的计算。在分别计算出这两类工人的工资单价后，再考虑工效和其他一些有关因素，原则上就可以确定在工程总用工量中这两类工人完成工日所占的比重，进而加权平均算出平均工资单价。

考虑到当地雇用工人的工效可能较低，而当地政府又规定承包商必须雇用部分当地工人，则计算工资单价时还应把工效考虑在内。根据已经掌握的当地雇用工人的工效和国内派出工人的工效，确定一个大致的工效比(通常为小于1的数字)，用下式计算：

考虑工效的平均工资单价＝国内派出工人工资单价×国内派出工人工日占总工日的百分比＋当地雇用工人工资单价×当地工人工日占总工日的百分比/工效比

① 国内派出工人工资单价

可按下式计算：

$$国内派出工人工资单价=\frac{一个工人出国期间的全部费用}{一个工人参加施工年限\times年工作日}$$

工人出国期间的全部费用应当包括从工人出国准备到回国休整结束后的全部费用，可由国内和国外两部分费用构成。

工人施工年限应当以工期为基础，考虑多数或大多数工人在该工程的工作时间来确定。

工人的年工作日是工人在一年内的纯工作天数。一般情况下，可按年日历天数扣除星期天、法定节假日和天气影响的可能停工天数计算。实际报价计算中，每年工作日不少于300天，以利于提高报价的竞争能力。

② 当地雇用工人工资单价

当地雇用工人包括具有工程所在国国籍的工人和在工程所在国的外籍工人。当地雇用工人工资单价主要包括下列内容：

a. 日标准工资（国外一般以小时为单位）；

b. 带薪法定假日、带薪休假日工资；

c. 夜间施工或加班应增加的工资；

d. 按规定由承包商支付的所得税、福利费、保险费等；

e. 工人招募和解雇费用；

f. 工人上下班交通费；

g. 按有关规定应支付的各种津贴和补贴等（如高空或地下作业津贴、上下班时间补贴），该项开支有时可高达工资数的20%～30%。

在计算报价时，一般直接按工程所在地各类工人的日工资标准的平均值计算。

若所算得的国内派出工人工资单价和当地雇用工人工资单价相差甚远，还应当进行综合考虑和调整。当国内派出工人工资单价低于当地雇用工人工资单价时，固然是竞争的有利因素，但若采用较低的工资单价，就会减少收益，从长远考虑更不利，应予向上调整。调整后的工资单价以略低于当地雇用工人工资单价的5%～10%为宜。当国内派出工人工资单价高于当地工人时，如在考虑了当地雇用工人的工效、技术水平后，国内派出工人工资单价仍有竞争力，就不需调整；反之，应向下调。若下调后的工资单价仍不理想，就得考虑不派或基本不派国内工人。

国际承包工程的人工费有时占到总造价的20%～30%，大大高于国内工程的比率。因此，确定一个合适的工资单价，对于做出有竞争力的报价是十分重要的。

(2) 施工机械费

施工机械费是指用于工程施工的机械和工器具的费用。由于工程建设项目大都采用机械化施工，所以施工机械费用占直接费用的主要部分。该费用在工程建成后不构成发包人的固定资产，而是承包人的设备。主要施工机械费以台时费为单位，辅助施工机械费则只计算总费用，类似于国内概预算中的小型机具使用费。主要施工机械台时费为：施工机械折旧费、施工机械海洋运保费、施工机械陆地运保费、施工机械进口税、施工机械安装拆卸费、施工机械修理费、施工机械燃料费和施工机械操作人工费。

以上八项费用合计成主要施工机械台时费，其中属于固定费用的有施工机械折旧费、施工机械海洋运保费、施工机械陆地运保费、施工机械进口税（这些费用即使不运转也要计算）；其中属于运转费用的有施工机械安装拆卸费、施工机械修理费、施工机械燃料费、施工机械操作人工费。

国外承包工程施工机械除了承包企业自行购买外，有些还可以租赁使用，如果决定租赁机械，施工机械费（台班单价）就可以根据事先调查的市场租赁价来确定。

（3）材料设备费

材料和（永久）设备费用在直接费中所占的比例很大，准确计算材料、设备的预算价格是计算投标报价的重要一环。为了准确确定材料、设备的预算价格，我国有些对外公司根据对外承包工程的经验，依据材料、设备来源的不同，制定出两种表格：一是当地市场材料、设备优选价格统计表；二是国内和第三国采购材料、设备价格比较表。在计算报价时，通过这两种价格表的比较，进行材料、设备的采用选择。上述价格表一般每半年调整一次，以保证其准确性。下面介绍不同来源的材料、设备单价的计算。

① 国内和第三国采购材料、设备单价的计算。主要包括以下几部分内容：

a. 材料、设备采购价格。包括材料、设备出厂价及包装费，还应考虑因满足承包工程对材料、设备质量及运输包装的特殊要求而增加的费用。

b. 全程运杂费。即由材料、设备厂家到工地现场存储处所需的运输费和杂费；对于设备，还要加上设备安装费和运行调试费（如果在工程量清单中这两项不单列的话），以及备用件费用。若业主对设备采用单独招标的方式，则承包商在报价中仅考虑设备的安装和调试费。全程运杂费包括国内段运杂费、海运段运保费和当地运杂费。

国内段运杂费是指由厂家到出口港装船的一切费用，其计算一般采用综合费率法。

国内段运杂费＝运输装卸费＋港口仓储装船费

运输装卸费＝（10％～12％）×材料采购价格

港口仓储装船费＝（3％～5％）×材料采购价格

海运段运保费是指材料由出口港到卸货港之间的海运费和保险费。具体计算应包括材料的基本运价、附加费和保险费。其中，基本运价是按有关海运公司规定的不同货物品种、等级、航线的运输基价；附加费是指燃油附加、超重附加、直航附加、港口附加等费用；保险费则按有关的保险费率计算。

当地运杂费是指材料由卸货现场到工地现场存储地所需的一切费用。

当地运杂费＝上岸费＋运距×运价＋装卸费

② 当地采购材料、设备单价的计算。一般按当地材料、设备供应商的报价，由供应商运到工地，有些材料也可自己组织运输。另外，对一些大宗材料，如块石、石子、卵石和沙子等，也可自己组织开采和加工，其预算价格按实际消耗费用计算。

材料消耗定额可根据招标文件中有关技术规范要求，结合工程条件、机械化施工程度，参照国内定额确定。材料的运输损耗和加工损耗计入材料用量，不增加单价。

2）间接费用

间接费用是指除直接费用以外的经营性费用。由于直接受市场状况不断变化的影响，另外还要依据招标文件的规定，所以需要对间接费用构成项目进行增删。间接费用一般由如下费用组成：

(1) 临时设施工程费

包括全部生产、生活和办公所需的临时设施，施工区内道路、围墙及水、电、通讯设施等。如果在工程量清单通用费项目中，有大型临时设施项目，如砂石料加工系统、混凝土拌和系统和附属加工车间等时（一般用项目总包干价投标），则间接费用中仅包括小型临时设施费用。

(2) 保函手续费

保函手续费是指投标保函、预付款保函、履约保函（或履约担保）、保留金保函等交纳的手续费。银行保函均要按保函金额的一定比例，由银行收取手续费。例如，中国银行一般收取保函金额的0.4%～0.6%为年手续费；外国银行一般收取保函金额的1%为年手续费。

(3) 保险费

承包工程中一般保险项目有工程保险、施工机械保险、第三者责任险、人身意外保险、材料和永久设备运输保险、施工机械运输保险。后三种险已计入人工、材料和永久设备、施工机械单价中，不要重复计算。而仅工程保险、施工机械保险、第三者责任险、发包人和监理工程师人身意外保险的费用，一般为合同总价的0.5%～1%。

(4) 税金

税金应按招标文件规定及工程所在国的法律计算。各国情况不同，税种也不同。由于各国对承包工程的征税办法及税率相差极大，应预先作好调查。一般常见税金项目有合同税、利润所得税、营业税、增值税、社会福利税、社会安全税、养路及车辆牌照税、关税、商检税等。上述税金中额度最大的是利润所得税或营业税，有的国家分别达到30%或40%以上。

(5) 业务费

① 投标费。包括购买资格预审文件和招标文件费用、投标期间差旅费、编制资格预审申请和投标文件费用。

② 监理工程师（或工程师）和发包人费。是指承包人为他们提供现场工作和生活条件而产生的费用。主要包括办公和居住用房、室内全部设施和用具以及交通车辆等费用。有的招标文件在工程量清单中对上述费用开发项目有明确的规定，投标人可按此要求填报该项费用；也可按招标文件规定，由投标人配备，并计入间接费用中的业务费。

③ 代理人佣金。投标人通过代理人协助收集、通报消息，并帮助投标，以及中标后协助承包人了解当地政治、社会和经济状况，解决工作和生活中的困难问题。其费用按实际情况计列，代理费一般约为总合同价的0.5%～3%。小工程费率高些，大工程费率低些。上述情况适用于我国施工企业参加国外的国际招标的投标。我国境内工程建设项目进行国际招标时，外国公司参与投标，一般也雇用代理人，以便尽快了解我国国情和市场情况。但是，国内招标时，国内施工企业是无需雇用代理人的。

④ 法律顾问费。一般为雇用当地法律顾问而支付的固定的月工资。当受理法律事务时，还需增加一定数量的酬金。

(6) 管理费

① 施工管理费。包括现场职员的工资和补贴、办公费、旅差费、医疗费、文体费、业务经营费、劳动保护费、生活用品费、固定资产使用费、工具用具使用费、检验和试验费等。应根

据实际需要逐项计算其费用，一般情况下为投标总价的1%～2%。

② 总部管理费。是指上级管理总部对所属项目管理企业收取的管理费，一般为投标总价的2%～4%。

(7) 财务费

财务费主要是指承包人为实施承包工程向银行贷款而支付的资金利息，并计入成本。首先应编制预计工程进度计划投入的资金和预计工程各项收入，以及各项支出，按季度为单位的资金平衡表(即工程资金流量表)。根据资金平衡表算出施工期间各个时期承包人垫付的资金数量及垫付时间，再计算资金利息。

另外，发包人为解决资金不足的问题，在招标文件中规定由承包人贷款先垫付部分或全部工程款项，并规定了还款的时间和年限，以及规定付给的利息。承包人应对银行贷款利率作出评估，应将此利息差计入投标报价之中，即计入成本中。

3) 利润和风险费

(1) 利润

按照国内概预算编制办法的规定，施工企业承包工程任务时计取的计划利润为工程成本的7%(或分为施工技术装备费与计划利润，两项合计7%)。但是建筑市场竞争激烈，工程利润也应是随市场需求而变化，一般按工程成本价格的3%～10%估算。

(2) 风险费

风险费的内容及费率由投标人根据招标文件的要求及竞争状况自行确定，基本上包括备用金(也称暂定金额)和风险基金等。

① 备用金

备用金是指发包人在招标文件中并在工程量清单中以备用金标明的金额，是供任何部分施工，或提供货物、材料、设备和服务，或供不可预料事件费用的一项金额。这项金额须按监理工程师的指示才能全部或部分地使用，或根本不予动用。投标人的投标报价只能把备用金列入工程总报价，不能以间接费的方式分摊入各项目单价中。

② 风险基金

土木工程的承包经营事业是一种在技术经验、经济实力和管理水平等方面的竞争事业。既然是竞争，就必然伴随着风险。承包人有以下主要风险：

a. 资金额度和来源的可靠程度，以及工程所在国的经济状况给承包人带来的风险；

b. 选择何种合同标准范本，以及承包人对合同条件的理解所带来的风险；

c. 对现场调查不够，对困难估计不足造成的风险；

d. 工程设计水平、工程水文和地质勘测不深造成的风险；

e. 恶劣的天气带来的风险；

f. 工程各控制性工期和总工期的风险；

g. 发包人对监理工程师的授权、独立处理合同争议的能力和公正程度，以及争议裁决委员会的协调能力等方面的风险；

h. 承包人自身能力、施工和管理水平的风险等。

风险基金对投标人来说是一项很难估算的费用。对那些在合同实施过程中通过索赔可补偿的风险，不计在风险基金之中，以免使投标总价过高而影响得标。

承包人应认真对各类风险因素进行分析，列出可能产生的风险清单，确定主要风险；严格界定风险内涵并考虑风险因素之间的相关性;先怀疑,后排除,不要轻易否定或排除某些风险因素;排除与确认并重。对于肯定不能排除但又不能肯定予以确认的风险按确认考虑,必要时可做实验论证。对于风险可采用回避风险,即以一定的方式中断风险源,使其不发生或不再发展,从而避免可能产生的潜在损失。但回避风险的同时可能会产生另一种新的风险,而且同时也失去了从风险中获利的可能。有时风险回避可能不实际或不可能。还有一种就是风险转移。任何一种风险都应由最适宜承担该风险或最有能力进行损失控制的一方承担。符合这一原则的风险转移是合理的,可以取得双赢或多赢的结果。

4) 工程综合单价的确定

根据投标人的施工组织设计确定的施工方法、施工强度、施工机械造型和选定的生产效率,对一个项目设计和技术质量要求以及施工活动进行分析,制定出施工机械组合和人员配备。以上述各项费用为计算基础,据此用实物法分别计算完成各项目工程任务时所消耗的各种材料(永久设备的安装)数量和费用;所消耗施工机械的工时和费用(按施工机械的生产效率计算投入工时,按施工机械的固定费和运转费计算台时费);所使用人工工时和费用(按劳动效率计算投入工时,按工资、补贴和福利等费用计算工时费用)。

用上述各项资源投入费用总和除以其项目产出的工程数量,即为此项目的基础单价。有经验的成熟投标人为发挥自己企业的优势,以及加快计算投标报价的速度,往往运用自己的施工实践所确定工程项目的保本价,计算各项目的基础单价(考虑施工条件差异后的修正价)。这种做法既准确又快捷,是首选的方法。而对未经历过的承包项目,在计算工程综合单价时,用各基础单价乘工程量清单中各项工程数量,然后相加汇总即得出直接费用总额。进而根据上述各项费用,算出间接费用、利润和风险基金等总额,并全部摊入各工程项目中,最后计算出各工程项目(即工程量清单中各项目)的综合单价。按此综合单价填入工程量清单表,即成为投标人已报价的工程量清单表。

计算综合单价公式为:

$$\text{某项目综合单价}=\left(1+\frac{\text{间接费用}+\text{利润}+\text{风险基金}}{\text{直接费用总额}}\right)\times\text{某项目基础单价}$$

各项综合单价乘以相应项目工程数量即为各项目合价,合价相加汇总再加上通用费(包括进场费、退场费、各大型临时设施费等以总价或费率包干费用)和备用金,即为投标人投标报价的总价。

间接费用、利润和风险基金总额,在实际投标中要依据竞争情况确定摊入项目。如早期施工项目多摊入,后期施工项目少摊入,而投标总价不变,这样做可以在工程施工初期将多结算的工程价款变为承包人的流动资金,以减少银行贷款的额度,可以减少发包人支付银行贷款的利息,从而降低了投标人的"评标价格",以增加中标的几率。

5.1.4 国内工程投标报价的组成和计算

《建筑工程施工发包与承包计价管理办法》(以下简称《办法》)第五条规定:施工图预算、招标标底和投标报价由成本(直接费、间接费)、利润和税金构成。其编制可以采用以下计价方法:①工料单价法。分部分项工程量的单价为直接费。直接费以人工、材料、机械的消耗量及其相应价格确定。间接费、利润、税金按照有关规定另行计算。②综合单价法。分部分项工程量的单价为全费用单价。全费用单价综合计算包括分部分项工程所发生的直接费、间接费、利润及税金。

5.2 标底与投标报价计价模式

与一般工业产品价格的计价方法不同，建筑工程标底与投标报价计价采用了特殊的计价模式及方法，即采用定额计价模式和按工程量清单计价模式。

5.2.1 定额计价模式

按定额计价模式是我国计划经济时期及计划经济向市场经济转型时期采用的行之有效计价模式。它是根据国家或地方颁布的统一预算定额规定的消耗量及其单价，以及配套的取费标准和材料预算价格，计算出相应的工程数量，套用相应的定额单价计算出定额直接费，再在直接费的基础上计算各种相关费用及其利润和税金，最后汇总为工程造价。

1）工料单价法

工料单价法是指分部分项工程量的单价为直接费，以人工、材料、机械的消耗量及其相应价格确定。间接费、利润、税金按照有关规定另行计算。采用先算工程量、人工、材料量、机械台班（即实物量），然后再计算费用和价格的方法。其编制步骤如下：

(1) 准备资料，熟悉施工图纸。

(2) 计算工程量。

(3) 套用基础定额，计算人工、材料、机械数量。

(4) 采用价格为：①当工程设计构造与定额一致时，直接套用定额。②当工程设计构造与定额一致时，但材料品种、规格、强度等级与定额不同时，应根据定额规定进行基价换算。③当出现新材料、新技术、新工艺时，应按定额的编制原则补充一次性使用的单位估价表。即根据当时、当地的人工、材料、机械单价，计算并汇总人工费、材料费、机械使用费及直接费总值，得出单位工程直接费。

(5) 计算其他直接费、现场经费、间接费、利润和税金，并进行汇总，得出单位工程造价（价格）。

(6) 复核。

(7) 编写说明。

2）综合单价法

综合单价法是指分部分项工程量的单价为全费用单价，既包括直接费、间接费、利润（酬金）、税金，也包括合同约定的所有工料价格变化风险等一切费用，是一种国际上通行的计价方式。综合单价法按其所包含项目工作的内容及工程计量方法的不同，又可分为以下三种表达方式：

(1) 参照现行预算定额（或基础定额）对应子目所约定的工作内容、计算规则进行报价。

(2) 按招标文件约定的工程量计算规则，以及按技术规范规定的每一分部分项工程所包括的工作内容进行报价。

(3) 由投标人依据招标图纸、技术规范，按其计价习惯，自主报价，即工程量的计算方法、投标价的确定，均由投标人根据自身情况决定。

按照《办法》的规定，综合单价是由分项工程的直接费、间接费、利润和税金组成的，而直接费是以人工、材料、机械的消耗量及相应价格确定的，因此计价的顺序应当是：

(1) 准备资料，熟悉施工图纸；

(2) 划分项目，按统一规定计算工程量；

(3) 计算人工、材料和机械数量；

(4) 套用综合单价，计算各分项工程造价；

(5) 汇总得分部工程造价；

(6) 各分部工程造价汇总得单位工程造价；

(7) 复核；

(8) 编写说明。

5.2.2 工程量清单报价

按工程量清单报价是我国刚提出的一种计价方法。这种计价方法是国家仅统一项目编码、项目名称、计量单位和工程量计算规则(四统一)，由各投标人自主报价。

1) 工程量清单的含义

工程量清单报价，是国际上普遍采用的工程招投标报价方式，有着成熟的规章管理制度和上百年的应用历史。我国现已成为世界贸易组织的成员，相关的政策、规范将陆续出台实施，建设工程全面实行工程量清单报价已是势在必行。

在我国，工程量清单是指在建设工程施工招投标时，招标人依据工程施工图纸，按照招标文件要求，以统一的工程量计算规则、统一的项目划分，在招标文件中将实施招标的工程建设项目实物工程量和技术性措施以统一的计量单位列出的清单。

工程量清单作为招标文件的组成部分，供投标单位逐项填报单价，计算出总价作为投标报价，再通过评标竞争，最终确定合同价。

一般的招标文件不要求报单价分析，但有的招标文件要求投标者在投标时必须报送部分项目的单价分析。投标者在投标时，除去对很有经验的、有把握的项目之外，还必须对工程量大的、没有经验的和特殊的项目进行单价分析，以使投标报价建立在可靠的基础上。

2) 工程量清单报价费用组成

工程量清单报价费用是以招标文件合同条件、技术规范、设计图纸及工程造价计算资料为基础，按招标文件的工程量清单形式所列的完成该标段全部工程所需的各种费用，包括分部分项工程量费、措施项目费、其他项目费、规费和税金等五项内容。

(1) 分部分项工程量费。分部分项工程量费采用综合单价计价。综合单价是指完成工程量清单中一个规定计量单位项目所需的人工费、材料费、机械使用费、管理费和利润，并考虑风险因素。其中，利润及风险费的系数确定是一个很复杂的问题，它需要根据公司目前的经营状况、市场情况来综合确定，国内工程一般按直接费的3%～10%来考虑。

(2) 措施项目费。是指为完成工程项目施工，发生于该工程施工前和施工过程中技术、生活、安全等方面的非工程实体项目所需的费用。措施项目清单的金额，应根据拟建工程的施工方案或施工组织设计，参照工程量清单计价规范规定的综合单价组成确定。

(3) 其他项目费。其他项目清单共四项，即预留金、材料购置费、总承包服务费、零星工作项目费等。它分为招标人部分和投标人部分。招标人部分按招标人提供的数量和金额进行报价，不允许投标人进行调整；投标人部分按招标人提供的数量、名称进行自主报价。

(4) 规费。是指政府和有关部门规定必须缴纳的费用，包括工程排污费、工程定额测定费、养老保险统筹基金、待业保险费、医疗保险费、住房公积金、危险作业意外伤害保险等。

(5) 税金。是指国家税法规定计入建筑安装工程造价的营业税、城乡维护建设税、教育费附加等各种税金。

3) 工程量清单报价的优点

采用工程量清单报价是工程造价管理改革的重要举措，通过改革，变定额计价为市场有序竞争形成价格。价格水平是一个企业管理水平、科技水平、装备水平的集中反映。通过市场化的有序竞争，不断提高企业的综合水平和竞争力，实现优胜劣汰，从而最终形成管理规范、竞争有序的社会主义建设市场秩序。工程量清单报价具有以下优点：

(1) 满足了竞争的需要。招标过程就是竞争的过程，招标者给出工程量清单，投标者填单价，可体现出企业技术及其管理水平，形成企业整体实力的竞争。

(2) 提供了一个平等的竞争条件。如采用施工图预算投标报价，由于设计图纸的缺陷，不同施工企业的人员理解不一，计算出的工程量也不同，导致报价也不同，这样容易产生纠纷。而工程量清单报价就为投标者提供了一个平等竞争的条件，相同的工程量，由企业根据自身的实力来填报不同的单价，符合交换的原则。

(3) 有利于工程款的拨付和工程造价的最终确定。中标后，业主要与中标施工企业签订施工合同，在工程量清单报价基础上的中标价就成了合同价的基础，投标清单上的单价就成了拨付工程价款的依据。业主根据施工企业完成的工程量，可以很容易地确定进度款的拨付额。工程竣工后，根据设计变更、工程量的变更等，业主也很容易确定工程的最终造价。

(4) 有利于业主对投资的控制。采用现在的施工图预算形式，业主对因设计变更、工程量有所增减而引起工程造价变化不敏感，往往等竣工结算时才知道这些变化对项目投资的影响有多大，此时常常为时已晚。而采用工程量清单报价的方式则一目了然，在要进行设计变更时，能马上知道它对工程造价的影响，这样业主就能根据投资情况来决定是否变更或进行方案比较，以决定最恰当的处理方法。

综上所述，工程量清单报价是我国工程计价体制改革的出路，是我国建筑市场健康发展的需要，是我国与国际惯例接轨的需要。应深入研究，将国际上先进的管理方式改造成适合我国社会主义市场经济体制的管理模式，使我国的建筑业走向世界。

5.3 投标报价的决策

在初步计算标价之后，应当对标价进行多方面的分析和评估，其目的是探讨标价的经济合理性，从而做出最终报价的决策。

5.3.1 报价的静态分析

报价的静态分析是依据投标人在长期工程实践中积累的大量经验数据，用类比的方法判断初步报价的合理性。可从以下几个方面进行分析：

1) 分项统计计算书中的汇总数字，并计算其比例指标

(1) 统计同类工程总工程量及各单项工程量。

（2）统计材料总价及各主要材料数量和分类总价，计算单位产品的总材料费用指标和各主要材料消耗指标和费用指标；计算材料费占总报价的比例。

（3）统计劳务费总价及主要工人、辅助工人和管理人员的数量，按报价、工期、工程量及统计的工日总数量算出单位产品的用工数（生产用工和全员用工数）和单位产品的劳务费，并算出按规定工期完成工程时，生产工人和全员的人平均月产值和年产值；计算劳务费占总报价的比例。

（4）统计临时工程费用、机械设备使用费、机械设备购置费及模板、脚手架和工具等费用，计算它们占总报价的比例，以及分别占购置费的比例（即拟摊入本工程的价值比例）和工程结束后的残值。

（5）统计各类管理费汇总数，计算它们占总报价的比重；计算利润、贷款利息的总数及其所占比例。

（6）如果报价人有意分别增加了某些风险系数，可以作为潜在利润或隐匿利润提出，以便研讨。

（7）统计分包工程的总价及各分包商的分包价，计算分包工程的总价占总报价和承包商自己施工的直接费用的比例，并计算各分包商分别占分包总价的比例，分析各分包价的直接费、间接费和利润。

2）从宏观方面分析报价结构的合理性

例如，分析总直接费用和总管理费用的比例关系，劳务费和材料费的比例关系，临时设施和机具设备费用与总直接费用的比例关系，利润、流动资金及其利息与总报价的比例关系，以便判断报价的构成是否合理。如果发现有不合理的部分，应当初步分析其原因。首先是研究本工程与其他类似工程是否存在某些不可比因素，如果扣掉不可比因素的影响后，仍然存在报价结构不合理的情况，就应当深入探讨其原因，并考虑适当调整某些基价、定额或分摊系数。

3）探讨工期与报价的关系

根据进度计划与报价，计算出人均月产值、年产值，如果从承包商的实践经验角度判断这一指标过高或者过低，就应当考虑工期的合理性，或考虑所采用定额的合理性。

4）分析单位产品价格和用工量、用料量的合理性

参照实施同类工程的经验，分析单位工程造价及用工量、用料量。如果本工程与可类比的工程有某些不可比因素，可以扣除不可比因素后进行分析比较。还可以在当地搜集类似工程的资料，排除某些不可比因素后进行分析对比，以分析报价的合理性。

5）对明显不合理的报价构成部分进行微观方面的分析检查

重点是从提高工效、改变施工方案、调整工期、压低供应商和分包商的价格、节约管理费用等方面提出可行措施，并修正初步报价。

5.3.2 标价的动态分析

标价的动态分析是假定某些因素发生变化，测算标价的变化幅度，特别是这些变化对工程计划利润的影响。

1）物价和工资上涨的影响

现在是市场经济，各种材料、设备及人工费都随市场变化而改变。通过调整标价计算中

材料设备和工资上涨系数，测算其对工程计划利润的影响。同时，切实调查工程物资和工资的升降趋势和幅度，以便做出恰当判断。通过这一分析，可以得知投标计划利润对物价和工资上涨因素的承受能力。

2）工期延误的影响

由于承包人自身的原因，如材料设备交货拖延、相关工序衔接不上及管理不善造成工程延误，质量问题造成返工等等，承包人可能会增加管理费、劳务费、机械使用费以及占用的资金及利息，这些费用的增加不可能通过索赔得到补偿，而且还有可能会导致失误或罚款。一般情况下，可以测算工期延长某一段时间，上述各种费用增加的数额及其占总标价的比率。这种增加的开支部分只能用风险费和计划利润来弥补。因此，可以通过多次测算，得知工期拖延多久，利润将全部丧失。

3）其他可变因素的影响

影响标价的可变因素很多，而有些是投标人无法控制的，如贷款利率的变化、政策法规的变化等。通过分析这些可变因素的变化，可以了解投标项目计划利润的受影响程度。

5.3.3 标价的盈亏分析

初步计算标价，经过宏观审核与进一步分析检查，可能需要对某些分项的单价作必要的调整，然后形成基础标价，再经盈亏分析，提出可能的低标价和高标价，供投标报价决策时选择。盈亏分析包括盈余分析和亏损分析两个方面。

1）盈余分析

盈余分析是从标价组成的各个方面挖掘潜力、节约开支，计算出基础标价可能降低的数额，进而得出低标价。盈余分析主要从下列几个方面进行：

（1）定额和效率，即工料、机械台班消耗定额以及人工、机械效率分析；

（2）价格分析，即对劳务价格、材料设备价格、施工机械台班（时）价格进行分析；

（3）费用分析，即对管理费、临时设施费等逐项分析；

（4）其他方面，如对流动资金与贷款利息，保险费、维修费等逐项复核，找出有潜在控制的可能之处。

考虑到挖潜不可能百分之百实现，尚需乘以一定的修正系数（一般取 0.5～0.7），据此求出可能的低标价，即：

低标价＝基础标价－挖潜盈余×修正系数

2）亏损分析

亏损分析是针对在报价编制过程中，对未来施工过程中可能出现的不利因素估计不足而引起的费用增加的分析，以及对未来施工过程中可能出现的质量问题和施工延期等因素带来的损失的预测。主要可从以下几个方面分析：

（1）工资；

（2）材料；

（3）质量问题；

（4）造价失误；

（5）不熟悉当地法规、手续所发生的罚款等；

（6）自然条件；

(7) 管理不善造成的质量、工作效率等问题；

(8) 建设单位、监理工程师方面的问题；

(9) 管理费失控。

以上分析估计出的亏损额，同样乘以修正系数(0.5～0.7)，并据此求出可能的高标价，即：

高标价＝基础标价＋估计亏损×修正系数

必须注意，在亏损分析中，有若干因素有时可能不易与不可预见费中的某些因素划分清楚，考虑时切勿重复或漏项，以免影响报价的高低。

调整投标价格应当建立在对工程盈亏分析的基础上，盈亏预测应用多种方法从多角度进行，找出计算中的问题，并分析可以采取哪些措施来降低成本，增加盈利。

5.3.4 报价决策

报价决策是投标人召集算标人员和本公司有关领导或高级咨询人员，就标价计算结果，标价宏观审核、动态分析及盈亏分析进行共同研究讨论，在此基础上对投标报价做出最后决定。

在报价决策中应注意以下问题：

(1) 报价决策的基础应当是本公司算标人员的计算书和分析指标。报价决策不是干预算标人员的具体计算，而是由决策人员同算标人员一起，对各种影响报价的因素进行分析，并做出果断和正确的决策。

(2) 各公司算标人员获得的基础价格资料是相近的，因此从理论上分析，各投标人报价同标底价格都应当相差不远。之所以出现差异，主要是由以下原因引起的：①各公司的期望盈余(计划利润和风险费)不同；②选择的施工方案不同；③管理费用有差别；④各自拥有的优势不同等等。鉴于以上情况，在进行投标决策研讨时，应当正确分析本公司和竞争对手的情况，并进行实事求是的对比评估。

(3) 报价决策也应考虑项目的特点。一般来说，对于下列情况报价可高一点：①施工条件差、工程量小的工程；②专业水平要求高的技术密集型工程，而本公司在这方面有专长、声望高；③支付条件不理想的工程等。如果是与上述情况相反且投标对手多的工程，报价应低一些。

(4) 当地的报价水平。由于各地物价以及生活水平不同，各投标人期望的利润也会有所不同。

(5) 应当在可接受的最小预期利润或者可承受的最大风险能力以内做出报价决策。由于投标情况纷繁复杂，算标中会遇到很难界定哪些问题需要决策的情况，以及这些问题的范围。一般来说，报价决策除了对算标时提出的各种方案、基价、费用进行必要的确定、修正外，更重要的是决策人从全面的角度来考虑公司期望的利润和承担风险的能力。

总之，为了在竞争中取胜，决策者应当对报价计算的准确度、期望利润是否合适、报价风险及本公司的承受能力、当地建筑市场的情况，以及对竞争对手优势的分析评估等进行综合考虑，才能决定最后的报价金额。

本章小结

投标报价是投标书的核心组成部分，同时也是招标人选择中标人的主要标准。投标人应对招标文件从合同条件到技术规范、工程设计图纸，从工程量清单到具体投标书和报价单的要求，有一个系统而完整的理解，要严肃认真对待。

在国际工程招标一般采用最低价中标或合理低价中标方式。投标价的确定要经过工程成本测算和标价确定两个阶段。标价是由成本、利润和风险费组成，其中工程成本包括直接费用和间接费用。

我国现行的施工图预算、招标标底和投标报价由成本（直接费、间接费）、利润和税金构成。一般采用工料单价法和综合单价法。

工程量清单报价费用是以招标文件合同条件、技术规范、设计图纸及工程造价计算资料为基础，包括分部分项工程量费、措施项目费、其他项目费、规费和税金等五项内容。

报价决策是投标书封标前做出的最后决定，它是投标人召集相关人员就标价计算结果，标价宏观审核、动态分析及盈亏分析进行共同研究讨论，在此基础上确定投标报价。

复习思考题

1. 报价的主要依据是什么？
2. 投标报价编制的基础性要求有哪些？
3. 国际工程投标报价的组成和计算的主要内容是什么？
4. 现行投标报价编制可以采用什么计价方法？
5. 工程量清单报价由哪些费用组成？
6. 报价决策中应注意哪些问题？

6 施工合同的签订和审查

6.1 合同的谈判和签订

6.1.1 合同的谈判

1）合同谈判的目的

合同谈判，是工程施工合同签订的双方对是否签订合同以及对合同具体内容是否达成一致的协商过程。通过谈判，能够充分了解对方及项目的情况，为高层决策提供信息和依据。

开标以后，发包方经过研究，往往选择几家投标者就工程有关问题进行谈判，然后选择中标者。这一过程被称为谈判。

（1）发包方参加谈判的目的

① 发包方可根据参加谈判的投标者的建议和要求，也可吸收其他投标者的建议，对图样、设计方案、技术规范进行某些修改后，估计可能对工程报价和工程质量产生的影响。

② 了解和审查投标者的施工规划和各项技术措施是否合理，以及负责项目实施班子的力量是否足够雄厚，能否保证工程质量和进度。

③ 通过谈判，发包方还可以了解投标者报价的组成，进一步审核和压低报价。

（2）投标者参加谈判的目的

① 争取中标，即通过谈判宣传自己的优势，以及介绍方案的特点等，以争取中标。

② 争取合理的价格，既要准备对付发包方的压价，又要准备当发包方拟修改设计、增加项目或提高标准时适当增加报价。

③ 争取改善合同条款，主要包括争取修改过于苛刻的不合理的条款，澄清模糊的条款和增加有利于保护投标者利益的条款。

2）合同谈判的过程

（1）谈判的准备工作

① 收集资料。谈判准备工作的首要任务就是要收集整理有关合同对方及项目的各种基础资料和背景材料。主要包括对方的资信状况、履约能力、发展阶段、已有成绩等；包括工程项目的由来、土地获得情况、项目目前的进展、资金来源等。这些资料的来源有：双方合法调查，前期接触过程中已经达成的意向书、会议纪要、备忘录、合同等，以及双方参加前期阶段谈判的人员名单及其情况等等。

② 具体分析，做到“知彼知己”，才会“百战不殆”。谈判的重要准备工作就是对己方和对方进行充分分析。

a. 对己方的分析。签订工程施工合同之前，首先要确定工程施工合同的标的物，即拟建工程项目。发包方必须运用科学研究的成果，对拟建工程项目的投资进行综合分析和论证，必须按照可行性研究的有关规定，作定性和定量的分析研究，包括工程水文地质勘察、地形测量以及项目的经济、社会、环境效益的测算比较，在此基础上论证工程项目在技术上、经济上的可行性，对各种方案进行比较，筛选出最佳方案。依据获得批准的项目建议书和可行性研究报告，发包方编制项目设计任务书并选择建设地点。建设项目的设计任务书和选点报告批准后，发包方就可以委托取得工程设计资格证书的设计单位进行设计，然后再进行招标。

对于承包方，在获得发包方发出招标公告后，不是盲目地投标，而是应该做一系列调查研究工作，主要考察的问题有：工程建设项目是否确实由发包方立项？项目的规模如何？是否适合自身的资质条件？发包方的资金实力如何？……这些问题可以通过审查有关文件加以解决，譬如发包方的法人营业执照、项目可行性研究报告、立项批复、建设用地规划许可证等。承包方为承接项目，可以主动提出某些让利的优惠条件，但是，在项目是否真实，发包方主体是否合法，建设资金是否落实等原则性问题上不能让步，否则，即使在竞争中获胜，即使中标承包了项目，一旦发生问题，合同的合法性和有效性就得不到保证，此种情况下，受损害最大的往往是承包方。

b. 对对方的分析。对对方的基本情况的分析主要从以下几方面入手：

对对方谈判人员的分析。主要了解对手的谈判组由哪些人员组成，了解他们的身份、地位、性格、喜好、权限等，注意与对方建立良好的关系，发展谈判双方的友谊，争取在到达谈判以前就有了亲切感和信任感，为谈判创造良好的氛围。

对对方实力的分析。主要是指对对方诚信、技术、财力、物力等状况的分析。可以通过各种渠道和信息传递手段取得有关资料。外国公司很重视这方面的工作，他们往往通过各种机构和组织以及信息网络，对我国公司的实力进行调研。

实践中，对于承包方而言，一要重点审查发包方是否为工程项目的合法主体。发包方作为合格的施工承发包合同的一方，是否具有拟建工程项目的土地的立项批文、建设用地规划许可证、建设用地批准书、建设工程规划许可证、施工许可证等证件，这在《建筑法》第七条、第八条、第二十二条均作了具体的规定；二要注意调查发包方的诚信和资金情况，是否具备足够的履约能力，如果发包方在开工初期就发生资金紧张问题，就很难保证今后项目的正常进行，就会出现目前建筑市场上常见的拖欠工程款和垫资施工现象。

对于发包方，则应注意承包方是否具有承包该工程项目的相应资质。对于无资质证书承揽工程或越级承揽工程，或以欺骗手段获取资质证书，或允许其他单位或个人使用该企业的资质证书、营业执照的，该施工企业应承担法律责任；对于将工程发包给不具有相应资质的施工企业，《建筑法》也规定发包方应承担相应的法律责任。

c. 对谈判目标进行可行性分析。分析工作中还包括分析自身设置的谈判目标是否正确合理、是否切合实际、是否能被对方接受，以及对方设置的谈判目标是否合理。如果自身设置的谈判目标有疏漏或错误，或盲目接受对方的不合理谈判要求，同样会造成项目实施过程中的后患。在实际中，由于承包方中标心切，往往接受发包方极不合理的要求，比如带资、垫资、工期短等，造成今后其在回收资金、获取工程款、工期反索赔等方面发生困难。

d. 对双方地位进行分析。根据此工程项目，与对方相比，分析己方所处的地位也是很有必要的。这一地位包括整体与局部的优势和劣势。如果己方在整体上存在优势，而在局部上存在劣势，则可以通过以后的谈判等弥补局部的劣势。但如果己方在整体上已显示劣势，则除非能有契机转化这一情势，否则就不宜再耗时耗资去进行无利的谈判。

③ 拟定谈判方案。对己方与对方的分析完毕之后，即可总结该项目的操作风险、双方的共同利益、双方的利益冲突，以及双方在哪些问题上已取得一致，在哪些问题上还存在着分歧甚至是原则性的分歧等，然后拟定谈判的初步方案，决定谈判的重点。

(2) 明确谈判的内容

① 关于工程范围。承包方所承担的工程范围包括施工、设备采购、安装和调试等。在签订合同时要做到范围清楚、责任明确，否则将导致报价漏项。

② 关于合同文件。在拟订合同文件时，应注意以下几个问题：

a. 应将双方一致同意的修改和补充意见整理为正式的“附录”，并由双方签字作为合同的组成部分。

b. 应当由双方同意将投标前发包方对各承包方质疑的书面答复，作为合同的组成部分，因为这些答复，既是标价计算的依据，也可能是今后索赔的依据。

c. 应该表明“合同协议中同时由双方签字确认的图样属于合同文件”，以防止发包方借补图样的机会增加工程内容。

d. 对于作为付款和结算工程价款的工程量及价格清单，应该根据议标阶段做出的修正重新审定，并经双方签字。

e. 尽管采用的是标准合同文本，但在签字前都必须全面检查，对于关键词语和数字更应该反复核对，不得有任何大意。

③ 关于双方的一般义务。

a. 关于“工作必须使监理工程师满意”的条款。这是在合同条件中常常可以见到的，应该载明：“使监理工程师满意”只能是施工技术规范和合同条件范围内的满意，而不是其他。合同条件中还常常规定：“应该遵守并执行监理工程师的指示”。对此，承包方通常是书面记录下监理工程师对某问题指示的不同意见和理由，以作为日后付诸索赔的依据。

b. 关于履约保证。应该争取发包方接受由国内银行直接开出的履约保证函。有些国家的发包方一般不接受外国银行开出的履约担保，因此，在合同签订前，应与发包方选一家既与国内银行有往来关系，又能被对方接受的当地银行开具保函，并事先与当地银行或国内银行协商同意。

c. 关于工程保险。应争取发包方接受由中国人民保险公司出具的工程保险单，如发包方不同意接受，可由一家当地有信誉的保险公司与中国人民保险公司联合出具保险单。

d. 关于工人的伤亡事故保险和其他社会保险。应力争向承包方本国的保险公司投保。有些国家具有强制性社会保险的规定，对于外籍工人，由于是短期居留性质，应争取免除在当地进行社会保险。否则，这笔保险金应计入合同价格之内。

e. 关于不可预见的自然条件和人为障碍问题。必须在合同中明确界定“不可预见的自然条件和人为障碍”的内容。对于招标文件中提供的气象、地质、水文资料与实际情况有出入的，则应争取列为“非正常气象和水文情况”，此时由发包方提供额外补偿费用的条款。

④ 关于工程的开工和工期。

a. 区别工期与合同期的概念。合同期是表明一份合同的有效期，即从合同生效之日起至合同终止之日的一段时间。而工期是对承包方完成其工作所规定的时间。在工程承包合同中，通常合同期长于工期。

b. 应明确规定保证开工的措施。要保证工程按期竣工，首先要保证按时开工。将发包方影响开工的因素列入合同条件之中。如果由于发包方的原因导致承包方不能如期开工，则工期应顺延。

c. 施工中，如因变更设计造成工程量增加或修改原设计方案，或工程师不能按时验收工程，承包方有权要求延长工期。

d. 必须要求发包方按时验收工程，以免拖延付款，影响承包方的资金周转和工期。

e. 发包方向承包方提交的现场应包括施工临时用地，并写明其占用土地的一切补偿费用均由发包方承担。

f. 应规定现场移交的时间和移交的内容。所谓移交现场应包括场地测量图样、文件和各种测量标志的移交。

g. 单项工程较多的工程，应争取分批竣工，并提交工程师验收，发给竣工证明。工程全部具备验收条件而发包方无故拖延验收时，应规定发包方向承包方支付工程费用。

h. 承包方应有由于工程变更、恶劣气候影响或其他由于发包方的原因，要求延长竣工时间的正当权利。

⑤ 关于材料和操作工艺。

a. 对于报送给监理工程师或发包方审批的材料样品，应规定答复期限。发包方或监理工程师在规定答复期限不予答复，则视作“默许”。经“默许”后再提出更换，应该由发包方承担因延误工期和原报批的材料已订货而造成的损失。

b. 如果发生材料代用、更换型号及其标准问题时，承包方应注意两点：其一，将这些问题载入合同“附录”中；其二，如有可能，可趁发包方在因议标压价而提出材料代用的意见，更换那些原招标文件中规定的高价或难以采购的材料时，承包方可提出用其所熟悉的货源并可获得优惠价格的材料代替。

c. 对于应向监理工程师提供的现场测量和试验的仪器设备，应在合同中列出清单，写明名称、型号、规格、数量等。如果超出清单内容，则应由发包方承担超出的费用。

d. 关于工序质量检查问题。如果监理工程师延误了上道工序的检查时间，往往使承包方无法按期进行下一道工序，而使工程进度受到严重影响。因此，应对工序检验制度做出具体规定，特别是对需要及时安排检验的工序要有时间限制。超出限制时，监理工程师未予检查，则承包方可认为该工序已被接受，可进行下一道工序的施工。

e. 争取在合同或“附录”中写明材料化验和试验的权威机构，以防止对化验结果的权威性产生争执。

⑥ 关于施工机具、设备和材料的进口。承包方应争取用本国的机具、设备和材料去承包涉外工程。许多国家允许承包方从国外运入施工机具、设备和材料为该工程专用，工程结束后再将机具和设备运出国境。如有此规定，应列入合同“附录”中。另外，还应要求发包方协助承包方取得施工机具、设备和材料进口许可。

⑦ 关于工程维修。应当明确维修工程的范围、维修期限和维修责任。一般工程的维修

期届满时发包方应退还承包方的维修保证金。承包方应争取以维修保函替代工程价款的保证金。因为维修保函具有保函有效期的规定，可以保障承包方在维修期满时自行撤销其维修责任。

⑧ 关于工程的变更和增减。工程变更应有一个合适的限额，超过限额，承包方有权修改单价。对于单项工程的大幅度变更，应在工程施工初期提出，并争取规定限期。超过限期大幅度增加单项工程，由发包方承担由材料、工资价格上涨而引起的额外费用；大幅度减少单项工程，发包方应承担因材料业已订货而造成的损失。

⑨ 关于付款。承包方最为关心的问题就是付款问题。发包方和承包方发生的争议，多数集中在付款问题上。付款问题可归纳为三个方面，即价格问题、支付方式问题、货币问题。

a. 国际承包工程的合同计价方式有三类。如果是固定总价合同，承包方应争取订立"增价条款"，保证在特殊情况下，允许对合同价格进行自动调整。这样，就将全部或部分成本增高的风险转移至发包方承担。如果是单价合同，合同总价格的风险将由发包方和承包方共同承担。其中，由于工程数量方面的变更而引起的预算价格的超出，将由发包方负担，而单位工程价格中的成本增加，则由承包方承担。对单价合同，也可带有"增价条款"。如果是成本加酬金合同，成本提高的全部风险由发包方承担。但是承包方一定要在合同中明确哪些费用列为成本，哪些费用列为酬金。

b. 支付方式问题。主要有支付时间、支付方式和支付保证等问题。在支付时间上，承包方越早得到支付款越好。支付的方法有：预付款、工程进度付款、最终付款和退还保证金。对于承包方来说，一定要争取到预付款，而且预付款的偿还按预付款与合同总价的同一比例，每次在工程进度款中扣除为好。对于工程进度付款，应争取它不仅包括当月已完成的工程价款，还包括运到现场合格材料与设备的费用。最终付款，意味着工程的竣工，承包方有权取得全部工程合同价款中一切尚未付清的款项。承包方应争取将工程竣工结算和维修责任予以区分，可以用一份维修工程的银行担保函来担保自己的维修责任，并争取早日得到全部工程价款。关于退还保证金的问题，承包方应争取降低扣留金额的数额，使之不超过合同总价的 5%；并争取工程竣工验收合格后全部退还，或者用维修保函代替扣留的应付工程款。

c. 货币问题。主要是货币兑换限制、货币汇率浮动、货币支付问题。货币支付条款主要有：固定货币支付条款，即合同中规定支付货币的种类和各种货币的数额，今后按此付款，而不受货币价值浮动的影响。选择性货币条款，即可在几种不同的货币中选择支付，并在合同中用不同的货币标明价格。这种方式也不受货币价值浮动的影响，但关键在于选择权的归属问题，承包方应争取主动权。

⑩ 关于争端、法律依据及其他。

首先，应争取用协商和调解的方法解决双方争端。因为协商解决，灵活性比较大，有利于双方经济关系的进一步发展。如果协商不成，需调解解决则争取由中国的涉外调解机构调解；如果调解不成需仲裁解决，则争取由"中国国际经济贸易仲裁委员会"仲裁。

其次，应注意税收条款。在投标之前应对当地税收进行调查，将可能发生的各种税收计入报价中，并应在合同中规定，对合同价格确定以后由于当地法令变更而导致税收或其他费用的增加，应由发包方按票据进行补偿。

再次，合同规定管辖的法律通常是当地法律。因此，应对当地有关法律有相当的了解。

总之，需要谈判的内容非常多，而且双方均以维护自身利益为核心进行谈判，使得谈判更加复杂化、艰难化。因此，需要精明强干的投标班子或者谈判班子进行仔细、具体的谋划。

3）合同谈判的策略和技巧

谈判是通过不断的会晤确定各方权利、义务的过程，它直接关系到双方最终利益的得失。因此，谈判绝不是一项简单的机械性工作，而是集合了策略与技巧的艺术。以下介绍几种常见的谈判策略和技巧。

（1）高起点战略

谈判的过程是双方妥协的过程。通过谈判，双方都或多或少会放弃部分利益以求得项目的进展。而有经验的谈判者在谈判之初就会有意识地向对方提出苛刻的谈判条件。这样对方会过高估计己方的谈判底线，从而在谈判中做出更多让步。

（2）掌握谈判议程，合理分配各议题的时间

工程建设的谈判一定会涉及诸多需要讨论的事项，而各谈判事项的重要性并不相同，谈判双方对同一事项的关注程度也并不相同。成功的谈判者善于掌握谈判的进程，在充满合作气氛的阶段，展开自己所关注的议题的商讨，从而抓住时机，达成有利于己方的协议。而在气氛紧张时，则引导谈判进入双方具有共识的议题，一方面缓和气氛，另一方面缩小双方差距，推进谈判进程。同时，谈判者应懂得合理分配谈判时间。对于各议题的商讨时间应得当，不要过多拘泥于细节性问题。这样可以缩短谈判时间，降低交易成本。

（3）注意谈判氛围

谈判各方往往存在利益冲突，要兵不血刃即获得谈判成功是不现实的。但有经验的谈判者会在各方分歧严重，谈判气氛激烈的时候采取润滑措施，舒缓压力。在我国最常见的方式是饭桌式谈判。通过餐宴，联络谈判方的感情，拉近双方的心理距离，进而在和谐的氛围中重新回到议题。

（4）避实就虚

谈判双方都有自己的优势和弱点。谈判者应在充分分析形势的情况下，做出正确判断，利用对方的弱点，猛烈攻击，迫其就范，做出妥协。而对于己方的弱点，则要尽量注意回避。

（5）拖延和休会

当谈判遇到障碍、陷入僵局的时候，拖延和休会可以使谈判双方有时间冷静思考，在客观分析形势后提出替代性方案。在一段时间的冷处理后，双方都可以进一步考虑整个项目的意义，进而弥合分歧，将谈判从低谷引向高潮。

（6）充分利用专家的作用

现代科技发展使个人不可能成为各方面的专家，而工程项目谈判又涉及广泛的学科领域。充分发挥各领域专家的作用，既可以在专业问题上获得技术支持，又可以利用专家的权威性给对方施以心理压力。

（7）分配谈判角色

任何一方的谈判团都由众多人士组成，谈判中应利用各人不同的性格特征各自扮演不同的角色。有的唱红脸，有的唱白脸，这样软硬兼施，才可以事半功倍。

6.1.2 合同的签订

工程合同的订立，是指发包人和承包人之间为了建立承发包合同关系，通过对工程合同

具体内容进行协商而形成合意的过程。

1）订立工程合同的基本原则及具体要求

（1）平等、自愿原则

《合同法》第三条规定："合同当事人的法律地位平等，一方不得将自己的意志强加给另一方。"所谓平等，是指当事人之间在合同的订立、履行和承担违约责任等方面都处于平等的法律地位，彼此的权利、义务对等。合同的当事人，无论其规模和实力的大小，在订立合同的过程中两者的地位一律平等。订立工程合同必须体现发包人和承包人在法律地位上完全平等。

《合同法》第四条规定："当事人依法享有订立合同的权利，任何单位和个人不得非法干预。"所谓自愿原则，是指是否订立合同、与谁订立合同、订立合同的内容以及变更不变更合同，都要由当事人依法自愿决定。订立工程合同必须遵守自愿原则。实践中，有些地方行政管理部门如消防、环保、供气等部门通常要求发包方、总包方接受并与其指定的专业承包商签订专业工程分包合同，发包方、总包方如果不同意，上述部门在工程竣工验收时就会故意找麻烦，拖延验收、通过。此行为严重违背了在订立合同时当事人之间应当遵守的自愿原则。

（2）公平原则

《合同法》第五条规定："当事人应当遵循公平原则确定各方的权利和义务。"所谓公平原则，是指当事人在订立合同的过程中以利益均衡作为评判标准。该原则最基本的要求即是发包人与承包人的合同权利、义务、承担责任要对等，而不能显失公平。实践中，发包人常常利用自身在建筑市场的优势地位，要求工程质量达到优良标准，但又不愿优质优价；发包人要求承包人大幅度缩短工期，但又不愿支付赶工措施费；竣工日期提前，发包人不支付奖励或奖励很低；竣工日期延迟，发包人却要承包人承担逾期竣工一倍、有时甚至是几倍奖金的违约金。上述情况均违背了订立工程合同时承发包双方应该遵循的公平原则。

（3）诚实信用原则

《合同法》第六条规定："当事人行使权利、履行义务应当遵循诚实信用原则。"诚实信用原则，主要是指当事人在缔约时诚实并且不欺不诈，在缔约后守信并自觉履行。在工程合同的订立过程中，常常会出现这样的情况，经过招标投标过程，发包方确定了中标人，却不愿与中标人订立工程合同，而另行与其他承包商订立合同。发包人此行为严重违背了诚实信用原则，按《合同法》规定应承担缔约过失责任。

（4）合法原则

《合同法》第七条规定："当事人订立、履行合同，应当遵守法律、行政法规，尊重社会公德，不得扰乱社会经济秩序，损害社会公共利益。"所谓合法原则，主要是指在合同法律关系中，合同主体、合同的订立形式、订立合同的程序、合同的内容、履行合同的方式、对变更或者解除合同权利的行使等都必须符合我国的法律、行政法规。实践中，下列工程合同常常因为违反法律、行政法规的强制性规定而无效或部分无效：没有从事建筑经营活动资格而订立的合同；超越资质等级订立的合同；未取得《建设工程规划许可证》或者违反《建设工程规划许可证》的规定进行建设，严重影响城市规划的合同；未取得《建设用地规划许可证》而签订的合同；未依法取得土地使用权而签订的合同；必须招标投标的项目，未办理招标投标手续而签订的合同；根据无效中标结果所订立的合同；非法转包合同；不符合分包条件而分包的合同;违法带资、垫资施工的合同等等。

2）订立工程合同的形式和程序

（1）订立工程合同的形式

《合同法》第十条规定:"当事人订立合同,有书面形式、口头形式和其他形式。法律、行政法规规定采用书面形式的,应当采用书面形式。当事人约定采用书面形式的,应当采用书面形式。"书面形式是指合同书、信件和数据电文(包括电报、电传、传真、电子数据交换和电子邮件)等可以有形地表现所载内容的形式。

工程合同由于涉及面广、内容复杂、建设周期长、标的金额大,《合同法》第二百七十条规定:"工程施工合同应当采用书面形式。"

（2）订立工程合同的程序

《合同法》第十三条规定:"当事人订立合同,采取要约、承诺方式。"

① 要约。

要约是希望和他人订立合同的意思表示,该意思表示应当符合下列规定:内容具体确定,表明经受要约人承诺,要约人即受该意思表示约束。

要约邀请不同于要约,要约邀请是希望他人向自己发出要约的意思表示。寄送的价目表、拍卖公告、招标公告、招股说明书、商业广告等为要约邀请。

② 承诺。

承诺是受要约人同意要约的意思表示。承诺应当具备以下条件:承诺必须由受要约人或其代理人作出;承诺的内容与要约的内容应当一致;承诺要在要约的有效期内作出;承诺要送达要约人。

承诺可以撤回但是不得撤销。承诺通知到达受要约人时生效;不需要通知的,根据交易习惯或者要约的要求做出承诺的行为时生效。一承诺生效时,合同成立。

根据《招标投标法》对招标、投标的规定,招标、投标、中标实质上就是要约、承诺的一种具体方式。招标人通过媒体发布招标公告,或向符合条件的投标人发出招标文件,为要约邀请;投标人根据招标文件内容在约定的期限内向招标人提交投标文件,为要约;招标人通过评标确定中标人,发出中标通知书,为承诺;招标人和中标人按照中标通知书、招标文件和中标人的投标文件等订立书面合同时,合同成立并生效。

3）工程合同的文件组成及主要条款

（1）工程合同文件的组成及解释次序

不需要通过招标投标方式订立的工程合同,合同文件常常就是一份合同或协议书,最多在正式的合同或协议书后附一些附件,并说明附件与合同或协议书具有同等的效力。

通过招标投标方式订立的工程合同,因经过招标、投标、开标、评标、中标等一系列过程,合同文件不单单是一份协议书,而通常由以下文件共同组成:本合同协议书;中标通知书;投标书及其附件;本合同专用条款;本合同通用条款;标准、规范及有关技术文件;图纸;工程量清单;工程报价书或预算书。

当上述文件间前后矛盾或表达不一致时,以在前的文件为准。

（2）工程合同的主要条款

一般合同应当具备如下条款:当事人的名称或者姓名和住所;标的;数量;质量;价款或者报酬;履行期限、地点和方式;违约责任;解决争议的方法。工程施工合同应当具备的主要条款如下：

① 承包范围。建筑安装工程通常分为基础工程（含桩基工程）、土建工程、安装工程、装饰工程，合同应明确哪些内容属于承包方的承包范围，哪些内容是发包方另行发包。

② 工期。承发包双方在确定工期的时候，应当以国家工期定额为基础，根据承发包双方的具体情况，并结合工程的具体特点，确定合理的工期。工期是指自开工日期至竣工日期的期限，双方应对开工日期及竣工日期进行精确的定义，否则，日后易起纠纷。

③ 中间交工工程的开工和竣工时间。确定中间交工工程的工期，需与工程合同确定的总工期相一致。

④ 工程质量等级。工程质量等级标准分为不合格、合格和优良，不合格的工程不得交付使用。承发包双方可以约定工程质量等级达到优良或更高标准，但是，应根据优质优价的原则确定合同价款。

⑤ 合同价款。又称工程造价，通常采用国家或者地方定额的方法进行计算确定。随着市场经济的发展，承发包双方可以协商自主定价，而无需执行国家、地方定额。

⑥ 施工图纸的交付时间。施工图纸的交付时间必须满足工程施工进度的要求。为了确保工程质量，严禁随意性的边设计、边施工、边修改的“三边”工程。

⑦ 材料和设备供应责任。承发包双方需明确约定哪些材料和设备由发包方供应，以及在材料和设备供应方面双方各自的义务和责任。

⑧ 付款和结算。发包人一般应在工程开工前，支付一定的备料款（又称预付款）；工程开工后按工程形象进度按月支付工程款；工程竣工后应当及时进行结算，扣除保修金后应按合同约定的期限支付尚未支付的工程款。

⑨ 竣工验收。竣工验收是工程合同重要的条款之一。实践中，常见有些发包人为了达到拖欠工程款的目的，迟迟不组织验收或者验而不收。因此，承包人在拟定本条款时，应设法预防上述情况的发生，争取主动。

⑩ 质量保修范围和期限。建设工程的质量保修范围和保修期限应当符合《建设工程质量管理条例》的规定。

⑪ 最后是其他条款。工程合同还包括隐蔽工程验收、安全施工、工程变更、工程分包、合同解除、违约责任、争议解决方式等条款，双方均要在签订合同时加以明确约定。

6.2 合同的审查

6.2.1 合同效力的审查

依法成立的合同，自成立时生效。《合同法》第八条规定：“依法成立的合同，对当事人具有法律约束力。当事人应当按照约定履行自己的义务，不得擅自变更或者解除合同。依法成立的合同，受法律保护。”第四十四条规定：“依法成立的合同，自成立时生效。法律、行政法规规定应当办理批准、登记等手续生效的，依照其规定。”有效的工程施工合同，有利于建设工程顺利的进行。

对工程施工合同效力的审查，基本从合同的主体、客体、内容三方面加以考察。结合实践情况，主要审查以下几个方面：

1）订立合同的双方是否具有经营资格

工程施工合同的签订双方是否有专门从事建筑业务的资格，是合同有效、无效的重要条件之一。

（1）作为发包方的房地产开发公司应有相应的开发资格。《中华人民共和国城市房地产管理法》第二十九条规定："房地产开发企业是以营利为目的，从事房地产开发和经营的企业。设立房地产开发企业，应当具备下列条件：（一）有自己的名称和组织机构；（二）有固定的经营场所；（三）有符合国务院规定的注册资本；（四）有足够的专业技术人员；（五）法律、行政法规规定的其他条件。设立房地产开发企业，应当向工商行政管理部门申请设立登记。工商行政管理部门对符合本法规定条件的，应当予以登记，发给营业执照；对不符合本法规定条件的，不予登记。"由此可见，房地产开发公司必须是专门从事房地产开发和经营的公司，如无此经营范围而从事房地产开发并签订工程施工合同的，该合同无效。

（2）作为承包方的勘察、设计、施工单位均应有其经营资格。《建筑法》对"从业资格"作了明确规定："从事建筑活动的建筑施工企业、勘察单位、设计单位和工程监理单位，应当具备下列条件：（一）有符合国家规定的注册资本；（二）有与其从事的建筑活动相适应的具有法定执业资格的专业技术人员；（三）有从事相关建筑活动所应有的技术装备；（四）法律、行政法规规定的其他条件。"因此，发包方在招标时必须审查承包方的营业执照，依此来判断承包方的经营资格。

2）工程施工合同的主体是否缺少相应资质

由于建筑工程是一种特殊的"不动产"产品，因此工程施工合同的主体不仅具备一定的资产、正规的组织机构和固定的经营场所，还必须具备与建设工程项目相适应的资质条件，而且也只能在资质证书核定的范围内承接相应的建设工程项目，不得擅自越级或超越规定的范围。

国务院于 2000 年 1 月 30 日发布的《建设工程质量管理条例》第十八条规定："从事建设工程勘察、设计的单位应当依法取得相应等级的资质证书，并在其资质等级许可的范围内承揽工程。禁止勘察、设计单位超越其资质等级许可的范围或者以其他勘察、设计单位的名义承揽工程。禁止勘察、设计单位允许其他单位或者个人以本单位的名义承揽工程。勘察、设计单位不得转包或者违法分包所承揽的工程。"第二十五条规定："施工单位应当依法取得相应等级的资质证书，并在其资质等级许可的范围内承揽工程。禁止施工单位超越本单位资质等级许可的业务范围或者以其他施工单位的名义承揽工程。禁止施工单位允许其他单位或者个人以本单位的名义承揽工程。"第三十四条规定："工程监理单位应当依法取得相应等级的资质证书，并在其资质等级许可的范围内承担工程监理业务。禁止工程监理单位超越本单位资质等级许可的范围或者以其他工程监理单位的名义承担工程监理业务。禁止工程监理单位允许其他单位或者个人以本单位的名义承担工程监理业务。工程监理单位不得转让工程监理业务。"由此可见，我国法律、行政法规对建筑活动中的承包人须具备相应资质作了严格的规定，违反此规定签订的合同必然是无效的。

3）所签订的合同是否违反分包和转包的有关规定

《建筑法》允许建设工程总承包单位将承包工程中的部分发包给具有相应资质条件的分包单位，但是，这些分包必须获得建设单位的认可。并且，建筑工程主体结构的施工必须由总承包单位自行完成。也就是说，未经建设单位认可的分包和施工总承包单位将工程主体结构分包出去所订立的分包合同，均为无效的合同。此外，将建筑工程分包给不具备相应资质条件的单位或分包后将工程再分包的，均是法律禁止的。

《建筑法》对转包行为均作了严格禁止。转包包括承包单位将其承包的全部建筑工程转包给其他单位，或承包单位将其承包的全部建筑工程肢解以后以分包的名义分别转包给其他单位。属于转包性质的合同均是违法的，也是无效的。

4）订立的合同是否违反法定程序

订立合同由要约与承诺两个阶段构成。在工程施工合同尤其是总承包合同订立中，通常通过招标投标的程序，招标为要约邀请，投标为要约，中标通知书的发出意味着承诺。对通过这一程序缔结的合同，我国 2000 年 1 月 1 日起施行的《招标投标法》有着严格的规定。

（1）《招标投标法》对必须进行招投标的项目作了限定。

《招标投标法》第三条规定："在中华人民共和国境内进行下列工程建设项目包括项目的勘察、设计、施工、监理以及与工程建设有关的重要设备、材料等的采购，必须进行招标：（一）大型基础设施、公用事业等关系社会公共利益、公众安全的项目；（二）全部或者部分使用国有资金投资或者国家融资的项目；（三）使用国际组织或者外国政府贷款、援助资金的项目。"第四条规定："任何单位和个人不得将依法必须进行招标的项目化整为零或者以其他任何方式规避招标。"如属于上述必须招标的项目却未经招投标，由此订立的工程施工合同视为无效。

（2）招标投标活动必须遵循"公开、公平、公正"的"三公"原则和诚实信用原则，否则将有可能导致合同无效。

所谓"公开"原则，就是要求招标投标活动具有高度的透明度，实行招标信息、招标程序公开，即发布招标通告，公开开标，公开中标结果，使每一个投标人获得同等的信息，知悉招标的一切条件和要求。"公平"原则，就是要求给予所有投标人平等的机会，使其享有同等的权利并履行相应的义务，不歧视任何一方。"公正"原则，就是要求评标时按事先公布的标准对待所有的投标人。所谓"诚实信用"原则，就是招标投标当事人应以诚实、守信的态度行使权力，履行义务，以维持双方的利益平衡，以及自身利益与社会利益的平衡。

从以上原则出发，《招标投标法》规定，不得规避招标、串通投标、泄露标底、骗取中标、非法律允许的转包，否则双方签订合同视为无效，违反一方将受到相应的处罚。

5）所订立的合同是否违反其他法律和行政法规

如果合同内容违反法律和行政法规，也可能导致整个合同的无效或合同的部分无效。例如，发包方要求承包单位购入指定的用于工程的建筑材料、构配件，或者指定生产厂商、供应商等，此类条款均为无效。又如，发包方与承包方约定的承包方带资垫资的条款，因违反我国《商业银行法》关于企业间借贷应通过银行的规定，亦无效。合同中某一条款的无效，并不必然影响整个合同的有效性。

实践中，构成合同无效的情况众多，不仅仅是上述几种情况，还需要根据《合同法》判别。因此，建议承发包双方将合同的审查落实给合同管理机构和专门人员，每一项目的合同文本均须经过经办人员、部门负责人、法律顾问、总经理几道审查，批注具体意见，必要时还应听取财务人员的意见，以期尽量完善合同，确保在谈判时确定本方利益能够得到最大保护。

6.2.2 合同内容的审查

合同条款的内容直接关系到合同双方的权利、义务，在工程施工合同签订之前，应当严格审查各项合同内容，其中尤其应注意以下内容：

1）确定合理的工期

工期过长，不利于发包方及时收回投资；工期过短，不利于承包方提高工程质量以及施工过程中建筑半成品的养护。因此，对承包方而言，应当合理计算自己能否在发包方要求的工期内完成承包任务，否则应当按照合同约定承担逾期竣工的违约责任。

2）明确双方代表的权限

在施工承包合同中通常都明确甲方代表和乙方代表的姓名和职务，但对其作为代表的权限则往往规定不明。由于代表的行为代表了合同双方的行为，因此，有必要对其权利范围以及权利限制作一定约定。例如约定：确认工期是否可以顺延应由甲方代表签字并加盖甲方公章方可生效。此时即对甲方代表的权利作了限制，乙方必须清楚这一点，否则将有可能违背合同。

3）明确工程造价或工程造价的计算方法

工程造价条款是工程施工合同的必备和关键条款，但通常会发生约定不明的情况，往往为日后争议与纠纷的发生埋下隐患。而处理这类纠纷，法院或仲裁机构一般委托有权审价的单位鉴定造价，势必使当事人陷入旷日持久的诉累，更何况经审价得出的造价也可能因缺少可靠的计算依据而缺乏准确性，对维护当事人的合法权益极为不利。

如何在订立合同时就能明确确定工程造价？“设定分阶段决算程序，强化过程控制”将是一有效的方法。具体而言，就是在设定承发包合同时增加工程造价过程控制的内容，按工程形象进度分段进行预决算并确定相应的操作程序，使签订合同时不确定的工程造价在合同履行过程中按约定的程序得到确定，从而避免可能出现的造价纠纷。

设定造价过程控制程序需要增加相应的条款，其主要内容为下述一系列的特别约定：

（1）约定发包方按工程形象进度分段提供施工图的期限和发包方组织分段图样会审的期限。

（2）约定承包商得到分段施工图后提供相应工程预算，以及发包方批复同意分段预算的期限。经发包方认可的分段预算是该段工程备料款和进度款的付款依据。

（3）约定承包商完成分阶段工程并经质量检查符合合同约定条件，向发包方递交该形象进度阶段的工程决算的期限，以及发包方审核的期限。

（4）约定承包商按经发包方认可的分段施工图组织设计，按分段进度计划组织基础、结构、装修阶段的施工。合同规定的分段进度计划具有决定合同是否继续履行的直接约束力。

（5）约定全部工程竣工通过验收后承包商递交工程最终决算造价的期限，以及发包方审核是否同意及提出异议的期限和方法。双方约定经发包方提出异议，承包商做修改、调整后双方能协商一致的，即为工程最终造价。

（6）约定发包方支付承包商各分阶段预算工程款的比例，以及备料款、进度、工作量增减值和设计变更签证、新型特殊材料差价的分阶段结算方法。

（7）约定承发包双方对结算工程最终造价有异议时委托审价机构审价以及该机构审价对双方均具有约束力，双方均承认该机构审定的即为工程最终造价。

(8) 约定结算工程最终造价期间与工程交付使用的互相关系及处理方法，实际交付使用和实际结算完毕之间的期限是否计取利息以及计取利息的方法。

(9) 约定双方自行审核确定的或由约定审价机构审定的最终造价的支付以及工程保修金的处理方法。

4) 明确材料和设备的供应

由于材料、设备的采购和供应容易引发纠纷，所以必须在合同中明确约定相关条款，包括发包方或承包商所供应或采购的材料、设备的名称、型号、数量、规格、单价、质量要求、运送到达工地的时间、运输费用的承担、验收标准、保管责任、违约责任等。

5) 明确工程竣工交付使用

应当明确约定工程竣工交付的标准。有两种情况：第一是发包方需要提前竣工，而承包商表示同意的，则应约定由发包方另行支付赶工费，因为赶工意味着承包商将投入更多的人力、物力、财力，劳动强度增大，损耗亦增加。第二是承包商未能按期完成建设工程的，应明确由于工期延误由承包商赔偿发包方的延期费。

6) 明确最低保修年限和合理使用寿命的质量保证

《建筑法》第六十条规定："建筑物在合理使用寿命内，必须确保地基基础工程和主体结构的质量。建筑工程竣工时，屋顶、墙面不得留有渗漏、开裂等质量缺陷；对已发现的质量缺陷，建筑施工企业应当修复。"第六十二条规定："建筑工程实行质量保修制度。建筑工程的保修范围应当包括地基基础工程、主体结构工程、屋面防水工程和其他土建工程，以及电气管线、上下水管线的安装工程，供热、供冷系统工程等项目；保修的期限应当按照保证建筑物合理寿命年限内正常使用，维护使用者合法权益的原则确定。具体的保修范围和最低保修期限由国务院具体规定。"

《建设工程质量管理条例》第四十条明确规定："在正常使用条件下，建设工程的最低保修期限为：(一) 基础设施工程、房屋建筑的地基基础工程和主体结构工程，为设计文件规定的该工程的合理使用年限；(二) 屋面防水工程、有防水要求的卫生间、房间和外墙面的防渗漏，为 5 年；(三) 供热与供冷系统，为 2 个采暖期、供冷期；(四) 电气管线、给排水管道、设备安装和装修工程，为 2 年。其他项目的保修期限由发包方与承包方约定。建设工程的保修期，自竣工验收合格之日起计算。"

根据以上规定，承发包双方在招标投标时不仅要据此确定上述已列举项目的保修年限，并保证这些项目的保修年限等于或超过上述最低保修年限，而且要对其他保修项目加以列举并确定保修年限。

7) 明确违约责任

违约责任条款的订立目的在于促使合同双方严格履行合同义务，防止违约行为的发生。发包方拖欠工程款、承包方不能保证施工质量或不按期竣工，均会给对方以及第三方带来不可估量的损失。审查违约责任条款时，要注意两点：第一，对违约责任的约定不应笼统化，而应区分情况作相应约定。有的合同不论违约的具体情况，笼统地约定一笔违约金，这没有与因违约造成的真正损失额挂钩，从而会导致违约金过高或过低的情形，是不妥当的。应当针对不同的情形作不同的约定，如质量不符合合同约定标准应当承担的责任、因工程返修造成工期延长的责任、逾期支付工程款所应承担的责任等，衡量标准均不同。第二，对双方违约责任的约定是否全面。在工程施工合同中，双方的义务繁多，有的合同仅对主要的违约情况作了违约责任的约定，而忽视了违反其他非主要义务所应承担的违约责任。但实际上，违反这些义务极可能影响到整个合同的履行。

除对合同每项条款均应仔细审查外，签约主体也是应当注意的问题。合同尾部应加盖与合同双方文字名称相一致的公章，并由法定代表人或授权代表签名或盖章，授权代表的授权委托书应作为合同附件。

例 6-1 2002 年 2 月 6 日，被告某建筑公司与原告包工头杨某签订了一份《施工合同书》，合同约定将被告承包的某公司综合楼工程发包给原告，由原告组织民工施工。承包方式为包工不包料，工程款按建筑面积 9 000 m^2 计算一次包死，单价为每平方米 86.90 元，工程款总计 782 100 元，工程竣工后预留 7%的保修金，其余工程款于 2002 年年底前一次性支付完毕，保修金在一年保修期满后支付。合同签订后，原告即组织民工 200 余人进场施工，至 2002 年 11 月 6 日，原告组织民工完成了合同约定的工程量。2002 年 12 月 31 日，原、被告双方进行了结算，被告应支付原告工程款共计 825 000 元(含合同外部分工程量)。截至 2003 年 1 月 10 日，被告共支付原告工程款 50 万余元，尚欠 32 万余元未付，故原告提起诉讼，要求被告按合同约定立即支付工程款。

被告辩称，双方签订的《施工合同书》实质上是工程分包合同，而原告不具备建筑施工企业应该具备的从业资格，违反了《中华人民共和国建筑法》第十二条、第二十九条的规定，因此双方签订的施工合同是无效合同。其二，根据双方签订的补充协议，该工程应在 2002 年 10 月 1 日竣工，而原告却延期 1 个月零 5 天，应赔偿其损失 10 万元(以其向发包人赔偿的损失为据)。其三，按合同约定，工程款应扣除 7%的保修金即 57 750 元，在保修期满后再支付。

法院审理后认为，原、被告双方签订的合同属于劳务合同，而非工程分包合同，因此双方签订的合同为有效合同，被告应按合同约定支付原告人工费。对于被告要求原告赔偿因延期交工而造成的经济损失，法院认为延期交工并非原告的过错，应由被告自行承担。对于被告提出的保修金问题，法院认为原告只负责组织民工为该项工程提供劳务，工程质量依法应由被告负责，被告的主张于法无据，不予支持。

问 (1) 双方签订的合同是否有效?

(2) 原告应不应承担工期、质量等工程责任?

解析 (1) 原、被告双方签订的合同为有效合同。

尽管本案原、被告双方签订的合同名称为《施工合同书》，但我们不能仅凭合同的名称来判定该合同的性质，从该合同所反映的内容来看，该合同实际上属于劳务合同。我们知道，工程分包合同是指工程承包单位将其承包工程中的部分工程发包给分包单位，分包合同的客体是工程(当然包括劳务)，即分包单位要独立完成合同约定的工程，并对其完成的工程向承包单位负责。而本案原、被告双方签订的施工合同，从其包工不包料的承包方式、工程款(实际上为人工费)单价、原告在施工组织、技术、工程质量等方面完全接受被告的领导，以及被告在合同履行过程中下达的一系列指令等因素综合考虑，该合同实质上就是单纯的劳务合同而非工程分包合同，也不是劳务分包合同。我国《建筑法》规定的从业资格仅指从事建筑活动的建筑施工企业、勘察单位、设计单位和工程监理单位，不包括劳务。而事实上，劳务分包始于 2001 年，即建设部颁布的《建筑业企业资质管理规定》，该规章规定从事劳务分包的企业应具备相应的资质等级，在此之前我国法律并无劳务分包的相关规定。根据《合同法》关于合同无效的相关规定，该合同既未违反法律、行政法规的强制性规定，亦未损害国家和社会公共利益，因此应认定为有效合同。

(2) 原告不应承担工期、质量等工程责任。

对于工期延误、工程质量保修金问题，被告的反驳似乎有理，因为双方签订的合同确有明确约定，但仔细分析就会发现被告的理由在法律上是站不住脚的，其目的是为了推卸自己的责任。我们知道，质量、工期、价款是工程施工合同的三要素，也是承发包双方确定的最主要的合同目标，承包单位必须按合同约定的质量、工期向发包单位负责且自行承担责任，而不能将该责任转嫁给任何第三人。当然承包单位可以将某些单项工程(包括劳务)分包并确定分包工程的工期、质量标准，但显然不能将整体工程的工期、质量责任转嫁给分包单位；分包单位仅对自己分包工程的工期、质量负责，而不对整体工程的工期和质量负责。何况本案的原告并不是工程分包单位(亦非劳务分包)，即使确实存在因原告的原因而导致工期延误或质量缺陷，那也是被告未尽管理职责所致，因此原告不应对工期延误和工程质量承担责任。

本章小结

在合同签订过程中，合同的谈判是为了了解对方及获得有效的工程施工合同，有利于建设工程顺利进行。但对合同审查则应系统全面掌握合同效力的审查与内容的审查。本章结尾的案例是一个真实的事例，学习中应注意联系周围发生的相似的事例，并进行比较。

复习思考题

1. 合同谈判应做好哪些准备工作?
2. 订立建筑工程合同应遵循哪些原则?
3. 合同效力的审查主要审查哪些内容?
4. 合同内容的审查应注意哪些方面?

7 施工合同管理

7.1 履约管理

7.1.1 履约管理的依据:合同分析

1) 合同分析的概念、作用及要求

(1) 合同分析的概念

合同分析是指从执行的角度分析、补充、解释合同,将合同目标和合同规定落实到合同实施的具体问题上和具体事件上,用以指导具体工作,使合同能符合日常工程管理的需要,使工程按合同的要求进行施工、竣工和维修。

从项目管理的角度来看,合同分析就是为合同控制确定依据。合同分析确定合同控制的目标,并结合项目进度控制、质量控制、投资控制的计划,为合同控制提供相应的合同工作、合同对策、合同措施。从这个意义上讲,合同分析是承包商项目管理的起点。

这里的合同分析不同于招标投标过程中的招标文件分析。招标文件分析主要是为投标报价提供依据。招标文件分析因限于投标期间较短,很难就整个招标文件作出全面细致的分析,而侧重于技术、经济的分析及主要的合同条款的分析。

(2) 合同分析的作用

① 分析合同漏洞,解释争议内容。

工程施工的实际情况千变万化,一份再标准的合同也难免会有漏洞。同时,许多工程的合同是由发包方自行起草,条款简单,诸多的合同条款均未详细和合理地约定。在这种情况下,通过分析这些合同漏洞,并将分析的结果作为合同履行的依据就非常必要。

在合同实施过程中,合同双方会有许多争执。合同争执常常起因于合同双方对合同条款理解的不一致。要解决这些争执,首先必须作合同分析,按合同条文的表达,分析它的意思,以判定争执的性质。要解决争执,双方必须对合同条文的理解达成一致。特别是在索赔中,合同分析为索赔提供了理由和根据。

② 分析合同风险,制定风险对策。

经规范的招标投标程序后签订的工程施工合同仍存在诸多风险,这些风险在合同实施前有必要作进一步的全面分析,对风险进行确认和界定,具体落实对策和措施。如果不能透彻地分析出风险,就不可能对风险有充分的准备,则在实施中很难进行有效的合同控制和风险管理。

③ 简化分解合同及进行合同交底。

在实际工作中，承包商的各职能人员和各工程小组不可能人人都有一份合同。合同本身的条文往往不能直观明了，一些法律语言也不容易理解，遇到具体问题时，即使查阅合同，查阅人也很难准确全面地理解。合同实施前的合同分析，则可以将合同约定用最简单易懂的语言和形式表达出来，使得日常合同管理工作容易、方便。

从另一方面讲，许多工程小组、项目管理职能人员所涉及到的活动和问题不全部是合同文件内容，而仅为合同的部分内容，没有必要在工程实施中死抱着合同文件。因此，由合同管理专门人员先作全面的合同分析，再向各职能人员和工程小组进行合同交底就是一个较好的方法。

④ 分解合同工作并落实合同责任。

合同事件和工程活动的具体要求（如工期、质量、技术、费用等）、合同双方的责任关系、事件和活动之间的逻辑关系极为复杂，要使工程按计划有条理地进行，必须在工程开始前将它们落实下来，从工期、质量、成本、相互关系等各方面定义合同事件和工程活动，这就需要通过合同分析，分解合同工作，落实合同责任。

（3）合同分析的要求

① 准确和客观。

合同分析的结果应准确、全面地反映合同内容。如果分析中出现误差，它必然反映在执行过程中，导致合同实施产生更大的失误。所以，不能透彻、准确地分析合同，就不能有效、全面地执行合同。许多工程失误和争执都起源于不能准确地理解合同。

客观性，就是要根据合同约定及法律规定的原则，不偏不倚地探究合同的本来之义。分析合同的风险，划分合同双方的义务，都必须实事求是地按照合同条文，按合同精神进行，而不能以当事人的主观愿望解释合同，否则必然会导致实施过程中的合同争执，导致承包商的损失。

合同双方及承包商的所有工程小组、分包商等对合同的理解应有一致性。合同分析实质上是承包商单方面对合同的详细解释。分析中要落实各方面的责任界限，否则极容易引起争执。所以，合同分析结果应能被对方认可。

② 简单、清晰。

合同分析的结果应该采用使不同层次的管理人员、工作人员都能够接受的表达方式，使用简单易懂的工程语言，如图、表等形式，对不同层次的管理人员提供不同要求、不同内容的合同分析资料。

③ 全面性。

合同分析应是全面的，应对全部的合同文件作解释。对合同中的每一条款、每句话甚至每个词都应认真推敲，细心琢磨，全面落实。合同分析不能只观其大略，不能错过一些细节问题，这是一项非常细致的工作。在实际工作中，常常是一个词甚至是一个标点就能关系到争执的性质，关系到一项索赔的成败，关系到工程的盈亏。

2）漏洞补充和歧义解释

（1）漏洞补充

合同漏洞是指当事人应当约定的合同条款而未约定或者约定不明确、无效或者被撤销而使合同处于不完整的状态。为鼓励交易、节约交易成本，法律要求对合同漏洞应尽量予以补充，使之足够明确、清楚，达到使合同全面适当履行的条件。根据《合同法》第六十一、六十二条的规定，补充合同漏洞有三种方式：

① 约定补充。

当事人享有订立合同的自由，也就享有补充合同漏洞的自由。因此，《合同法》规定当事人可以通过协议补充合同漏洞。即当事人对于合同的疏漏之处按照合同订立的规则，在平等自愿的基础上另行协商，达成一致意见作为合同的补充协议，并与“原合同”共同构成一份完整的合同。

② 解释补充。

解释补充是指以合同的客观内容为基础，依据诚实信用原则并斟酌交易惯例对合同的漏洞作出符合合同目的的填补。解释补充分为两种：一种是按照合同有关条款确定。合同条款虽可相互独立，但更相互关联。例如，履行方式条款与履行地点条款、合同价款等就存在较为密切的联系。如果履行地点不明，但合同规定了履行方式，就有可能从中确定履行的地点。另一种是根据交易习惯确定。此处的交易习惯既包括某种行业或者交易的惯例，也包括当事人之间已经形成的习惯做法。

③ 法定补充。

在由当事人约定补充和解释补充仍不足以补充合同漏洞时，适用《合同法》关于法定补充的规定。所谓法定补充，是指根据法律的直接规定，对合同的漏洞加以补充。现分述如下：

a. 质量要求不明确的，按照国家标准、行业标准履行；没有国家标准、行业标准的，按照通常标准或者符合合同目的的特定标准履行。质量等级要求不明确的，最低应当按质量合格的标准进行施工，不允许质量不合格的工程交付使用。如发包方要求质量等级为优良的，承包方可适时主张优质优价。

b. 价款或者报酬不明确的，按照订立合同时履行地的市场价格履行；依法应当执行政府定价或者政府指导价的，按照规定履行。工程价款不明确的，根据国家建设标准定额进行计算。

c. 合同工期不明确的，除国务院另有规定的以外，应当执行各省、市、自治区和国务院主管部门颁发的工期定额，按照工期定额计算得出合同工期。法律暂时没有规定工期定额的特殊工程，合同工期由双方协商；协商不成的，报建设工程所在地的定额管理部门审定。

d. 付款期限不明确的，则开工前发包方即应支付进场费和工程备料款；根据承包方的工作报表，经审核后即应拨付工程进度款，以免影响后续施工；工程竣工后，工程造价一经确认，即应在合理的期限内付清。

e. 履行方式不明确的，按照有利于实现合同目的的方式履行。

f. 履行费用的负担不明确的，由履行义务的一方负担。

例 7-1 某工程由 A 企业投资建造，1995 年 4 月 28 日经合法的招标投标程序，由某施工单位 B 企业中标并于不久后开始施工。该工程施工合同的价款约定为固定总价。该工程变形缝包括滤池变形缝、清水池变形缝和预沉池变形缝。已载明滤池变形缝密封材料选用“胶霸”，但未载明清水池变形缝和预沉池变形缝采用何种密封材料。1996 年 4 月，B 企业就清水池变形缝和预沉池变形缝的密封材料按合同约定报监理单位批准，其在建筑材料报审表上填写的材料为“建筑密封胶”。监理单位坚决不同意 B 企业用“建筑密封胶”，而要求用“胶霸”。B企业最终按监理单位的要求进行了施工。此后不久，B企业就此向A企业提起索赔，要求A企业补偿使用“胶霸”而增加的800 000元费用。因双方无法就此达成一致意见，最后，B企业根据合同的约定将该争议提交给法院。

B企业提起索赔的理由是：对清水池变形缝和预沉池变形缝采用何种密封材料没有约定；“胶霸”是新型材料，在该工程所在地的工程造价信息中找不到“胶霸”这种建材而只能找到“建筑密封胶”，所以其只能按照“建筑密封胶”进行报价。

问 B企业提起索赔能否得到支持?

解析 B企业提起索赔不应该得到支持。因为：①变形缝密封材料应不应该使用“胶霸”的依据是合同和法律，而不是根据“工程材料信息”有无“胶霸”这种建材。该工程造价信息没有某建筑材料不等于该建筑材料不常用或无法找到而不能选择。②清水池变形缝、预沉池变形缝和滤池变形缝的作用、性质完全相同。根据合同漏洞的解释补充规则，既然双方在选用密封材料之前未能达成补充协议，清水池变形缝和预沉池变形缝的密封材料当然应根据最相关的合同有关条款即载明的滤池变形缝确定，即选用“胶霸”。因此，清水池变形缝和预沉池变形缝的密封材料选用“胶霸”是合同的本来之义，不存在增加合同价款的问题。

(2) 歧义解释

根据工程施工合同的国际惯例，合同文件间的歧义一般按“最后用语规则”进行解释，合同文件内的歧义一般按“不利于文件提供者规则”进行解释。前者是FIDIC在合同文件的优先解释顺序中确立的规则，即认为“每一个被接纳的文件都被看作一个新要约，这样最后一个文件便被看作为收到者以沉默的方式接受”，也就是后形成的合同文件优先于先形成的合同文件。后者为英国土木工程师学会制定的新版施工合同文本NEC确立的规则，实质为对定式合同的一种限制，作为对一方凭借自己的实力将有歧义条款强加给另一方的一种平衡。

《合同法》第一百二十五条规定：“当事人对合同条款的理解有争议的，应当按照合同所使用的词句、合同的有关条款、合同的目的、交易习惯以及诚实信用原则，确定该条款的真实意思。”对合同的解释有如下原则：

① 以合同文义为出发点，主客观相结合原则。

确定合同词句含义的一般规则是：从通常的意义上揭示其含义，无论当事人任何一方的理解到底是什么。对当事人签订合同时采用的含义，有主观主义和客观主义之分。客观主义原则要求法官以一个普通的、理性的社会成员的身份，置身于合同缔结的情境中，探究合同用语的含义以解释合同。但在合同因欺诈、胁迫、乘人之危、错误等原因致使当事人意思表示不自由、不真实时，应采取主观主义原则，充分考虑当事人的内心真意。

② 整体解释原则。

要求将争议的合同条款视为合同的一个有机组成部分，从该合同条款、整个合同中的位置等方面阐释合同用语的含义。该方法要求：第一，在合同中一般应坚持概念用语的意义的统一性。第二，不能仅限于正式的合同文本，而应和与合同有关的合同草案、谈判记录、信件、电报、传真等文件放在一起进行合同解释。

③ 参照交易习惯原则。

指在合同文字或条款的含义发生歧义时，按照交易习惯予以明确或补充。运用交易习惯进行合同解释时，应遵循以下规则：第一，必须是双方均知悉该交易时，方可参照交易习惯。第二，交易习惯必须是双方已经知道或应当知道而没有明确排斥者。第三，交易习惯依其范围可分为一般习惯（通行于全国的习惯）和特殊习惯（地域习惯或特殊群众习惯）以及当事人之间的习惯。在合同没有明示时，当事人之间的习惯应优先于特殊习惯，特殊习惯应优先于一般习惯。

④ 诚实信用原则。

在合同解释中主要体现为探究当事人的真意，调和自由与公平，充分平衡双方当事人的利益。具体而言，这要求合同解释的结果不得有失公平，双方的利益大致是平衡的。

⑤ 符合合同目的原则。

符合合同目的原则可以用来印证文义解释、体系解释、交易习惯的解释是否正确，或在出现无数个正确解释结果时决定各解释结果的取舍。尽管本条没有规定，但在合同条款可以作两种以上的解释时，应当以符合合同目的的解释为准。一般而言，依据诚实信用原则，符合合同目的原则有决定解释结果的效力。

合同条文的解释必须有统一性和同一性。在承包商的施工组织中，合同解释权必须归合同管理人员所有。如果在合同实施前，不对合同作分析和统一的解释，而让各人在执行中翻阅合同文本，极容易造成解释不统一和工程实施中的混乱。特别对复杂的合同，或承包商不熟悉的合同条件，以及各方面合同关系比较复杂的工程，该工作极为重要。

例 7－2 在例 7－1 所涉及的工程中，还存在这样的争议。在招标图纸（扩大初步设计图纸）中，沉井载明用“C25 混凝土”浇制。B 企业就沉井项目报价较低。开工后沉井项目施工前，A 企业向 B 企业提供沉井，上载明沉井用“C25 钢筋混凝土”。为此，B 企业向 A 企业提起索赔，要求 A 企业补偿其因工程变更增加的费用 1 000 000 元。因双方无法就此达成一致意见，最后，B 企业根据合同的约定将该争议提交给法院。

B 企业的索赔理由为：合同图纸载明沉井用素混凝土，以对其报价的分析为证据，说明就沉井项目，其在投标时是按照素混凝土报价，而并非按照钢筋混凝土报价。

A 企业对索赔的反驳为：B 企业在投标时提供的“施工组织设计”，说明其在投标报价时就明知沉井须使用钢筋，要建造合格的工程沉井必须使用钢筋，本工程为固定总价合同，因 B 企业运用“不平衡报价法”存在得利项目、亏损项目之分，故不能仅从分项工程的价款推断 B 企业投标时是按照素混凝土进行报价的。

最后，法院驳回了 B 企业的索赔请求。

3）风险分析和风险对策

风险一般指一种客观存在的、损失的发生具有不确定性的状态。工程施工合同中涉及到的风险分类如下：

- 外来风险
  - 静态的—技术风险：不利地下条件、有价物品等
  - 动态的
    - 经济风险：物价变化、后继法规、工程量变化等
    - 社会风险：战争、瘟疫等
    - 自然风险：自然灾害、恶劣气候条件等

- 内部风险
  - 业主方责任
    - 雇员行为
    - 技术资料
    - 提供条件
  - 承包商责任

这些风险影响到的对象为：

- 内部对象
  - 业主的：工程材料设备、业主雇员生命、合同权利
  - 承包商的：承包商设备、承包商雇员生命、合同权利
- 外部对象：第三方财产、第三方生命

风险与影响对象的关系可分为四类：①外来风险→内部对象；②内部风险→内部对象；③内部风险→外部对象；④外来风险→外部对象。

第④类情况对合同双方不构成风险。第②类情况和第③类情况均是因合同的一方未履行其义务造成的，因此，工程施工合同主要将这两种情况作为违约来处理，由责任方对对方财产和人身的损失或损害承担责任。第①种情况，即外来风险对内部对象造成影响的情况是工程施工合同分析应分析讨论的风险。

在招标投标过程中，施工单位可以采取工程保险、工程担保、工程分包、联合承包，通过合同约定、风险准备金等办法转移风险、规避风险。履约前合同风险分析主要是进一步明确己方所应承担的风险，特别是明确可能发生的风险及可能造成巨大经济损失的风险。而明确风险的依据是合同的约定及法律的规定。对合同约定不明的一般可根据风险分担的原则进行分担。风险分担的原则是让最有能力控制风险的一方去承担风险，以使合同整体风险最低。具体地说就是：技术风险、经济风险对合同权利的损害责任由业主承担；社会风险、自然风险对财产的损害责任按所有权分担，对人身的损害责任按雇佣关系分担，由此延误的工期应相应顺延，由此发生的费用由承包商承担。

通过合同分析，在明确了己方所应承担的风险之后，进一步的工作是制定相应的技术、经济和管理措施，具体如下：

(1) 对风险大的项目，采用成熟的施工方法、优良的施工设备，选派经验丰富的管理人员、技术人员。

(2) 制定对风险的预测、跟踪办法，准备好备用方案。

(3) 制定详尽的工程变更管理、索赔管理制度。

(4) 制定严密的信息管理制度，保证信息的畅通、数据资料的全面、详实。

4) 合同结构分解及合同交底

(1) 合同结构分解

合同结构分解是指按照系统规则和要求将对象分解成互相独立、互相影响、互相联系的单元。根据结构分解的一般规律和施工合同条件自身的特点，施工合同条件结构分解应遵守如下规则：

① 保证施工合同条件的系统性和完整性。施工合同条件分解和结果应包含所有的合同要素，这样才能保证应用这些分解结果时能等同于应用施工合同条件。

② 保证各分解单元间界限清晰、意义完整、内容大体上相当，这样才能保证应用分解结果明确、有序且各部分工作量相当。

③ 易于理解和接受，便于应用，要充分尊重人们已形成的概念、习惯，只有在根本违背施工合同原则的情况下才作出更改。

④ 便于按照项目的组织分工落实合同工作和合同责任。

(2) 合同交底

合同交底是指承包商合同管理人员在对合同的主要内容作出解释和说明的基础上，通过组织项目管理人员和各工程小组负责人学习合同条文和合同总体分析结果，使大家熟悉合同中的主要内容、各种规定、管理程序，了解承包商的合同责任和工程范围、各种行为的法律后果等，使大家都树立全局观念，避免在执行中的违约行为，同时使大家的工作协调一致。在我国传统的施工项目管理系统中，人们十分注重"图纸交底"工作，但却没有"合同交底"工作，所以项目组和各工程小组对项目的合同体系、合同基本内容不甚了解。我国工程管理者和技术人员有十分牢固的按图施工的观念，这并不错。但在现代市场经济中必须转变到"按合同施工"上来，特别在工程使用非标准合同文本或本项目组不熟悉的合同文本时，这个"合同交底"工作就显得更为重要。

项目经理或合同管理人员应将各种合同事件的责任分解落实到各工程小组或分包商，应分解落实如下合同和合同分析文件：合同事件表(任务单、分包合同)，图纸，设备安装图纸，详细的施工说明等。最重要的是如下几方面内容：

① 工程的质量、技术要求和实施中的注意点；

② 工期要求；

③ 消耗标准；

④ 相关事件之间的搭接关系；

⑤ 各工程小组(分包商)责任界限的划分；

⑥ 完不成责任的影响和法律后果等。

5) 合同工作及合同责任分析

合同工作及合同责任分析的依据是合同协议书、合同条件、规范、图纸、工作量表等。合同工作及合同责任分析是整个项目小组的工作，应有合同管理人员的参与。合同工作及合同责任分析包容了工程施工前的整个计划工作，其结果实质上是承包商的合同执行计划，它包括：

(1) 工程项目的结构分解，即工程活动的分解和工程活动逻辑关系的安排。

(2) 技术会审工作。

(3) 工程实施方案、总体计划和施工组织计划。在投标书中已包括这些内容，但在施工前，应进一步细化，作详细的安排。

(4) 工程详细的成本计划。

(5) 合同详细分析，不仅针对承包合同，而且包括与承包合同同级的各个合同的协调，包括各个分合同的工作安排及其之间的协调。

合同工作及合同责任必须通过经济手段来保证。对分包商主要通过分包合同确定双方的权责关系，以保证分包商能及时按质、按量地完成合同责任。如果出现分包商违约或完不成合同，可对其进行合同处罚和索赔。对承包商的工程小组可以通过内部的经济责任制来保证。落实工期、质量、消耗等目标后，应将它们与工程小组的经济利益挂钩，建立一套经济奖罚制度，以保证目标的实现。

合同工作及合同责任分析的结果是合同事件表、工期计划等。合同事件表是工程施工中最重要的文件之一，它从各个方面定义了该合同事件。它实质上是承包商详细的合同执行计划，这使得项目组在工程施工中落实责任，安排工作，进行合同监督、跟踪、分析，作索赔（反索赔）处理非常方便。合同事件表也反映了合同工作及合同责任分析的一般方法。具体说明如下：

表 7－1　合同事件表

子项目	事件编码	变更次数和最近一次变更日期
事件名称和简要说明		
事件内容说明		
前提条件		
本事件的主要活动		
责任人（单位）		
费用： 计划 实际	其他参加者	工期： 计划 实际

（1）事件编码

这是为了计算机数据处理的需要，对事件的各种数据处理都靠编码识别。所以，编码要能反映事件的各种特性，如所属的项目、单项工程、单位工程、专业性质、空间位置等。通常它应与网络计划中事件（或活动）的编码有一致性。

（2）事件名称和简要说明

对一个确定的承包合同，承包商的工程范围、合同责任是一定的，与其相关的合同事件和工程活动也应是一定的。在一个工程中，这样的事件通常可能有几百甚至几千件。

（3）变更次数和最近一次的变更日期

变更次数记载着与本事件相关的工程变更。在接到变更指令后，应落实变更，修改相应栏目的内容。

最近一次的变更日期表示，尚未考虑到从这一天以来的变更，这样可以检查每个变更指令的落实情况，既防止重复，又防止遗漏。

（4）事件的内容说明

主要为该事件的目标如某一分项工程的数量、质量、技术要求以及其他方面的要求。这由合同的工程量清单、工程说明、图纸、规范等定义，是承包商应完成的任务。

（5）前提条件

该事件进行前应有哪些准备工作？应具备什么样的条件？这些条件有的应由事件的责任人承担，有的应由其他工程小组、其他承包商或业主承担。这里不仅确定事件之间的逻辑关系，而且划定各参加者之间的责任界限。

（6）本事件的主要活动

即完成该事件的一些主要活动和它们的实施方法、技术与组织措施。这完全从施工过程的角度进行分析，这些活动组成该事件的子网络。例如，设备安装可有如下活动：现场准备；施工设备进场、安装；基础找平、定位；设备就位，吊装；固定；施工设备拆卸、出场等。

(7) 负责人

即负责该事件实施的工程小组负责人或分包商。

(8) 成本(或费用)

这里包括计划成本和实际成本，有如下两种情况：

① 若该事件由分包商承担，则计划费用为分包合同价格。如果在总包和分包之间有索赔，则应修改这个值，而相应的实际费用为最终实际结算账单金额的总和。

② 若该事件由承包商的工程小组承担，则计划成本可由成本计划得到，一般为直接费成本，而实际成本为会计核算的结果，在该事件完成后填写。

(9) 计划工期和实际工期

计划工期由网络计划分析得到，包括计划开始期、结束期和持续时间。实际工期按实际情况在该事件结束后填写。

(10) 其他参加人

即对该事件的实施提供帮助的其他人员。

7.1.2 履约管理的方式:合同实施控制

工程施工的过程就是施工合同的实施过程。要使合同顺利实施，合同双方必须共同完成各自的合同责任。不利的合同使合同实施和合同管理非常艰难，但通过有力的合同管理可以减轻损失或避免更大的损失。而如果在合同实施过程中管理不善，没有进行有效的合同管理，即使是一个有利的合同也不会有好的经济效益。

在我国，某些承包企业常常将合同作为一份保密文件，将它锁入抽屉。签约后疏于管理，不作分析和研究，结果经常出现工程管理失误，经常失去索赔机会或经常反被对方索赔，造成合同有利，而工程却亏本的现象。而在国外，许多有经验的承包商非常注重工程实施阶段的合同管理，在工作中"天天念合同经"，天天分析和对照合同，不仅可以圆满地完成合同责任，而且可以改变承包商在合同中的不利地位，挽回合同签订中的损失，通过索赔等手段增加工程利润。因此，承包商在工程中必须通过有效的合同管理，甚至通过抗争来保护自己的地位和权利，通过互相制约达到圆满的合作。如果承包商不积极争取，甚至放弃自己的合同权利，使其权利得不到合同和法律的保护，也必将造成经济损失。

1) 合同管理的主要工作

合同管理人员在这一阶段的主要工作有如下几个方面：

(1) 建立合同实施的保证体系，确保合同实施过程中的一切日常事务性工作有秩序地进行，使工程项目的全部合同事件处于控制中，保证合同目标的实现。

(2) 对合同执行情况进行监督。承包商应以积极合作的态度完成自己的合同责任，努力做好自查、自督，并监督各工程小组和分包商按合同施工，认真做好各分合同的协调和管理工作。同时也应督促并协助业主和监理工程师完成他们的合同责任，以保证工程顺利进行。

(3) 对合同的实施进行跟踪。主要包括：收集合同实施的信息及各种工程资料，并作出相应的信息处理;将合同实施的情况与计划进行对比分析,找出偏离;对合同履行的情况作出诊断;向项目经理及时通报合同实施情况及问题;提出合同实施方面的意见、建议等。

(4) 进行合同变更管理。参与变更谈判,对合同变更进行事务性处理,落实变更措施,修改变更相关的资料,检查变更措施的落实情况,并及时反馈给项目经理和业主(监理工程师)。

(5) 索赔管理和反索赔。包括与业主之间的索赔和反索赔,与分包商、材料供应商及其他方面之间的索赔和反索赔。

2) 合同实施的保证体系

(1) 合同交底,落实合同责任,实行目标管理

合同和合同分析的资料是工程实施管理的依据。合同分析后,合同管理人员应向各层次管理者作合同交底,把合同责任具体地落实到各责任人和具体工作上。

① 项目组织内的合同交底。项目组织管理人员和各工程队(小组)负责人学习合同和合同总体分析结果,对合同的主要内容作出正确合理的解释和说明,使大家熟悉合同中的主要内容、各种规定、管理程序,了解承包商的合同责任和工程范围,熟悉设计文件、适用的规范和标准,以及各种行为的法律后果等。使大家树立全局观念,工作协调一致,避免在执行合同过程中出现违约行为。剔除传统的施工项目管理系统中,只注重图纸交底工作,轻视合同交底的观念。

② 合同管理责任的分解和落实。将各种合同管理的责任分解落实到各工程小组或分包商,使他们对合同事件表(任务单、分包合同)、施工图纸、设备安装图纸、详细的施工说明等有十分详细的了解,并对工程实施的技术和法律的问题进行解释和说明,如施工方案、质量标准、技术要求和实施中的控制点、工期要求、消耗标准、各工序之间的搭接关系、各工程小组(分包商)责任界限的划分、完不成责任的影响和法律后果等。

③ 合同实施的协调与管理。在合同实施前积极与业主、监理工程师、承包商沟通,召开协调会议,落实各种安排;在合同实施过程中进行经常性的检查、监督,对合同作解释。

④ 制定合同实施的保证措施。为了确保合同的实施,可以通过经济(激励)措施来保证合同责任的完成。对分包商和材料供应商,主要通过分包合同和材料供应合同确定双方的权责关系,保证分包商和供应商能及时按质按量地完成合同责任;对承包商的工程队(小组)可通过内部的经济责任制来保证其合同责任的完成。在落实工期、质量、消耗等目标后,将它们与工程队(小组)经济利益挂钩,建立一整套经济奖罚制度,以保证目标的实现。

(2) 建立合同管理工作程序

在工程施工过程中,合同管理的日常事务性工作很多。为了协调好各方面的工作,使合同管理工作程序化、规范化,应建立一套相应的管理制度和工作程序。

① 订立定期和不定期的协商会议制度。在工程施工过程中,业主、监理工程师和各承包商之间,承包商和分包商之间以及承包商的项目管理职能人员和各工程队(小组)负责人之间,都应召开定期的协商会,以解决工程进度和各种计划落实情况、各方面工作的协调、后期工作安排,以及讨论和解决目前已经发生的和以后可能发生的各种问题,并做出相应的决议,讨论合同变更问题,做出合同变更决议,落实合同变更措施,决定合同变更的工期和费用补偿数量等。承包商与业主,总包和分包之间在会议中的重大议题和决议,应用会议纪要的

形式确定下来，它是合同的一部分。

对工程中出现的特殊问题可不定期地召开特别会议来讨论解决方法，以保证合同实施能一直得到很好的协调和控制。

② 订立一些经常性的工作程序。如工程变更程序，分包商的索赔程序，分包商的账单审查程序，材料、半成品、成品、构配件、设备等进场检查(抽检)验收程序，检验批、分部(分项)工程、隐蔽工程检查验收程序，安全(质量)事故处理程序，工程进度付款账单的审查批准程序，工程问题的请示报告程序等。

③ 订立一些非经常性的工作程序，对于一些非经常性的工作如发现地下文物、不可抗力等也应有一套应变管理工作程序。

(3) 建立文档管理系统

主要由合同管理人员负责各种合同资料和工程资料的收集、整理和保存工作，包括各种数据、资料的标准化，如各种文件、报表、单据等应有规定的格式和规定的数据结构要求。

原始资料收集整理的责任必须落实到人，资料的收集工作必须落实到工程现场，对工程小组负责人和分包商必须提出具体要求。

(4) 建立施工过程中严格的检查与验收制度

在实施工程过程中，合同管理人员的主要工作是协助项目经理做好质量管理工作，建立一整套诸如每道工序结束的自检、自查制度、工序之间和工程小组之间的交接制度，以及材料进场和使用的检验措施之类的质量检查和验收制度。防止由于承包商自己的工程质量问题造成被监理工程师检查验收不合格，使生产失败而承担违约责任。由工程质量问题引起的返工、窝工损失，工期的拖延等费用由承包商自己负责，往往得不到任何赔偿。

(5) 建立报告和行文制度

承包商与业主、监理工程师、分包商之间的沟通均应以书面形式进行，或以书面形式作为最终依据。这是合同的要求，也是法律的要求，也是工程管理的需要。在实际工作中，这项工作特别容易被忽略。报告和行文制度包括如下两方面内容：

① 工程中所有涉及承包商、业主(监理工程师)的工程活动及各种记录。如场地、图纸的交接，施工日志、交接班记录、材料供应情况记录，材料、设备、各种工程的检查验收，周报、月报、各种文件(如会议纪要、索赔和反索赔报告、账单)的交接等，都应有原始资料(或会议纪要)、合格证明和相应的签收、审核、批准等手续。

② 工程过程中发生的特殊情况。如特殊的气候条件、工程环境的变化等书面记录及其处理的书面文件，应由监理工程师签署；对施工过程中的质量事故、缺陷、安全隐患的整改措施及验收记录必须有质量监督师或监理工程师的认可签字。对在工程中合同双方的任何协商、意见、请示、指示等都应落实在纸上，切不可相信"一诺千金"。

3) 合同实施控制

(1) 合同实施控制程序(见图 7-1)

(2) 工程实施控制的主要内容(见表 7-2)

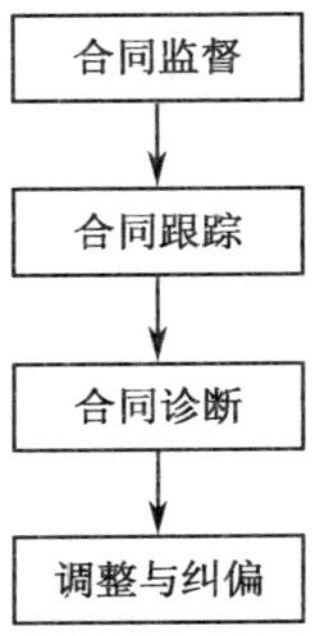

图 7-1 合同实施控制程序

表 7-2 工程实施控制的主要内容

项目	控制内容	控制目的	控制依据
成本控制	保证按计划成本完成工程，防止成本超支和费用增加	计划成本	各分项工程，分部工程，总工程的计划成本，人力、材料、资金计划，计划成本曲线
质量控制	保证按合同规定的质量完成工程，使工程顺利通过验收，交付使用，达到预定的功能要求	合同规定的质量标准	工程说明、规范、图纸、工作量表
进度控制	按规定进度计划进行施工，按期交付工程，防止承担工期拖延责任	合同规定的工期	合同规定的总工期计划，业主批准的详细的施工进度计划，网络图，横道图等
合同控制	按合同全面完成承包商的责任，防止违约	合同规定的各项责任	合同范围内的各种文件，合同分析资料

(3) 实施有效的合同监督

合同责任是通过具体的合同实施工作完成的。有效的合同监督可以分析合同是否按计划或修正的计划实施进行，是正确分析合同实施状况的有利保证。

① 落实合同实施计划。落实合同实施计划，为各工程队（小组）、分包商的工作提供必要的保证。如施工现场的平面布置，人、料、机等计划的落实，各工序间搭接关系的安排和其他一些必要的准备工作。

② 协调各方的工作关系。在合同范围内协调项目组织内外各方的工作关系，切实解决合同实施中出现的问题。

a. 对各工程队（小组）和分包商进行工作指导，作经常性的合同解释，使各工程小组都有全局观念。

b. 在合同责任范围内协调承包商与业主、与业主有关的其他承包商、与材料和设备供应商、与分包商，以及承包商的分包商之间，工程队（小组）与分包商之间的工作关系，解决合同实施中出现的问题。

c. 经常性地会同项目管理有关的职能人员检查、监督各工程队（小组）和分包商的合同实施情况，对照合同要求的数量、质量、技术标准和工程进度，发现问题并及时采取措施。

③ 严格合同管理程序。主要包括：

a. 合同的任何变更，都应由合同管理人员负责提出；

b. 对向分包商的任何指令，向业主的任何文字答复、请示，都须经合同管理人员审查，并记录在案；

c. 由合同管理人员会同估算师对向业主提出的工程款账单和分包商提交来的收款账单进行审查和确认；

d. 承包商与业主、与总（分）包商的任何争议的协商和解决都必须有合同管理人员的参与，并对解决结果进行合同和法律方面的审查、分析和评价；

e. 工程实施中的各种文件，如业主和工程师的指令、会谈纪要、备忘录、修正案、附加协议等由合同管理人员进行审查。要确保工程施工一直处于严格的合同控制中，使承包商的各项工作更有预见性。

④ 文件资料及原始记录的审查和控制。文件资料和原始记录不仅包括各种产品的合格证，检验、检测、验收、化验报告，施工实施情况的各种记录，而且包括与业主（监理工程师）

的各种书面文件进行合同方面的审查和控制。

4）合同的跟踪

在工程施工过程中，合同实施常常与预定目标（计划和设计）发生偏离。如果不采取措施，这种偏差常常由小到大，逐渐积累，对合同的履行会造成严重的影响。合同跟踪可以不断地找出偏离，不断地调整合同实施过程，使之与总目标一致。合同跟踪是合同控制的主要手段，是决策的前导工作。在整个工程施工过程中，合同跟踪能使项目管理人员一直清楚地了解合同实施情况，对合同实施现状、趋向和结果有一个清醒的认识。

（1）合同跟踪的依据

合同跟踪的依据主要是合同和合同监督的结果。如各种计划、方案、合同变更文件等，是合同实施的目标和依据；各种原始记录、工程报表、报告、验收结果、计量结果等，是合同实施的现状；工程技术、管理人员在施工现场的巡视、与各种人的谈话、召集小组会议、检查工程质量、计量等情况是最直观的感性认识。

（2）合同跟踪的对象

① 对具体的合同事件进行跟踪。即对照合同事件表的具体内容（如工作的数量、质量、工期、费用等），分析该事件的实际完成情况，可以得到偏差的原因和责任，发现索赔机会。

② 项目组织内的合同实施情况的日常工作检查分析。

③ 主动与业主（监理工程师）进行工作沟通、汇报。在工程施工中，承包商应积极主动地做好工作，有问题及时与监理工程师沟通，多向他汇报情况，及时听取他的指示，及时收集各种工程资料，并对各种活动、双方的交流做记录。对有恶意的业主提前防范，以便及早采取措施。

④ 对工程项目进行跟踪。即对工程的实施状况进行跟踪：

a. 对工程整体施工环境进行跟踪。如果出现以下干扰事件，合同实施必然有问题：出现事先未考虑到的情况和局面，如恶劣的气候条件，场地狭窄、混乱、拥挤不堪；协调困难，如承包商与业主（监理工程师）、施工现场附近居民、其他承包商、供应商之间协调困难，合同事件之间和工程小组之间协调困难；发生较严重的质量、安全事故等。

b. 对已完工程没通过验收或验收不合格、出现大的工程质量问题、工程试生产不成功，或达不到预定生产能力等进行跟踪。

c. 对计划和实际的进度、成本进行描绘。工程施工进度未达到预定计划，主要的工程活动出现拖期，那么在工程周报和月报上计划和实际进度将出现大的偏差。在工程项目管理中，工程累计成本曲线对合同实施的跟踪分析起很大作用。计划成本累计曲线通常在网络分析、各工程活动成本计划确定后得到。

5）合同的诊断

在合同跟踪的基础上对合同进行诊断。合同诊断是对合同执行情况的评价、判断和趋向分析、预测。

（1）对合同执行差异的原因进行对比分析

通过对不同监督和跟踪对象的计划和实际的对比分析，不仅可以得到差异，而且可以探索引起这个差异的原因。可以采用鱼刺图，因果关系分析图（表），成本量差、价差分析等方法定性地或定量地进行原因分析。

进一步分析，可以发现更具体的原因，如引起工作效率低下的原因可能有：①内部干扰：

施工组织不周全，夜间加班或人员调遣频繁，机械效率低，操作人员不熟悉新技术，违反操作规程，缺少培训，经济责任不落实，工人劳动积极性不高等；②外部干扰：图纸出错，设计修改频繁，气候条件差，场地狭窄，现场混乱，施工条件(如水、电、道路等)受到影响，协调困难。

再作进一步分析，还可以得出各个原因的影响量大小。

(2) 对合同执行的差异责任进行分辨

即分析合同执行差异产生的原因，造成合同执行差异的责任人或有关的人员，这常常是索赔的理由。只要以合同为依据，分析详细，有根有据，则责任自然清楚。

(3) 对合同实施的趋向进行预测

对合同实施的趋向进行预测，主要是分别考虑在不采取调控措施和采取调控措施以及采取不同的调控措施情况下，合同的最终执行结果：①最终的工程状况，包括总工期的延误、总成本的超支、质量标准及所能达到的功能要求等；②承包商承担的后果或责任，如被罚款，甚至被起诉，对承包商资信、企业形象、经营战略造成的影响等；③最终工程经济效益(利润)水平。

综合上述各方面，即可以对合同执行情况做出综合评价和判断。

6) 合同纠偏

通过合同诊断发现差异，即表示工程实施偏离了工程目标，必须详细分析差异的影响，对症下药，及时采取调整措施进行纠正，以免差异逐渐积累，越来越大，最终导致工程的实施远离计划和目标，甚至导致整个工程的失败。

纠偏通常采取以下措施：

(1) 技术措施。例如变更技术方案，采用新的效率更高的施工方案。

(2) 组织和管理措施。例如增加人员投入，重新进行计划或调整计划，派遣得力的管理人员。在施工中经常修订进度计划对承包商来说是有利的。

(3) 经济措施。例如增加投入，对工作人员进行经济激励等。

(4) 合同措施。例如进行合同变更，签订新的附加协议，记录备忘录，通过索赔解决费用超支问题等。

7) 合同实施后评价

在合同执行后必须进行合同后评价。将合同签订和执行过程中的利弊得失、经验教训总结出来，作为以后工程合同管理的借鉴。

7.1.3 履约管理的重点：工程变更管理

合同是双方当事人通过要约、承诺的方式，经协商一致达成的协议。合同成立后，当事人应当按照合同的约定履行合同。任何一方未经对方同意，都不得改变合同的内容。但是，当事人在订立合同时，有时不可能对涉及合同的所有问题都作出明确的规定，尤其是建设工程合同，由于工程复杂，标的大，履行时间长，涉及大量的人、财、物等问题，合同签订后，在合同履行前或者履行过程中会发生与原合同的约定不相适应的变化，出现一些新的情况。如果在这种情况下仍然按照原合同的要求履行，会导致合同无法履行或不能全面履行，因此需要对双方的权利义务关系重新进行调整和规定。《合同法》规定，当事人协商一致可以变更合同。但在项目施工合同中，由于工程变更会涉及到工程价款的变更和索赔的处理，因此，搞好施工合同中的工程变更管理十分重要。

1）工程变更的概念和内容

（1）工程变更的概念和特点

工程变更也就是合同变更，是指施工合同成立后，当事人在原合同的基础上对合同中的有关工作内容进行修改或者补充。工程变更实质上是对合同的修改，是双方新的要约和承诺。这种修改和补充具有如下特点：

① 工程变更一般是指合同标的的局部改变，如履行标准、履行方式或履行期限的改变等。而建设工程合同的标的即建设工程项目，是合同的核心内容，当事人对该内容的变更仅为局部的变更，而不能是建设项目的全部更换，否则即意味着建设工程合同的解除。

② 工程变更是指权利和义务的部分改变，该改变的效力仍发生在订立合同的当事人之间，并未涉及到合同权利、义务主体的变更。如若有合同权利、义务承受主体发生变更的情况，实际上就是合同权利、义务的转让问题，而不是严格意义上的工程的变更。

③ 工程变更往往受到严格的限制。建设工程合同中关于工程变更的条款中，有的基于当事人的合意便可予以变更，而较为重要的变更除需经双方当事人一致同意外，还必须履行严格的审批手续。

（2）工程变更的内容

① 设计变更。主要是指在项目投资估算时，项目计划、设计的详度不够；在计算项目投资时，基础数据失真、漏项少算；新技术、新材料和新规定的出台以及设计错误等。在施工中出现这些情况后，就必须对设计图纸进行补充、修改。

② 进度计划变更。主要包括业主没有及时交付设计资料、设计图纸；没有按规定交付施工场地的水、电、道路等；由于产生新的施工技术，有必要改变原实施方案；业主或监理工程师的指令改变了原合同规定的施工顺序，打乱施工部署等。

③ 施工条件变更。往往是指未能预见的现场条件或不利的自然条件，在施工中表现为实际遇到的现场条件同招标文件中描述的现场条件有本质的差异，或发生不可抗力等，使承包人向业主提出施工单价和施工时间的变更要求。

④ 新增工程。业主对工程项目有了新的要求，包括原招标文件和工程量清单中没有包括的工程项目，如扩大建设规模、增加建设内容、提高或降低建设标准、项目用途发生变化，以及提供合同以外的服务项目，也包括政府部门对工程项目有新的要求等。

（3）工程变更对合同实施的影响

从工程变更的内容和特点可以看出，工程变更对合同的实施影响很大，主要表现在：

① 有关工程目标和工程实施情况的各种文件都应作相应的修改和变更。

② 引起合同双方、承包商的工程小组之间、总承包商和分包商之间合同责任的变化。

③ 容易引起已完工程的返工、现场工程施工的停滞。

④ 增加监理工程师的组织协调工作。

⑤ 甚至会使业主对其工程投资失去控制。

由此可见，如果对工程变更管理不当，不仅会打乱整个施工部署，影响建设工期，而且极易引起工程造价的纠纷，影响合同的履行。

2）工程变更的基本控制程序

在工程变更管理中，FIDIC合同条件授予监理工程师很大的权力。只要监理工程师认为有必要，便可对工程或其中任何部分的形式、质量或数量作出任何变更。同时规定除非是工程量表上的简单增加或减少，否则没有监理工程师的指示，承包商不得作任何变更。虽然FIDIC合同条件授予监理工程师很大的工程变更权力，但目前我国还只是推行建设监理制度，有关的规定还不完善，因此建立工程变更的控制程序必须符合我国工程建设的实际、以便对工程变更进行更为实际的、合理的管理。

（1）提出工程变更要求

① 承包商提出工程变更。如果是由承包商提出工程变更，应交与监理工程师审查。承包商在提出工程变更时，一种情况是工程遇到不能预见的地质条件或地下障碍；另一种情况是承包商为了节约工程成本或加快工程施工进度，提出工程变更。

② 工程相邻地段的第三方提出工程变更。如果是工程相邻地段的任何第三方提出工程变更的要求，监理工程师要先报请业主，由业主出面与第三方相协调，以利工程进展。

③ 业主方提出工程变更。如果是业主方提出工程变更，监理工程师应与承包商协商，看其变更要求是否合理可行，主要看业主方提出的工程变更内容是否超出合同限定的范围。对于大而复杂的新增工程，则不能算为工程变更，只能另外签合同处理，除非承包方同意作为变更。

④ 监理工程师提出工程变更。监理工程师往往会根据工地现场工程进展的具体情况，认为确有必要时，可提出工程变更。在承包合同施工中，常有因在设计阶段考虑不周，或施工时环境发生变化，监理工程师本着节约工程成本和加快工程进度与保证工程质量的原则，提出工程变更。

有关工程变更的提出方式和内容比较多，这要根据具体工程项目的实际情况来决定。只要提出的工程变更在原合同规定的范围内，一般是切实可行的。若超出原合同范围，新增了很多工程内容和项目，则属于不合理的工程变更请求，监理工程师应和业主协商后酌情处理。

（2）监理工程师审查

无论是哪一方提出的工程变更，均需由监理工程师审查批准。对监理工程师关于工程变更权力的任何具体限制，都应在合同专用条件中具体地加以规定。监理工程师审批工程变更时，应与业主和承包商进行适当的协商，尤其是一些费用增加较多的工程变更项目，更要与业主进行充分的协商，征得业主的同意后才能批准。从我国现在推行的施工监理制度来讲，驻地监理工程师每天直接与承包商及其他参加工程建设的人员打交道，因此，应把好对工程变更管理与审批的第一个关口。驻地监理工程师和监理人员应负责有关变更的工程数量的计量与核实，以及提供有关现场的数据资料和证明，并审查提出工程变更一方的理由是否充分。

工程变更的管理与审批一般应遵循以下原则：

① 应考虑工程变更对工程进展是否有利。

② 应考虑工程变更是否可以节约工程成本。

③ 应考虑工程变更是兼顾业主、承包商或工程项目之外其他第三方的利益，不能因工程变更而损害任何一方的正当权益。

④ 必须保证变更的工程符合本工程的技术标准。

⑤ 工程受阻，如遇到特殊风险、人为阻碍、合同一方当事人违约等不得不变更工程。

总之，监理工程师应注意处理好工程变更问题，并对合理的确定工程变更后的估价与费率非常熟悉，以免引起索赔或合同争议。

(3) 编制工程变更文件

工程变更文件包括：

① 工程变更令。主要说明工程变更理由和工程变更的概况，工程变更估价及对合同价的影响。

② 工程量清单。工程变更的工程量清单与合同中的工程量清单相同，并需附工程量的计算记录及有关确定单价的资料。

③ 设计图纸和技术规范。

④ 其他有关文件等。

(4) 发出工程变更指令

① 只有当监理工程师书面通知承包商进行工程变更时，承包商才能执行变更的工程。即必须要有监理工程师签发的书面变更通知令。

② 当监理工程师发出口头指令要求工程变更时，这种口头指令在事后一定要补为一份书面的工程变更指令。如果监理工程师口头指示后忘了补书面指令，承包商须在 7 天内以书面形式证实此项指示，交与监理工程师签字，监理工程师若在 14 天之内没有提出反对意见，应签字认可。

③ 所有工程变更必须以书面形式按一定规格写明。对于要取消的任何一项分部工程，工程变更应在该部分工程还未施工之前进行，以免造成人力、物力、财力的浪费，并使业主多支付工程款项。

需要注意的是，在紧急情况下，不应限制监理工程师向承包商发布他认为必要的此类变更指令。如果在下述紧急情况下采取行动，监理工程师应按情况尽快通知业主。例如，当监理工程师在工程现场认为出现了危及生命、工程或相邻第三方财产安全的紧急事件时，在不解除合同规定的承包商的任何义务和职责的情况下，监理工程师可以指示承包商实施他认为可以解除或减少这种危险而必须进行的所有这类工作或做所有此类事情。尽管没有业主的批准，承包商也应立即遵照监理工程师的任何此类变更指令。监理工程师应根据有关规定，给合同价格确定一个与该指示相适应的增加额，并相应地通知承包商，同时将一份复印件呈交业主。

3) 工程变更价款的确定

(1) 确定工程变更价款的原则

① 合同中已有适用于变更工程的价款，按合同已有的价格计算变更合同价款。

② 合同中只有类似于变更工程的价款，可以参照类似价格变更合同价款。

③ 合同中没有适用或类似于变更工程的价款，由乙方提出适当的变更价款，经监理工程师确认后执行。监理工程师不同意乙方提出的变更价款，双方可以和解或者要求合同管理部门及其他有关主管部门调解。和解或调解不成的，双方可以采用仲裁或向人民法院起诉的方式解决。

(2) 工程变更后合理价格的确定

由监理工程师同意和决定的变更工程的价格内包括利润。新的单价或价格的决定有两种办法：一是实际价格的详细核算；二是可以比较同类细目单价分析表内的已有价格。

这里需要注意的，是原来合同中工程量清单内的价格很明显太高或太低的不合理情况。

如承包商在投标时，使用了不平衡报价法，某项工程预计施工时要有变更，报价较高，这就需要监理工程师与业主和承包商协商定出一合理价格，或由监理工程师制定一合理的价格。

作为业主和监理工程师还应注意，对于原合同内有标价的工程量清单的费率或价格不应随便地考虑变动，除非该单项工程涉及的累计款额超过合同价格的2%，同时在该单项工程下实施的实际工程量超出或少于原工程量清单中工程量的25%及以上时。

有关基于实际发生的工程量对原估计的工程数量作出的单价调整问题，一般地讲，工程量减少，单价提高；工程量增加，单价降低。原合同中规定的工程量价格不变，只调整超过或减少部分的工程量的单价。

(3) 合同价格变化超过15%

监理工程师在签发整个工程的竣工交接证书时，如果出现了由于工程变更和工程量表上实际工程量的增加或减少(不包括暂定金额、计日工和价格调整)，使合同价格的增加或减少合计超过有效合同价的15%，在监理工程师与业主和承包商协商后，应在合同价格中加上或减去承包商和监理工程师议定的一笔款额；如果双方未能达成一致意见，此款额应由监理工程师在考虑合同中承包商的现场管理费用和总管理费后予以确定。上述调整的金额仅限于那些增加或减少超过有效合同价格的15%的那部分款额。

(4) 计日工

监理工程师如认为必要或可取时，可以下指令按计日工完成任何变更的工程。计日工通常包括在有标价的工程量清单中的一项暂定金额内，主要用于工程量清单中没有合适项目的零星附加工作。有关计日工的费率和价格表，一般作为工程量清单的附件包括在合同之内。

4) 工程变更的管理

(1) 监理工程师发布工程变更指令的方法

监理工程师发布工程变更指令，一般都应该是书面变更指令形式，但下列情况例外：

① 监理工程师认为发布口头变更指令已足够。

② 承包商及时发出了要求监理工程师对口头变更指令给予书面确认的请求，监理工程师没有在规定时间内予以答复。从承包商方面来说，应该在规定时间内尽快致函监理工程师要求对口头指令予以书面确认。在接到承包商的来函后，如果监理工程师未在规定时间内书面否认，即便在没有给予答复的情况下也可以认定监理工程师已承认该变更指令。对此，承包商也应该致函监理工程师，声明他的沉默已构成合同法律中认为对该指令的确认。

③ 属于原工程量清单中各工作项目的实际工程量增减。这种情况不需要监理工程师发布任何指令，只要按实际完成的工程量计量与支付即可。

(2) 工程变更的时间

从理论上讲，在整个合同有效期间，即从合同成立至缺陷责任终止证书颁发之日，都可以进行工程变更。但从实际合同管理工作来看，工程变更大多发生在施工合同签订以后，工程基本竣工之前。除非有特殊情况，在总监理工程师对整个工程发了工程竣工交接证书以后，一般不能再进行工程变更。

如果监理工程师根据合同规定发布了进行工程变更的书面指令，则不论承包商对此是否有异议，也不论监理方或业主答应给予付款的金额是否令承包商满意，承包商都必须无条件地执行此种指令。即使承包商有意见，也只能是一边进行工程变更工作，一边根据合同规定寻求索赔或仲裁解决。在争议处理期间，承包商有义务继续进行正常的工程施工和有争议的变更工程施工，否则可能会构成承包商违约。

(3) 工程变更的范围

工程变更只能是在原合同规定的工程范围内的变动。业主和监理工程师应注意，不能使变更引起工程性质方面发生很大的变动，否则应重新订立合同。其主要原因是工程性质若发生重大的变更，承包商在投标时并未准备这些工程的施工机械设备，需另购置或运进机具设备，使承包商有理由要求另签合同，而不能作为原合同的变更，除非合同双方都同意将其作为原合同的变更。当承包商认为某项变更指令已超出原合同的范围，或监理工程师的变更指令的发布没有得到有效的授权时，可以拒绝进行变更工作；但承包商在作出这种判断时必须小心谨慎，因为如果提交仲裁，仲裁人可能会对合同规定的监理工程师及业主的权利作出非常广泛的解释。

(4) 监理工程师发布变更指令时应注意的问题

合同变更不仅会使变更工作本身产生额外成本和工期延长，而且会产生连锁反应，影响与之相关的其他工作。作为承包商，若认为合同变更改变了原工作项目的性质，增加了工作难度，则要提出索赔要求和提高变更工作的单价；若认为合同变更导致发生了与变更相关的其他额外成本，也可以通过索赔得到补偿。如果变更后造成了工程量减少，承包商实际完成工程所需时间也会相应缩短。这样，工期一般不能缩短，除非合同有规定或业主、承包商和监理工程师三方协商同意。另外，承包商还应注意，如果业主取消了大量的工程内容，而没有同时增加其他替代工作，根据公平合理的原则，承包商可以对相应的可得管理费用和利润损失进行索赔。

承包商在施工中遇到问题或要改变施工方法时，监理工程师可能会主动地或应承包商的请求而提出建议。客观地说，监理工程师对这种建议不负任何责任，仅仅是建议而已。是否采纳建议以及由此产生的后果均由承包商自己承担。而在实际工作过程中，承包商有时会试图将工程师的一些建议作为工程变更指令，以便得到与此有关的经济补偿。

(5) 合同中的推定变更及处理

推定变更，是指监理工程师虽没有按合同发布变更指令，但实际上要求承包商所做的工作已经与原合同不同或有额外的工作。推定变更可以通过监理工程师或驻地监理的行为来推定，一般要证明：原合同规定的施工要求是什么，实际上承包商的工作已超出了合同要求，并且是按监理工程师或其代表的要求进行的。这样，便可证明为推定变更。推定变更同指令变更，承包商有权获得额外费用补偿。常发生的推定变更情况如下：

① 业主要求的修改与变动。在施工过程中，如果业主对技术规范进行修改与变动，又没按合同规定程序办理变更通知，可看作推定变更；或者是新近颁布了技术规范或施工管理规定，对原合同要求标准提高，也可归属于“业主要求的修改与变动”，视为推定变更。据此，承包商可提出索赔要求。

② 监理工程师的不适当拒绝。这表现为两个方面：一方面是监理工程师认为承包商用于工程上的材料或施工方法等不符合技术规范的要求，从而拒绝该方法或材料，可事后又证明监理工程师的认识是错误的。这种不适当的拒绝则构成了推定变更。若因此而使承包商花费了额外款项，承包商则有权索赔并得到补偿。另一方面是在施工的过程中，若监理工程师在发现承包商的施工缺陷后，没有在规定的合理时间内拒绝该工作，也可以认为监理工程

师已默许并改变了原来的工程质量要求，这也构成推定变更。若后来监理工程师又拒绝接受认可该工作，就又属于不适当拒绝。由此而造成承包商不得不进行的缺陷修复或返工，可认为是因推定变更而引起的，承包商可要求额外费用补偿。

③ 干扰和影响了正常的施工程序。如果业主或监理工程师的行为实质上影响到承包商的正常施工程序，就构成了推定变更。由此产生的干扰会给承包商造成生产效率降低，增加工程成本，即会使承包商不能按计划进行施工，导致停工、人员和机械设备的闲置，以及其他额外费用的增加等问题。因此，承包商有权提出索赔并得到相应的经济补偿。

④ 图纸与技术规范中的缺陷。由业主方提供的技术规范和图纸，应由业主方负责任。若承包商按技术规范和图纸进行施工，其过程中出现了缺陷，则属于业主方的失误和责任。从理论上讲，为了保护承包商的正当利益，起草技术规范和图纸的业主方，一般被认为提供了暗示担保：如果承包商遵守该技术规范，工程就能够达到合同的预定目标要求，即便是建成的工程不能令人满意，承包商也没有责任。如果是因技术规范和图纸有缺陷，则承包商有权向业主方索赔由此而增加的额外成本费用。

⑤ 按技术规范和图纸工作的不可能。这是指合同所要求的工作根本无法实现，即实际工作上的不可能；或者是合同所要求的工作不能在合理的时间、成本或努力之内完成，即专业上的不可行。承包商要以工作实施的不可能为理由得到补偿比较困难，况且在下列几种情况下，承包商应自己承担风险，如：签订合同时已能预料到工作实施不可能；仅涉及到施工规范；图纸及技术规范等是由承包商自己提供的；合同中有明文条款规定承包商应承担这种风险。承包商若要对工作实施的不可能得到索赔补偿，则必须设法证明，从法律和工程意义上看，技术规范所要求的工作是不可行的，并且是在签订合同时承包商完全不知道或无法合理预料的情况下，这种风险才由业主来承担。

7.2 风险管理

7.2.1 合同的风险与防范

1）风险的基本含义

风险是指在从事某项特定活动中因不确定性而产生的经济损失、自然破坏或损伤的可能性。风险具有客观性、不确定性、可预测性等特征。

现代工程项目投资数额大、工作内容复杂、市场竞争激烈、履行时间长、涉及面广，是一个复杂的系统工程。在工程项目实施过程中，承包商将会面临来自政治、经济、技术、市场、自然等诸多方面的风险因素，这些风险因素将对工程项目的成败和承包商的经济效益产生重大的影响。然而，在工程承包中，风险与盈利的机会总是并存的，它们是矛盾的统一体。没有脱离风险的纯利润，也不可能存在无利润的纯风险，承担的风险越大，盈利的可能性和机会就越大。关键在于承包商能不能在项目投标和实施过程中善于分析风险因素，正确估计风险大小和影响程度，采取合理防范措施以避免和减轻风险，把风险造成的损失控制到最低限度，甚至学会利用风险，把风险转为机遇，利用风险来盈利。

总之，风险会造成损失，但风险也会造成商机，不冒风险就抓不住盈利的机会。因此，作为一个成功的业主或承包商，应该能够及时地抓住可能的盈利机会，主动地而不是被动地接受风险，要抓住有利时机，在相同的风险条件下，争取更多的收益，或在相同的收益下，冒较小的风险。

2）风险分析的任务

由于建设项目投资大、建设周期长、受外界环境和自然条件影响大等特点，在工程项目建设过程中，无论是业主还是承包商都将会面临大量的不确定性和风险因素，这些因素会对业主的投资经济效果和承包商的承包经济效益产生不利和负面影响。因此，风险分析和管理已成为现代工程管理中极为重要的内容。工程项目风险分析的主要任务有如下几方面：

（1）在工程招投标过程中和施工合同签订前对风险作全面分析和预测。主要应考虑如下问题：第一，工程实施中可能出现的风险类型、种类；第二，风险发生的规律，如发生的可能性、发生的时间及分布规律等；第三，风险的影响，即风险如果发生，对施工过程、工期和成本等有哪些影响，业主或承包商要承担哪些经济的或法律的责任等；第四，各风险之间的内在联系，如风险因素一起发生或伴随发生的可能和影响等。

（2）对风险进行有效预防。即考虑如果风险发生应采取什么措施予以防止，或降低它的不利影响，为风险作组织、技术、资金等方面的准备。包括如何通过合同条款来降低自己的风险，如何通过保险等措施来转移相关的损失等。

（3）在合同实施中对可能发生，或已经发生的风险进行有效的控制。例如：采取措施防止或避免风险的发生；有效地转移风险，争取让多方承担风险造成的损失；降低风险的不利影响，减少自己的损失；在风险发生的情况下进行有效的决策，对工程施工进行有效的控制，保证工程项目的顺利实施等等。

3）风险的种类

由于承包工程的特点和建筑市场的激烈竞争，承包工程过程中存在着大量的不确定因素和风险，其分类的角度各有不同。从风险的来源性质划分，主要有以下几种：

（1）技术风险

① 工程结构复杂、规模大、功能要求高，需要新技术、新工艺以及特殊的施工设备。

② 现场条件复杂，干扰因素多，施工技术难度大。

③ 技术力量、施工力量、装备水平不足。

④ 技术设计、施工方案、施工计划、组织措施存在缺陷和漏洞。

⑤ 技术规范要求不合理或过于苛刻。

⑥ 工程变更。

（2）经济风险

① 通货膨胀。物价上涨的风险是最常遇到的风险，世界上绝大多数国家都普遍存在这类风险。

② 业主经济状况恶化，支付能力差，甚至无力支付工程款。

③ 承包商资金供应不足，周转困难。

④ 带资承包、实物支付的风险。

⑤ 出具保函风险。包括无理凭保函取款，不及时归还保函等。

⑥ 外汇风险。包括汇率大幅度下跌，外汇垄断等。

⑦ 保护主义。包括强制分包，限定物资采购地域等。

⑧ 税收歧视。

(3) 自然风险

① 影响工程实施的气候条件,特别是长期冰冻、炎热酷暑期过长、长期降雨等。

② 台风、地震、海啸、洪水、火山爆发、泥石流等自然灾害。

③ 施工现场的地理位置,对物资材料运输产生影响的各种因素。

④ 施工场地狭小,地质条件复杂。

⑤ 由可能导致工程毁损或有害于施工人员健康的人为或非人为因素形成的风险,如核辐射或毒气泄露等事故。

(4) 业主资信风险

① 业主的信誉差、不诚实,故意拖欠工程款。

② 业主为了达到不支付或少支付工程款的目的,在工程实施中故意刁难承包商,滥用权力,施行罚款或扣款。

③ 业主经常改变主意,如改变设计方案、实施方案,打乱工程施工秩序,但又不愿意给承包商补偿等。

④ 监理工程师或甲方代表的不公、拖延、克扣等刁钻行为。

(5) 合同条款风险

① 合同中明确规定的承包商应承担的风险。

② 标书或合同条款不合理,或过于苛刻,致使承包商的权利与义务极不平衡。

③ 合同条文不全面、不完整,没有将合同双方的权责关系表达清楚,没有预计到合同实施过程中可能发生的各种情况。

④ 合同中的用词不准确、不严密,致使承包商不能清楚地理解合同的内容,造成失误。

(6) 工程管理风险

① 管理班子的配备,管理人员的选用。

② 施工人员的积极性。

③ 与业主、监理工程师、主管部门的关系。

④ 合同管理与索赔。

⑤ 联合承包及分包。

(7) 政治风险

① 战争或内乱。

② 财产国有化、没收与征用。

③ 政策与法律法规。

④ 社会风气及治安状况。

⑤ 对外关系、国际信誉。

4) 风险防范与对策

(1) 风险防范的一般方法

① 风险损失的预防

风险损失的预防是在损失发生前采取的控制技术,对于各种风险因素而采取各自相应的预防措施。不确定性是风险的本质属性,但这并不表明人们对此束手无策,人们可以对可能发生的风险进行预测和衡量,尽量避免风险的发生,或对风险的发生有充分的准备。

② 风险损失的减轻

风险损失的减轻就是采取有效措施减轻损失发生时或发生后的损失程度。风险发生的后果就是会带来某种损失，而工程施工中所称的风险，一般而言都是危害性较大的风险。因此，对不可避免发生的风险一定要有恰当的措施来降低或减轻由其造成的损害。

③ 风险的分散与组合

风险分散是将风险进行时间、数量与空间上的分离。在工程承包中应尽量避免风险过于集中或过大，对于较大的风险要尽可能分解或进行组合，这样即使风险发生，损失也不会集中在一人身上。如承包商可以把一部分风险转移和分散给分包商或联营体的合伙人。

④ 风险的转移

风险转移就是将有些风险因素采取一定的措施转移出去。这是发现的化解风险最有效的方法。当然这种风险的转移可能会降低或减少一定的收益或利益。如房地产开发商的预售、预租行为，承包商购买保险行为等。

(2) 业主风险防范对策

施工合同中的风险是由业主和承包商分担的，由于各自的地位不同，因此所采取的具体措施、方法也各不相同。业主对风险防范的对策主要有以下几点：

① 认真编制招标文件和合同文件

合同文件是以招标文件为基础形成的，其完善程度如何，直接决定着将来合同索赔、合同争议的频率和程度。合同中应明确划分出签订合同时可能预见到事件的责任范围和处理方法，以减少执行合同过程中的争议与纠纷。

② 严格对投标人进行资格预审

通过从投标人的组织机构、营业执照、资质等级证书以及工程经验、施工设备、人员素质、在手工程任务及财务状况等进行预先审查，保证有足够实力的承包商参加投标，这样就为将来实施合同提供基础保证。

③ 客观、公正做好评标、决标工作

在评标时应特别注意对报价的综合评审，要求低报价能作出客观的解释。对那些报价明显偏低的投标不要轻易接受，否则，将来承包商遇到财务困难时，若业主给予援助，则会导致工程成本增加；若业主不予援助，工程施工则会受到影响，甚至无法进行，这都对业主不利。

④ 聘请信誉良好的监理工程师

业主聘请信誉良好的监理工程师实施施工监理，可以对工程项目的质量、进度、造价、合同等实行有效的管理与控制，以实现项目的合同目标，并能很好地处理承发包双方在施工过程中可能存在的各种争议与纠纷。

⑤ 利用经济、法律等手段约束承包商的履约行为

业主可以利用履约保函、预付款保函、维修保函、扣留滞留金、违约误期罚款、工程保险单等经济、法律手段，来约束承包商在履行合同过程中的行为，并能减轻或避免因承包商违约所造成的工程损失。

(3) 承包商风险防范对策

在工程承包实践中，由于业主常处于主导地位，承包商是在激烈的竞争中夺标，合同风险主要集中在承包商方面。因此，承包商应在投标、合同谈判、签约以及项目执行过程中，都要认真研究和采取减轻、转移风险和控制损失的有效方法。

① 认真编制投标文件和报价单

合同文件同样要以投标文件和报价为依据。对合同风险，承包商应对投标报价予以充分的考虑，包括提高报价中的不可预见风险费，采取开口升级报价、多方案报价的报价策略，建议按成本加酬金的方式结算，以及在投标书中使用保留条款、附加或补充说明等。

② 完善合同条款，合理分担风险

完善合同条款，使合同能体现双方权责关系的平衡和公平合理。包括充分考虑合同实施过程中可能发生的各种情况，在合同中应予以详细而具体的规定；使风险性条款合理化，防止独立承担风险；业主的免责条款是否合理；争取增加对承包商权益的保护性条款等。

③ 购买保险

工程保险是业主和承包商转移风险的一种重要手段。当出现保险范围内的风险，造成财务损失时，承包商可以向保险公司索赔，以获得一定数额的赔偿。承包工程的保险有工程一切险、施工设备险、第三方责任险以及人身保险等。

④ 认真准备，精心组织

在承包合同实施前，一定要做好各项准备工作，尤其是风险大的项目，要对项目经理和人员的配备、技术力量、机械装备、材料供应、资金筹集、劳务安排、规章措施等作出精心的安排，以提高风险应变能力和对风险的抵抗能力。

⑤ 加强索赔管理

用索赔来减少或弥补风险造成的损失，是当今合理的也是被广泛采用的对策。通过索赔可以提高合同价格，增加工程收益，补偿由风险造成的损失。

7.2.2 工程担保及管理

1）担保的概念、特征及其类型

（1）担保的概念

担保是为了保证债务的履行、确保债权的实现，在人的信用或特定的财产之上设定的特殊的民事法律关系。它区别于一般的民事法律关系之处在于：一般的民事法律关系的内容即权利义务基本处于一种确定的状态，而担保的内容则处于一种不确定的状态，即当债务人不按主合同之约定履行债务导致债权无法实现时，担保的权利义务方才确定并成为现实。

（2）担保的特征

担保具有附随性、条件性和相对独立性的特征。

附随性，又称为从属性。担保是为了保证债权人受偿而由债务人或第三人提供的担保，具有从属于被担保的债权的性质。被担保的债权被称为主债权，主债权人对担保人享有的权利称作从债权。没有主债权的存在，从债权亦无所依托。主债的消灭，亦使担保之债归于消灭。

条件性。债权人依照担保合同行使其担保权利，只能以主债务人不履行或不能履行为作为前提条件。而在债务人已经按约履行主债务的情形下，担保人则无需履行担保义务。其中特别重要的是，一般保证的情况下，保证人对债权人享有先诉抗辩权。

相对独立性。尽管担保具有从属性，但其亦相对独立于被担保的债权。首先，担保的设立须有当事人的合意，其与被担保的债权的发生或成立是两个不同的法律关系。其次，根据我国《担保法》的有关规定，当事人可以自行约定担保不依附于主债权而单独发生效力。即主债权无效，可以不影响担保债权的效力。

(2) 担保的类型

通常将担保作如下两种划分：

① 法定担保和意定担保

法定担保是指依照法律的规定而直接成立并发生效力的担保方式，主要体现为法律规定的优先权、留置担保和法定抵押权等。法定担保的成立要件、效力、行使等，均由法律直接规定，毋须当事人约定。我国《担保法》中规定的留置、《合同法》中规定的建设工程法定抵押权、《海商法》规定的船舶优先权、《民用航空法》中规定的民用航空器优先权即为法定担保。意定担保亦称约定担保，是由当事人按照法律规定自行约定的担保。除法律对其成立要件和内容作强制性规定外，当事人可以完全按照自己的意愿缔结担保合同。我国《担保法》中规定的保证、抵押、质押、定金即为约定担保。

② 人的担保和物的担保

人的担保是指债务人以外的第三人以其信用为债务人提供的担保，主要指保证。人的担保的可靠性取决于担保人的财产资信情况。物的担保则是指以债务人或者第三人所有的特定的动产、不动产或其他财产权利担保债务履行而设定的担保。物的担保包括抵押担保、质押担保、留置担保和优先权等形式。物的担保赋予被担保人（债权人）直接支配作为担保的特定财产的权利，在债务人不履行债务时，被担保人可以变卖该财产以清偿其债权。对于该担保财产，被担保人享有优先于其他债权人的权利。

2)《担保法》规定的担保方式

我国《担保法》规定的担保方式有以下五种：

(1) 保证

《担保法》第二章规定了保证担保的方式，即由第三人和债权人约定，当债务人不履行债务时，第三人按照约定履行债务或者承担责任。

对于保证人的主体资格，《担保法》作出限制，禁止国家机关（但经国务院批准为使用外国政府或者国际经济组织贷款进行转贷的除外），以公益为目的事业单位、社会团体，未经授权的企业法人分支机构、企业法人的职能部门等三类主体为保证人，同时强调了保证人须具有代为清偿能力。在客体与内容上，该法则强调合同约定，并未多加限制，这就为保证担保的多样化铺垫了空间。

保证合同包括的主要内容为：被保证的主债权种类、数额，债务人履行债务的期限，保证的方式，保证担保的范围，保证的期间以及双方认为需要约定的其他事项。

保证的方式分为一般保证和连带责任保证两种。合同中未约定保证方式的，则视为连带责任保证。两者的主要区别为：债务人不能履行债务时由保证人承担责任的，为一般保证责任，保证人享有先诉抗辩权，即在主合同债务纠纷未经审判或仲裁，并就债务人财产依法强制执行仍不能履行债务前，保证人有权拒绝承担保证责任；保证人与债务人对主债务的履行承担连带责任的，即为连带保证责任，如主债务履行期届满，债务人没有按约履行债务，则债权人既有权要求债务人履行债务，也可以要求保证人按保证合同的约定承担保证责任。

保证合同可对保证担保的范围作出具体约定。如没有约定或约定不明确，则视为保证人对全部债务承担保证责任。《担保法》中列举的保证担保的范围包括主债务及利息、违约金、损害赔偿金和实现债权的费用。

（2）抵押

《担保法》第三章对抵押作出了规定。抵押是指债务人或第三人不转移财产占有，将该财产作为债权担保，债务人不履行债务时，债权人有权以该财产折价或者以拍卖、变卖该财产的价款优先受偿。抵押该财产的债务人或者第三人为抵押人，获得该担保的债权人为抵押权人，提供担保的财产为抵押物。

《担保法》规定可以抵押的财产包括：抵押人所有的房屋和其他地上定着物；抵押人所有的机器、交通运输工具和其他财产；抵押人依法有权处分的国有土地使用权、房屋和其他地上定着物；抵押人依法有权处分的国有机器、交通运输工具和其他财产；抵押人依法承包并经发包方同意抵押的荒山、荒沟、荒丘、荒滩等荒地的土地使用权；依法可以抵押的其他财产。抵押人所担保的债权不得超出其抵押物的价值。财产抵押后，该财产的价值大于所担保债权的余额部分，可以再次抵押，但不得超出其余额部分。

《担保法》同时规定，以依法取得的国有土地上的房屋抵押的，该房屋占用范围内的国有土地使用权同时抵押；以出让方式取得的国有土地使用权抵押的，应当将抵押时该国有土地上的房屋同时抵押；乡（镇）、村企业的土地使用权不得单独抵押；以乡（镇）、村企业的厂房等建筑物抵押的，其占用范围内的土地使用权同时抵押。由此可见，在我国，土地使用权和其上的房屋不能分别抵押。

抵押合同包括的主要内容有：被担保的主债权种类、数额；债务人履行债务的期限；抵押物的名称、数量、质量、状况、所在地、所有权权属或者使用权权属；抵押担保的范围；当事人认为需要约定的其他事项。

以无地上定着物的土地使用权、城市房地产或者乡（镇）、村企业的厂房等建筑物、林木、航空器、船舶、车辆、企业的设备和其他动产抵押的，必须向有关部门办理抵押物登记后方可生效；以其他财产抵押的，抵押合同自签订之日起生效，但当事人可以自愿办理抵押物登记。

抵押担保的范围包括主债权及利息、违约金、损害赔偿金和实现抵押权的费用。抵押合同另有约定的，按照约定。

最高额抵押也是《担保法》所规定的抵押形式。最高额抵押，是指抵押人与抵押权人协议，在最高债权额限度内，以抵押物对一定期间内连续发生的债权作担保。例如，借款合同就可以适用最高额抵押。

债务履行期届满抵押权人未受清偿的，可以与抵押人协议以抵押物折价或者以拍卖、变卖该抵押物所得的价款受偿，协议不成的，抵押权人可以向人民法院提起诉讼。抵押物折价或者拍卖、变卖后，其价款超过债权数额的部分归抵押人所有，不足部分由债务人清偿。

同一财产向两个以上债权人抵押的，拍卖、变卖抵押物所得的价款按照以下规定清偿：

① 抵押合同已登记生效的，按照抵押物登记的先后顺序清偿；顺序相同的，按照债权比例清偿。

② 抵押合同自签订之日起生效的，该抵押物已登记的，按照第①项规定的顺序清偿。未登记的，按照合同生效时间的先后顺序清偿；顺序相同的，按照债权比例清偿。抵押物已登记的先于未登记的受偿。

（3）质押

《担保法》第四章对质押做了规定。质押，是指债务人或第三人转移财产（动产）或权利的占有，将之作为债权担保。债务人不履行债务时，债权人有权以该动产或权利折价或者以拍卖、变卖该动产的价款优先受偿。质押动产或权利的债务人或者第三人为出质人，获得该担保的债权人为质权人，移交的动产为质物。质押与抵押的主要不同在于出质人向质权人转移质物的占有，而抵押物在抵押期间仍由抵押人占有。

质押合同的主要内容包括：被担保的主债权种类、数额；债务人履行债务的期限；质物的名称、数量、质量、状况；质押担保的范围；质物移交的时间；当事人认为需要约定的其他事项。质押合同自质物移交于质权人占有时生效。

质押担保的范围包括主债权及利息、违约金、损害赔偿金、质物保管费用和实现质权的费用。质押合同另有约定的，按照约定。

根据《担保法》，可以质押的权利包括：汇票、支票、本票、债券、存款单、仓单、提单；依法可以转让的股份、股票；依法可以转让的商标专用权，专利权、著作权中的财产权；依法可以质押的其他权利。

(4) 留置

《担保法》第五章对留置做了规定。留置，指因保管、运输、加工承揽合同，债权人占有债务人的动产，债务人不按合同约定的期限履行债务的，债权人有权留置该财产，以其折价、拍卖或变卖的价款优先受偿。

(5) 定金

《担保法》第六章规定了金钱给付的定金担保方式。当事人可以约定一方向对方给付定金作为债权的担保。债务人履行债务后，定金应当抵作价款或者收回。给付定金的一方不履行约定的债务的，无权要求返还定金；收受定金的一方不履行约定的债务的，应当双倍返还定金。定金的数额由当事人约定，但不得超过主合同标的额的 20%。

定金的没收和双倍返还的罚则在建筑工程承发包合同中较普遍地存在。但碍于种种原因，其并未能起到整体担保合同履行的有效效果，多数情形下则是作为一种惩罚与补偿手段而存在。

3) 工程担保中可适用的担保方式

以上五种担保方式，除留置规定仅适用于动产外，其余均可适用于建设工程合同。以下介绍几种建设工程合同中可采用的担保方式。

(1) 保证

采用保证的方式，一方面有利于规范地建立和发展我国的信用制度，另一方面可利用保证人的变化使保证担保制度多样化地发展。建筑工程中采用保证方式，可有银行、其他同业公司、母公司、担保公司等介入作为保证人，相应地就有了银行保证、同业保证、母公司保证和担保公司保证。

① 银行保证

银行作为保证人，多通过出具银行保函的形式提供担保。《担保法》第十一条已为银行自愿担保予以法律保护，且银行保函目前也常被使用于贸易之中。银行可出具的保函分为：

a. 投标保函。投标人保证中标后履行签订承发包合同的义务，否则业主将要求银行支付合同金额一定比例的罚金。

b. 履约保函。该保函有效地保证承包商履行合同责任，否则承包商将支付合同金额一定比例的罚款。

c. 付款保函。被用于保证业主按约支付给承包商合同约定的款项，超过一定期限，则银行承担代为支付的义务。

d. 保修保函。被用于保证承包商按约履行保修义务。

尽管银行保函作为保证手段已通行于各国，但它在法律上仍有一个未解决的问题：一般《担保法》上的保证均以书面形式设立，即由保证人与被保证人缔结保证合同；而保函是银行或担保公司单方面的承诺，而非与债权人达成的双方的书面协议，故其是否完全具有保证的法律效力还存在争议。目前，法律界多承认银行保函具有保证的效力。

在赋予保函法律效力的同时，我们还必须提倡银行广泛开展这一经营业务。这一方面需要培养银行自身从业人员具备建筑工程专业知识，另一方面需要建立和发展反担保的市场。

② 同业保证

同业保证的引入确有其他保证方式所不及之处。它的突出优点在于在保证债务履行的同时，能保证工程的正常进行。前述保函在国际上也被分为两种：支付金额与实际履行。但实际履行仅多为英美的担保公司采用，银行极少采用。实际履行的处理方式有两种：一是请业主另找承包商履行合同，保证人负担费用；二是保证人与另一家承包商和业主订立“接管合同”(Take-over Contract)，由保证人据此合同向承包商付款。这两种实际履行的方法虽然亦可达到工程继续进行的效果，但另找承包商并订立合同亦非短时间内即可完成的，且寻找承包商的过程是否仍要通过招投标完成，直接指定是否构成对以前其他投标人的不公，均是待解决的问题。

同业保证中的保证人可根据“以实际履行为担保内容”的保证合同直接进入施工现场，接管工程，省略了其他步骤与法律问题，对确保工程的顺利进行十分重要。

在这种保证中，有必要从承包资质方面对保证人的主体资格予以控制，明确能够承担同业担保的公司必须具有不低于被担保公司的资质，并应当禁止两家公司互相保证或集团内部关联企业多角保证的情形，以确保同业保证市场的健康发展。

③ 母公司保证

《公司法》未对母公司有确切定义。一种观点认为，母公司是对子公司享有控制权的股东；另一种观点认为，这种控制权必须体现在控股上，即占有50%以上的股份；还有一种观点认为，对全资设立的子公司方才享有母公司的地位。

通常情况下，母公司比子公司更有经济实力，由其提供保证，可在母、子公司经营范围类似的情形下起到同业保证的作用。

④ 担保公司保证

担保公司保证较银行保证而言，更能全面地考察和评估被担保人的综合能力。通过设立担保公司专门承担担保业务，有利于开拓和发展我国的担保市场。担保公司可由政府部门投资设立、行业间联合投资设立或财力雄厚的实体投资设立等。对于建筑业联合投资设立的担保公司而言，其较其他类型的担保公司更熟悉建筑市场，更易考核被担保人，且更易在整个担保流程中对承发包双方的履约进行有效的监督和控制。

担保公司可承担全过程履约担保服务，即从工程招投标开始到保修期满为止的各项履约担保。以承包商履约担保为例，它的操作流程是：承发包合同中约定承包商将提供担保公司担保；承包商向担保公司申请提供担保；担保公司对承包商及该项目进行审查；审查合格发出“项目担保书”；对承包商履约进行监督，对其违约行为作出相应处理。

⑤ 数人保证

这种保证方式与前面几种的划分方式不同，它是按照保证人的人数划分的，与之相对的是一人保证。《担保法》第十二条规定了数人保证，即由两个以上的保证人承担保证责任。按保证方式为一般和连带划分，数人保证可分为按份保证和共同保证。鉴于此种保证方式，上述①～④四种保证方式可交叉排列组合。可以想象，对于一些标的额巨大的市政工程，只能由两三个保证人联合起来，方能提供保证。

(2) 法定抵押权

除《担保法》规定的约定抵押权外，《合同法》第二百八十六条规定了法定抵押权，即承包人有权就建设工程折价或拍卖的价款优先受偿建造工程的款项。承包人的这一权利甚至优先于银行等工程抵押权人的权利，且毋须通过合同设定，在承发包合同生效后承包人即依法享有该权利。这一法定抵押权对承包方具有非同一般的意义。但该权利的行使有许多限制条件：须发包方不按约付款；须经催告并在合理期限内仍不付款；须通过折价或拍卖工程的方式行使。这难免影响到权利人的变更，影响到工程进度，同时由于工程的折价或拍卖进而影响到预购业主的权利。如同时存在支付担保，则可有效避免折价或拍卖的出现，为承包商获取工程款提供双重担保。

(3) 履约保证金

尽管《担保法》未规定履约保证金这一担保方式，但从其性质上考察，确可作为一种担保方式被运用至建设工程合同之中。《招标投标法》第四十六条第二款规定："招标文件要求中标人提供履约保证金的，中标人应当提交。"第六十条规定："中标人不履行与招标人订立的合同的，履约保证金不予退还，给招标人造成的损失超过履约保证金数额的，还应当对超过部分予以赔偿，没有提交履约保证金的，应当对招标人的损失承担赔偿责任。"显然，该法规定的履约保证金是一种履行合同的担保，在提交方不履行的情况下，另一方有权不予退还。《招标投标法》没有明确履约保证金是一种定金，也没有规定在收取方不履行合同义务的情况下，提交方有权要求其双倍返还。可见履约保证金是不同于定金的担保方式。

(4) 浮动抵押

该制度始于英国，现已被日本、加拿大、印度等国广泛采用，我国也已开始对之进行研究。浮动抵押，即以企业本身所有的现在及将来的全部财产及权益作为抵押物，向债权人提供担保。设定抵押时，抵押物不直接确定而只确定其范围，包括企业的全部动产与不动产、现有财产及将来财产、有形财产及无形财产及各种财产权益。担保设定之后，企业仍然可以自由处分其财产并从事经营活动，新取得的财产自动纳入抵押物之中。至企业有债务不履行、业务停止或解散等事由发生时，才以其当时全部财产确定为抵押物。

以上担保方式均可通过立法及市场强制的途径应用于各种工程担保类型中，以建立建设工程的担保市场。

4) 工程合同中可采用的主要担保种类

(1) 工程招投标过程中的担保种类

工程招投标过程中的担保种类可从招标与投标两个角度加以区分。

从招标角度言，招标单位需要具备《招标投标法》所规定的条件，包括建设项目的资金来源已经落实等。但在实践中，由于行政管理无法跟上，投标人往往在中标后才发觉招标人缺乏许多必备条件。为证明招标人有履约能力，多数招标人以银行保函的形式担保其自身将来的债务履行，即将已落实的一定金额的建设资金交给银行并设立专门账户，由银行进行监管并对投标人出具银行保函。

在我国，投标担保则更加普遍适用。投标担保是履约担保的前奏，它的主要作用在于保证投标方不在要约有效期内撤回要约及投标方在中标后与招标方签订承发包合同并提供履约担保。通常情况下，业主在招标时即提出要求投标方为承包本项目提供履约担保，但又由于：一，投标方不可能仅为投标即提供数额巨大的履约担保；二，如投标方在投标书有效期内撤回报价，应承担要约撤回的法律责任，但多数投标书对此责任并未明确约定，而招标书作为一种要约邀请，在合同达成前不具有法律约束力，即便对此作出规定也不可能以之制约投标方；三，如投标方在中标后不能提供履约担保，招标方既无法与之签订承发包合同，又无法有效向其追索损失。鉴于这三方面的原因，投标担保有存在的实际意义。

投标担保中，提供担保方是投标方，接受担保方是招标方。担保的内容是投标方在收到中标通知书后若干日内，应与招标方签订承发包合同，否则，投标方应向招标方支付一定数目的罚金。具体的担保方式可以是履约保证金或银行保函。《招标投标法》已经肯定了履约保证金的合法性。

(2) 工程施工过程中的担保种类

工程施工过程中，承发包双方最主要的对等义务即为承包商按约完工、发包商按约付款。因此，该过程中的担保种类主要为：

① 承包商履约担保

这里的承包商履约担保是狭义上的履约担保，即仅指承包商为保证履行自己的合同责任而向发包方提供的担保。这是工程担保中最重要、最关键的担保方式，如在我国推广采用，必对解决工程质量问题有重要意义。

在承包商履约担保中，提供担保方是承包方，接受担保方是发包方。担保的内容是保证承包方按照承发包合同的约定履行一切责任和义务，如有违反，担保方将为之向发包方承担因此所遭受的损失，或承包方将以担保物向发包方承担违约责任。承包商履约担保的有效期始于工程开工之日，终止日期则可约定为工程竣工交付之日或保修期满之日。建议今后推行的承包商履约担保终止于工程竣工交付之日，因为目前建筑市场推行在承发包合同之外单独签订保修合同，则该合同中约定的保修义务可通过保修担保予以解决。

② 业主付款担保

业主以设定担保方式保证其履行承发包合同中的向承包商付款的义务，就是业主付款担保。这一担保方式可有效地解决工程款拖欠问题，对规范建筑市场意义重大。

在业主付款担保中，提供担保方是发包方，接受担保方是承包商。担保的内容是保证发包方按照承发包合同约定的付款数额及支付方式向承包商付款，如其超过一定时间没有足额付款，则担保方或发包方自身将承担违约及损失赔偿责任。该担保开始的时间也是工程开工之日，终止的时间应为合同约定的最后一笔工程款付清之日，但其中作为保修金留存的款项可除外，因其可通过保修金支付担保的方式解决。

(3) 工程竣工后的担保种类

工程竣工后，承包商仍然负有在保修期内对工程予以保修的义务。鉴于目前工程（房屋）保修问题突出，设定保修担保的重要性也十分突出。它的作用在于保证当工程在交付后出现质量缺陷时，承包商能够及时履行保修义务。

在保修担保中，提供担保方是承包商，接受担保方是发包方。担保的内容是承包商保证按照保修合同或条款的约定完成保修义务，如有违反，担保方或承包商自身将承担违约及损失赔偿责任。该担保始于保修期开始之日，一般即指工程交付使用的第二天，终止时间则尚待进一步研究。鉴于目前工程各部分的保修期限长短不一，法定最低保修年限中最长的是地基基础工程和主体结构工程，其合理使用寿命多达几十年甚至上百年，而最短的仅几年，所以保修担保的期限在实际操作中就十分棘手。我们在此建议参照法国的做法，设定一定年限(一年或两年)为保修担保的最低期限，其余各部分的保修责任通过保险的方式解决。

5）工程担保合同的风险管理重点

工程担保合同的风险管理重点主要包括审慎签订工程担保合同和及时有效解决担保纠纷两个方面。及时有效解决担保纠纷在相关章节有所介绍，下面主要介绍一下审慎签订工程担保合同的相关内容。

不论是作为债权人、债务人或担保人，工程担保合同的签订均涉及其重大的经济利益：债权人在一定程度上分解了经营风险；债务人加重了履约的负担；担保人则无形中多负担了一定风险。因此，各方当事人均需审慎签订工程担保合同。在担保合同签订过程中，与签订其他合同所应把握的一样，应当是合同的主体、客体及内容。在工程担保合同中，尤其应注意以下问题：

(1) 担保人的担保能力

如前所述，担保人应当符合《担保法》规定的主体资格条件。除此之外，《公司法》第六十条规定："……董事经理不得以公司资产为本公司的股东或者其他个人债务提供担保。"

在审定担保人的资格外，应当再考察担保人是否具有实际履行的能力。这种能力一方面指担保的经济能力，如作为保证人是否有足够的资信、作为抵押人是否实际合法拥有抵押物的所有权等。另一方面指担保的履行能力，如在母公司保证中，作为发展商的保证人的母公司是否有房地产开发的经营范围和资质；在同业保证中，承包商的保证人是否具有代为履行的经营范围和相应资质，如无此经营范围和资质，该保证人就不能代承包商履约，其承诺的代为履行的担保依法不能实现，而只能由其承担连带赔偿的担保责任。所以，一家仅有三级资质的工程施工企业是不能为必须由一级资质施工企业施工的项目的承包商提供代为履行担保。

(2) 担保合同的生效条件

我国《担保法》规定的五种担保方式的生效条件各有区别，同一担保方式因担保物的不同，其生效条件也不尽相同。在实践中，当事人往往认为签订了担保合同即设定了担保，而不懂得有些担保是需经法定程序才能有效的，因而导致担保合同无效、担保虚设。

《担保法》对保证合同的生效条件未作明文规定，当事人可自行约定保证合同的生效条件。当事人一般约定保证合同自各方当事人签字盖章之日起生效，也可以约定其他生效条件，如经公证处公证等。

抵押因其抵押标的物的不同，生效的条件也不同。其中，以无地上定着物的土地使用权、城市房地产、乡镇、村企业的厂房等建筑物、林木等不动产作为抵押物的当事人所签订的抵押担保合同均须办理抵押登记，抵押合同自政府有关主管部门登记之日起生效。

动产质押合同自质押物移交给质权人占有时生效，权利质押则又区分为几种不同的生效条件：以汇票、支票、本票、债券、存款单、仓单、提单等作为质物签订的质押合同，自权利凭证交付之日起生效;以依法可转让的股票作为质物签订的质押合同,自合同向证券登记机关办理登记之日起生效;以有限责任公司的股份作为质物签订的质押合同,自股份出质载于规定名册之日起生效;以依法可以转让的商标专用权、专利权、著作权中的财产权出质签订的质押合同,自管理部门登记之日起生效。

(3) 担保合同中容易忽略或约定不明的内容

《担保法》对不同担保方式的合同必备条款都作了明确的规定。但在实践中,当事人往往对担保合同的主要条款仅作了常规性的约定,忽略了不同担保方式因具自身的特点而必须作出特别的约定,或者作了约定但约定不明,因而出现了当事人在设定担保时不愿看到的法律后果。

以保证这种担保方式为例。保证是被普遍运用的担保方式,在采用这种担保时必须在合同中明确约定保证的方式,即是一般保证还是连带责任保证。

在保证合同中还应予以注意确定的是保证的期间。在实践中,当事人往往会产生误解,认为只要债权人的债权未完全实现,保证人的保证责任就必然存在。其实不然,我国《担保法》规定,如果当事人在保证合同中未约定保证期间,保证期间为主债务履行期届满之日起六个月。也就是说,当债权人在主债务履行期届满之日起六个月未要求保证人承担保证责任或未对债务人提起诉讼或申请仲裁的,保证人即可免除保证责任。因此,当事人尤其是债权人,应特别注意对保证期间作出明确的约定。

例 7-3 某市新世界房地产公司与欧典建筑公司签订了一份建筑工程合同。合同约定由欧典建筑公司负责承建一批商品房,建筑面积 4 000 m^2,工程价款决算为 500 万元人民币。合同规定:新世界房地产公司预付工程价款的 20%,并提供设计图样及各种技术指标和内部设施计划,欧典公司包工包料,按照合同约定日期交付验收技术资料;任何一方不按照合同约定履行义务的,要支付工程造价的 5%作为违约金。合同正式签订后,双方依约履行,工程施工进展顺利。欧典建筑公司按期完成这批商品房屋建设任务。该工程验收合格后,新世界房地产公司却提出资金不足暂无法支付工程款。经欧典建筑公司再三催促,新世界房地产公司仍未支付。在迫不得已的情况下,欧典建筑公司向法院提起诉讼,要求拍卖这批商品房,以拍卖所得款支付工程款。

问 本案应该如何处理?

解析 新世界房地产公司违约,应该承担违约责任;欧典建筑公司可以与发包人协议将该工程折价,也可以申请人民法院将该工程依法拍卖,建设工程的价款就该工程折价或者拍卖的价款优先受偿。

发包人在工程建设完成后,对竣工验收合格的工程应予以接受,并应当按照约定的方式和期限进行工程决算,向承包人支付工程款,这是发包人的主要义务之一。发包人未按合同约定的期限支付价款的,应当承担逾期付款的违约责任。同时,《合同法》第二百八十六条规定:“发包人未按照约定支付价款的,承包人可以催告发包人在合理期限内支付价款。发包人逾期不支付的,除按照建设工程的性质不宜折价、拍卖的以外,承包人可以与发包人协议将该工程折价,也可以申请人民法院将该工程依法拍卖。建设工程的价款就该工程折价或者拍卖的价款优先受偿。”这条规定赋予了承包人优先权。

本案例中,建设工程发包人新世界房地产公司在承包人欧典建筑公司如约履行建设工程承包合同,按期保质完成商品房施工并经验收合格后仍然不支付工程款,其行为已构成违约，欧典公司在多次催讨要后可依法行使承包人优先权。

本章小结

合同管理主要掌握履约管理与风险管理，但是在项目施工合同中，由于工程变更涉及到工程价款的变更与索赔的处理，搞好施工合同中的工程变更管理十分重要，因此履约管理的重点是工程变更管理。而在风险管理中，为了保证质量履行，确保质权实现，必须熟悉工程担保及管理，尤其是履约保证金的运用。

复习思考题

1. 合同分析的作用是什么？
2. 怎样建立合同管理工作程序？
3. 怎样理解履约管理的重点是工程变更管理？
4. 业主风险防范对策包括哪些？
5. 工程担保中可适用的担保方式有哪些？

8 施工合同索赔

8.1 工程索赔起因

8.1.1 发包人或工程师违约

1）发包人没有按合同规定的时间和要求提供施工场地、创造施工条件造成违约

《建设工程施工合同(示范文本)》通用条款第 8 条详细规定了发包人专用条款约定的时间和要求所要完成的土地征用;房屋拆迁;清除地上、地下障碍;保证施工用水、用电;材料运输;机械进场;办理施工所需各种证件、批件及有关申报批准手续,提供地下管网线路资料等工作。开工日期经施工合同协议书确定后,承包人要按照既定的开工时间做好各种准备,并需提前进场做好办公、库房、及其他临时设施的搭建等工作。如果发包人不能在合同规定的时间内给承包人的施工队伍进场创造条件,使准备进场的人员不能进场,准备进场的机械不能到位,应提前进场的材料运不进场,其他的开工准备工作不能按期进行,导致工期延误或给承包人造成损失的,承包人可提出索赔。

2）发包人没有按施工合同规定的条件提供应供应的材料、设备造成违约

《建设工程施工合同(示范文本)》通用条款第 27 条规定了发包人所应承担的材料、设备供应责任。如果发包人所供应的材料、设备到货时间、地点、单价、种类、规格、数量、质量等级与合同附件(附件 2)的规定不符,导致工期延误或给承包人造成损失的,承包人可提出索赔。

3）发包人没有能力或没有在规定的时间内支付工程款造成违约

按照《建设工程施工合同(示范文本)》通用条款第 24 条和第 26 条的规定,发包人应按照专用条款规定的时间和数额,向承包人支付预付款和工程款。当发包人没有支付能力或拖期支付以及由此引发停工,导致工期延误或给承包人造成损失的,承包人可提出索赔。

4）工程师对承包人在施工过程中提出的有关问题久拖不定造成违约

《建设工程施工合同(示范文本)》通用条款第 5 条规定,工程师应按照合同文件的要求行使自己的权力,履行合同约定的职责,及时向承包人提供所需指令、批准、图纸等。在施工过程中,承包人为了提高生产效率,增加经济效益,较早发现工程进展中的问题,并向工程师寻求解决的办法,或提出解决方案报工程师批准,如果工程师不及时给予解决或批准,将会直接影响工程的进度,形成违约事件,造成承包人索赔。

5）工程师工作失误，对承包人进行不正确纠正、苛刻检查等造成违约

《建设工程施工合同(示范文本)》中对工程质量的检查、验收等工作程序及争议解决都作了明确规定。但是，实际工作中，由于具体工作人员的工作经历、业务水平、思想素质及工作方式、方法等原因，往往会造成承发包双方工作的不协调，其中因工程师造成的影响会成为索赔的起因。

(1) 工程师的不正确纠正

施工过程中，可能发生工程师认为承包人某施工部位或项目所采用的材料不符合技术规范或产品质量的要求，从而要求承包人改变施工方法或停止使用某种材料，但事后又证明并非承包人的过错，因此，工程师的纠正是不正确的。在此情况下，承包人对不正确纠正所发生的经济损失及时间(工期)损失提出相应补偿是维护自身利益的表现。

(2) 工程师对正常施工工序造成干扰

一般情况下，工程师应根据施工合同发出施工指令，并可以随时对任何部位进行质量检查。但是，工程师对承包人在施工中所采用的方法及施工工序不必过多干涉，只要不违反施工合同要求和不影响工程质量就可以进行。如果工程师强制承包人按照某种施工工序或方法进行施工，这就可能打乱承包人的正常工作顺序，造成工程不能按期完成或增加成本开支。不论工程师意图如何，只要造成事实上对正常施工工序的干扰，其结果都可能导致不应有的工程停工、开工，人员闲置、设备闲置、材料供应混乱等局面，由此而产生的实际损失，承包人必然会对此提出索赔。

(3) 工程师对工程进行苛刻检查

《建设工程施工合同(示范文本)》规定了工程师及其委派人员有权在施工过程中的任何时候对任何工程进行现场检查。承包人应为其提供便利条件，并按照工程师及其委派人员的要求返工、修改，承担由自身原因导致返工、修改的费用。毫无疑问，工程师的各种检查都会给被检查现场带来某种干扰，但这种干扰应理解为是合理的。工程师所提出的修改或返工的要求应该是依据施工合同所指定的技术规范，一旦工程师的检查超出了施工合同范围的要求，超出了一般正常的技术规范要求即认为是苛刻检查。

常见的苛刻检查的种类有：对同一部分工程内容的反复检查；使用与合同规定不符的检查标准进行检查；过分频繁的检查；故意不及时检查等。

面对具有丰富经验的承包人，工程师对自己权力的行使应掌握好合同界限，过分地不恰当地行使自己的权力，对工程进行苛刻的检查，将会对承包人的施工活动产生影响，必然导致承包人的索赔。

8.1.2 合同变更与合同缺陷

1）合同变更

合同变更，是指施工合同履行过程中，对合同范围内的内容进行的修改或补充，合同变更的实质是对必须变更的内容进行新的要约和承诺。现代工程中，对于一个较复杂的建设工程，合同变更就会有几十项甚至更多。大量的合同变更正是承包人的索赔机会，每一变更事项都有可能成为索赔依据。合同变更一般体现在由合同双方经过会谈、协商对需要变更的内容达成一致意见后，签署的会议纪要、会谈备忘录、变更记录、补充协议等合同文件中。合同变更的具体内容可划分为：工程设计变更、施工方法变更、工程师及

委派人的指令等。

(1) 工程设计变更

工程设计变更一般存在两种情况，即完善性设计变更和修改性设计变更。

所谓完善性设计变更，是指在实施原设计的施工中不进行技术上的改动将无法进行施工的变更。通常表现为对设计遗漏、图纸互相矛盾、局部内容缺陷方面的修改和补充。完善性设计变更，通过承发包双方协调一致后即可办理变更记录。

所谓修改性设计变更，是指并非设计原因而对原设计工程内容进行的设计修改。此类设计变更的原因主要来自发包人的要求和社会条件的变化。

对于完善性设计变更，是有经验的承包人意料之中的变更。常常由承包人发现并提交工程师进行解决，办理设计变更手续。一般情况下该类变更对工程量的影响不大，对施工中的各种计划安排、材料供应、人力及机械的调配影响不大，相对应的索赔机会也较少。

对于修改性设计变更，即使对于有经验的承包人也是难以预料的。尽管这种修改性设计变更并非完全是发包人自身的原因，但其往往影响承包人的局部甚至整个施工计划的安排，带来许多对施工方面的不利因素，造成承包人重复采购、调整人力或机械调配、等待修改设计图纸、对已完工程进行拆改等，成本比原计划增加，工期比计划延长。承包人会抓住这一机会，向发包人提出因设计变更所引起的索赔要求。

(2) 施工方法变更

施工方法变更，是指在执行经工程师批准的施工组织设计时，因实际情况发生变化需要对某些具体的施工方法进行修改。这种对施工方法的修改必须报工程师批准方可执行。

施工方法变更必然会对预定的施工方案、材料设备、人力及机械调配产生影响，会使施工成本加大，其他费用增加，从而引起承包人索赔。

(3) 工程师及委派人的指令

如果工程师及委派人指令承包人加速施工、改换某些材料、采取某项措施进行某种工作或暂停施工等，则带有较大成分的人为合同变更，承包人可以抓住这一合同变更的机会，提出索赔要求。

2) 合同缺陷

合同缺陷，是指承发包当事人所签订的施工合同进入实施阶段才发现的、合同本身存在的、现时已很难再作修改或补充的问题。

大量的工程合同管理经验证明，施工合同在实施过程中，常发现有如下的情况：

(1) 合同条款用语含糊、不够准确，难以分清双方的责任和权益；

(2) 合同条款中存在漏洞，对实际可能发生的情况未作预料和规定，缺少某些必不可少的条款；

(3) 合同条款之间存在矛盾，即在不同的条款中，对同一问题的规定或要求不一致；

(4) 由于合同签订前没有把各方对合同条款的理解进行沟通，导致双方对某些条款理解不一致；

(5) 对合同一方要求过于苛刻、约束不平衡，甚至发现某些条款是一种圈套，某些条款中隐含着较大风险。

按照我国签订施工合同所应遵守的合法公正、诚实信用、平等互利、等价有偿的原则，合同的签订过程是双方当事人意思自治的体现，不存在一方对另一方的强制、欺骗等不公平行为。因此，签订合同后所发现的合同本身存在的问题，应按照合同缺陷进行处理。

无论合同缺陷表现为哪一种情况，其最终结果可能是以下两种情况：一，当事人对有缺陷的合同条款重新解释定义，协商划分双方的责任和权益；二，各自按照本方的理解，把不利责任推给对方，发生激烈的合同争议后，提交仲裁机构裁决。

总之，施工合同缺陷的解决往往是与施工索赔及解决合同争议联系在一起的。

8.1.3 不可预见性因素

1）不可预见性障碍

不可预见性障碍，是指承包人在开工前，根据发包人所提供的工程地质勘察报告及现场资料，并经过现场调查，都无法发现的地下自然或人工障碍。如古井、墓坑、断层、溶洞及其他人工构筑物类障碍等。

不可预见性障碍在实际工程中，表现为不确定性障碍的情况更常见。所谓不确定性障碍，是指承包人根据发包人所提供的工程地质勘察报告及现场资料，或经现场调查可以发现地下存在自然的或人工的障碍，但因资料描述与实际情况存在较大差异，而这些差异导致承包人不能预先准确地制定处理方案，估计处理费用。

不确定性障碍属不可预见性障碍范围，但从施工索赔的角度看，不可预见性障碍的索赔比较容易被批准，而不确定性障碍的索赔则需要根据施工合同细则条款论证。区分不确定性障碍与不可预见性障碍的表现，采取不同的索赔方法是施工索赔管理人员应注意的。

2）其他第三方原因

其他第三方原因，是指与工程有关的其他第三方所发生的问题对工程施工的影响。其表现的情况是复杂多样的，往往难于划分类型。如下述情况：

（1）正在按合同供应材料的单位因故被停止营业，使正需要的材料供应中断；

（2）因铁路部门的原因，正常物资运输造成压站，使工程设备迟于安装日期到场，或不能配套到场；

（3）进场设备运输必经桥梁因故断塌，使绕道运费大增。

诸如上述及类似问题的发生，客观上给承包人造成施工停顿、等候、多支出费用等情况。如果上述情况中的材料供应合同、设备订货合同及设备运输路线是发包人与第三方签订或约定的，承包人可以向发包人提出索赔。

8.1.4 国家政策、法规的变化

国家政策、法规的变化，通常是指直接影响到工程造价的某些国家政策、法规的变化。我国目前正处在改革开放的发展阶段，特别是加入 WTO 以后，正在与国际市场接轨，价格管理逐步向市场调节过渡，每年都有关于对建筑工程造价的调整文件出台，这对工程施工必然产生影响。对于这类因素，承发包双方在签订合同时必须引起重视。在现阶段，因国家政策、法规变更所增加的工程费用占有相当大的比重，是一个不能忽视的索赔因素。常见的国家政策、法规的变更有：

（1）由工程造价管理部门发布的建筑工程材料预算价格调整；

（2）建筑材料的市场价与概预算定额文件价差的有关处理规定；

（3）国家调整关于建设银行贷款利率的规定；

(4) 国家有关部门在工程中停止使用某种设备、某种材料的通知；

(5) 国家有关部门在工程中推广某些设备、施工技术的规定；

(6) 国家对某种设备、建筑材料限制进口、提高关税的规定等。

显然，上述有关政策、法规对建筑工程的造价必然产生影响，承包人可依据这些政策、法规的规定向发包人提出补偿要求。假如这些政策、法规的执行会减少工程费用，受益的无疑应该是发包人。

8.1.5 合同中止与解除

施工合同签订后，对合同双方都有约束力，任何一方如违反合同规定都应承担责任，以此促进双方较好地履行合同。但是实际工作中，由于国家政策的变化，不可抗力以及承发包双方之外的原因导致工程停建或缓建的情况时有发生，必然造成合同中止。另外，由于在合同履行中，承发包双方在工作合作中不协调、不配合甚至矛盾激化，使合同履行不能再维持下去，或发包人严重违约，承包人行使合同解除权，或承包人严重违约，发包人行使合同解除权等，都会产生合同的解除。

由于合同的中止或解除是在施工合同还没有履行完毕时发生的，必然会导致承发包双方的经济损失，因此，发生索赔是难免的。但引起合同中止与解除的原因不同，索赔方的要求及解决过程也大不一样。

8.2 索赔的程序与依据

8.2.1 索赔的程序

1) 施工索赔的程序和时限的规定

在工程项目施工阶段，每出现一个索赔事件，都应按照国家有关规定、国际惯例和工程项目合同条件的规定，认真及时地协商解决。我国《建设工程施工合同(示范文本)》中对索赔的程序和时间要求有明确而严格的规定，主要包括：

(1) 甲方未能按合同约定履行自己的各项义务或发生错误，以及出现应由甲方承担责任的其他情况，造成工期延误；或甲方延期支付合同价款，或因甲方原因造成乙方的其他经济损失，乙方可按下列程序以书面形式向甲方索赔：

① 造成工期延误或乙方经济损失的事件发生后 28 天内，乙方向工程师发出索赔意向通知；

② 发出索赔意向通知后 28 天内，乙方向工程师提出补偿经济损失和(或)延长工期的索赔报告及有关资料；

③ 工程师在收到乙方送交的索赔报告和有关资料后，于 28 天内给予答复，或要求乙方进一步补充索赔理由和证据；

④ 工程师在收到乙方送交的索赔报告和有关资料后 28 天内未予答复或未对乙方作进一步要求，则视为该项索赔已被认可；

⑤ 当造成工期延误或乙方经济损失的该项事件持续进行时，乙方应当阶段性向工程师发出索赔意向，在该事件终了后 28 天内，向工程师送交索赔的有关资料和最终索赔报告。

(2) 乙方未能按合同约定履行自己的各项义务或发生错误给甲方造成损失，甲方也按以上各条款规定的时限和要求向乙方提出索赔。

2) 施工索赔的工作过程

施工索赔的工作过程，即是施工索赔的处理过程。施工索赔工作一般有以下几个步骤：索赔要求的提出、索赔证据的准备、索赔文件(报告)的编写、索赔文件(报告)的报送、索赔文件(报告)的评审、索赔谈判与调解、索赔仲裁与诉讼。现分述如下：

(1) 索赔要求的提出

当出现索赔事件时，承包商应在现场先与工程师磋商，如果不能达成妥协方案时，则应审慎地检查自己索赔要求的合理性，然后决定是否提出书面索赔要求。按照 FIDIC 合同条款，书面的索赔通知书应在引起索赔的事件发生后的 28 天以内向工程师正式提出，并抄送业主；逾期提送，将遭到业主和工程师的拒绝。

索赔通知书一般都很简单，仅说明索赔事项的名称，根据相应的合同条款，提出自己的索赔要求。索赔通知书主要包括以下内容：

① 引起索赔事件发生的时间及情况的简单描述。

② 依据合同的条款和理由。

③ 说明将提供有关后续资料，包括有关记录和提供事件发展的动态。

④ 说明对工程成本和工期产生不利影响的严重程度，以期引起监理工程师和业主的重视。

至于索赔金额的多少或应延长工期的天数，以及有关的证据资料，可稍后再报给业主。

(2) 索赔证据的准备

索赔证据资料的准备是施工索赔工作的重要环节。承包商在正式报送索赔文件(报告)前，要尽可能地使索赔证据资料完整齐备，不可“留一手”待谈判时再抛出来，以免造成对方的不愉快而影响索赔事件的解决。索赔金额的计算要准确无误，符合合同条款的规定，具有说服力；力求文字清晰，简单扼要，要重事实、讲理由，语言婉转而富有逻辑性。关于索赔证据资料包括哪些内容，将在后面作详细介绍。

(3) 索赔文件(报告)的编写

索赔文件(报告)是承包商向监理工程师(或业主)提交的要求业主给予一定的经济(费用)补偿或工期延长的正式报告。关于索赔报告的编写内容及应注意的问题等，将在后面作详细介绍。

(4) 索赔文件(报告)的报送

索赔报告编写完毕后，应在引起索赔的事件发生后 28 天内尽快提交给监理工程师(或业主)，以正式提出索赔。索赔报告提交后，承包商不能被动等待，应隔一定的时间主动向对方了解索赔处理的情况，根据对方所提出的问题进一步作资料方面的准备，或提供补充资料，尽量为监理工程师处理索赔提供帮助、支持和合作。

索赔的关键问题在于“索”，承包商不积极主动去“索”，业主没有任何义务去“赔”。因此，提交索赔报告虽然是“索”，但还只是刚刚开始，要让业主“赔”，承包商还有许多更艰难的工作要做。

(5) 索赔文件(报告)的评审

工程师或业主接到承包商的索赔报告后，应该马上仔细阅读其报告，并对不合理的索赔进行反驳或提出疑问，工程师可以根据自己掌握的资料和处理索赔的工作经验提出意见和主张。如：

① 索赔事件不属于业主和监理工程师的责任，而是第三方的责任。

② 承包商未能遵守索赔意向通知的要求。

③ 合同中的开脱责任条款已经免除了业主补偿的责任。

④ 索赔是由不可抗力引起的，承包商没有划分和证明双方责任的大小。

⑤ 承包商没有采取适当措施避免或减少损失。

⑥ 承包商必须提供进一步的证据。

⑦ 损失计算夸大。

⑧ 承包商以前已明示或暗示放弃了此次索赔的要求。

但工程师提出这些意见和主张时，也应当有充分的根据和理由。评审过程中，承包商应对工程师提出的各种质疑作出圆满的答复。

(6) 索赔谈判与调解

经过监理工程师对索赔报告的评审，与承包商进行了较充分的讨论后，工程师应提出对索赔处理决定的初步意见，并参加业主和承包商进行的索赔谈判，通过谈判，作出索赔的最后决定。

在双方直接谈判没能取得一致解决意见时，为争取通过友好协商办法解决索赔争端，可邀请中间人进行调解。有些调解是非正式的，例如通过有影响的人物(业主的上层机构、官方人士或社会名流等)或中间媒介人物(双方的朋友、中间介绍人、佣金代理人等)进行幕前幕后调解。也有些调解是正式性质的，例如在双方同意的基础上共同委托专门的调解人进行调解，调解人可以是当地的工程师协会或承包商协会、商会等机构。这种调解要举行一些听证会和调查研究，而后提出调解方案，如双方同意则可达成协议并由双方签字和解。

(7) 索赔仲裁与诉讼

对于那些确实涉及重大经济利益而又无法用协商和调解办法解决的索赔问题，而变成为双方的难以调和的争端，只能依靠法律程序解决。在正式采取法律程序解决之前，一般可以先通过自己的律师向对方发出正式索赔函件，此函件最好通过当地公证部门登记确认，以表示诉诸法律程序的前奏。这种通过律师致函属于“警告”性质，多次警告而无法和解(例如由双方的律师商讨仍无结果)，则只能根据合同中“争端的解决”条款提交仲裁或司法程序解决。

8.2.2 索赔的依据

为了达到索赔成功的目的，承包商必须进行大量的索赔论证工作，以大量的证据来证明自己拥有索赔的权利和应得的索赔款额和索赔工期。在进行施工索赔时，承包商应善于从合同文件和施工记录等资料中寻找索赔的依据，在提出索赔要求的同时，提出必需的证据资料。可以作为索赔依据的主要资料是：

(1) 政策法规文件。政策法规文件是指工程所在国的政府或立法机关公布的有关国家法律、法令或政府文件，如货币汇兑限制指令，外汇兑换率的决定，调整工资的决定，税收变更指令，工程仲裁规则等。这些文件直接影响到承包商的收益，因此，这些文件对工程结算和索赔具有重要的影响，承包商必须高度重视。

（2）招标文件、合同文本及招标文件附件中所包括的合同文本。如FIDIC《施工合同条件》中的通用条件和专用条件以及我国《建设工程施工合同（示范文本）》中的通用条款和专用条款，施工技术规范，工程范围说明，现场水文地质资料和工程量表等资料，标前会议和澄清会议资料等，不仅是承包商投标报价的依据和构成工程合同文件的基础，而且是施工索赔时计算索赔费用的依据。

（3）施工合同协议书及附属文件。施工合同协议书，各种合同双方在签约前就中标价格、施工计划、合同条件等问题进行的讨论纪要文件，以及其他各种签约的备忘录和修正案等资料，都可以作为承包商索赔计价的依据。

（4）往来的书面文件。在合同实施过程中，会有大量的业主、承包商、工程师之间的来往书面文件，如业主的各种认可信与通知，工程师或业主发出的各种指令，如工程变更令、加速施工令等，以及对承包商提出问题的书面回答和口头指令的确认信等，这些信函（包括电传、传真资料等）都将成为索赔的证据。因此，来往的信件一定要留存，自己的回复则要留底。同时，要注意对工程师的口头指令及时进行书面确认。

（5）会议记录。主要有标前会议和决标前的澄清会议纪要。在合同实施过程中，业主、工程师和承包商定期和不定期的工地会议，如施工协调会议，施工进度变更会议，施工技术讨论会议等，以及在这些会议上研究实际情况作出的决议或决定等。这些会议记录均构成索赔的依据，但应注意这些记录若想成为证据，必须经各方签署才有法律效力。因此，对于会议纪要应建立审阅制度，即由作纪要的一方写好纪要稿后，送交参会各方传阅核签，如果有不同意见须在规定期限内提出或直接修改，若不提出意见则视为同意（这个程序需由各方在项目开始前商定）。

（6）批准的施工进度计划和实际进度记录。经过业主或工程师批准的施工进度计划和修改计划、实际进度记录和月进度报表是进行索赔的重要证据。进度计划中不仅指明工作间施工顺序和工作计划持续时间，而且还直接影响到劳动力、材料、施工机械和设备的计划安排，如果由于非承包商原因或风险使承包商的实际进度落后于计划进度或发生工程变更，则这类资料对承包商索赔能否成功起到极其重要的作用。

（7）施工现场工程文件。施工现场工程文件包括现场施工记录、施工备忘录、各种施工台账、工时记录、质量检查记录、施工设备使用记录、建筑材料进场和使用记录、工长或检查员以及技术人员的工作日记、监理工程师填写的施工记录和各种签证，各种工程统计资料如周报、月报，工地的各种交接记录如施工图交接记录、施工场地交接记录、工程中停电停水记录等资料，这些资料构成工程实际状态的证据，是工程索赔时必不可少的依据。

（8）工程照片、录像资料。工程照片和录像资料作为索赔证据最为直观，并且在照片上最好注明日期。其内容可以包括：工程进度照片和录像、隐蔽工程覆盖前的照片和录像、业主责任或风险造成的返工或工程损坏的照片和录像等。

（9）检查验收报告和技术鉴定报告。在工程中的各种检查验收报告如隐蔽工程验收报告、材料试验报告、试桩报告、材料设备开箱验收报告、工程验收报告以及事故鉴定报告等，这些报告构成对承包商工程质量的证明文件，因此成为工程索赔的重要依据。

（10）工程财务记录文件。包括工人劳动计时卡和工资单、工资报表、工程款账单、各种收付款原始凭证、总分类账、管理费用报表、工程成本报表、材料和零配件采购单等财务记录文件，它们是对工程成本的开支和工程款的历次收入所做的详细记录，是工程索赔中必不可少的索赔款额计算的依据。

(11) 现场气象记录。工程水文、气象条件变化,经常引起工程施工的中断或工效降低,甚至造成在建工程的破损,从而引起工期索赔或费用索赔。尤其是遇到恶劣的天气,一定要做好记录,并且请工程师签字。这方面的记录内容通常包括:每月降水量、风力、气温、水位、施工基坑地下水状况等,对地震、海啸和台风等特殊自然灾害更要随时做好记录。

(12) 市场行情资料。包括市场价格、官方公布的物价(工资指数、中央银行的外汇比率等)资料,是索赔费用计算的重要依据。

例 8-1 某承包商通过竞争性投标,中标承建一写字楼工程。合同中标价为 980 000 美元。采用 FIDIC《土木工程施工合同条件》签订合同。在工程施工过程中,由于地基出现问题,而被迫修改设计,造成多项变更,并且修改的变更图总是延误,多次发生已施工完毕的部分又发生变更,被业主指令拆除。因此,承包商提出索赔。

问 承包商提出索赔应该提供哪些证据?

解析 承包商应该提供的索赔证据有:合同文本,地基出现问题时工程师签发的暂停施工令,工程师签发的变更指令,承包商签收施工图和变更图的记录,拆除时的用工量记录,工地会议记录、机械进场记录和租赁费单据等。

索赔证据提供的目的有两个:一是证明自己有权索赔;二是证明自己的索赔合理。因此,在提供证据时,就应当从这两个方面来进行考虑。

8.3 索赔费用

8.3.1 索赔费用的构成

索赔费用的构成和施工项目中标合同价的构成是一致的,索赔的款项必须是施工合同价格中已经包括了的内容,而索赔款是超出原来报价的增加部分。从原则上说,只要是承包商有索赔权的事项,导致了工程成本的增加,承包商都可以提出费用索赔,因为这些费用是承包商完成超出合同范围的工作而实际增加的开支。一般索赔费用中主要包括以下内容:

1) 人工费

人工费是构成工程成本中直接费的主要项目之一,主要包括生产工人的基本工资、工资性质的津贴、辅助工资、劳保福利费、加班费、奖金等。索赔费用中的人工费主要考虑以下几个方面:

(1) 完成合同计划以外的工作所花费的人工费用。

(2) 由于非承包商责任的施工效率降低所增加的人工费用。

(3) 超过法定工作时间的加班劳动费用。

(4) 法定人工费的增长。

(5) 由于非承包商的原因造成工期延误致使人员窝工增加的人工费等。

2) 材料费

材料费在直接费中占有很大比重。由于索赔事项的影响,在某些情况下,会使材料费的支出超过原计划材料费支出。索赔的材料费主要包括以下内容:

(1) 由于索赔事项材料实际用量超过计划用量而增加的材料费。

(2) 对于可调价格合同，由于客观原因材料价格大幅度上涨。

(3) 由于非承包商的责任使工期延长导致材料价格上涨。

(4) 由于非承包商的原因致使材料运杂费、材料采购与保管费用的上涨等。

索赔的材料费中应包括材料原价、材料运输费、材料包装费、材料的运输损耗等。但由于承包商自身管理不善等原因造成材料损坏、失效等费用损失不能计入材料费索赔中。

3) 施工机械使用费

由于索赔事项的影响使施工机械使用费增加，主要体现在以下几个方面：

(1) 由于完成工程师指示的超出合同范围的工作所增加的施工机械使用费。

(2) 由于非承包商的责任导致施工效率降低所增加的施工机械使用费。

(3) 由于业主或者工程师的原因导致机械停工的窝工费等。

4) 管理费

(1) 工地管理费。工地管理费的索赔是指承包商为完成索赔事项工作、业主指示的额外工作及合理的工期延长期间所发生的工地管理费用，包括工地管理人员的工资、办公费、通信费、交通费等。

(2) 总部管理费。索赔款中的总部管理费是指索赔事项引起的工程延误期间所增加的管理费用，一般包括总部管理人员的工资、办公费用、财务管理费用、通信费用等。

(3) 其他直接费和间接费。国内工程一般按照相应费用定额计取其他直接费和间接费等项，索赔时可以按照合同约定的相应费率计取。

5) 利润

承包商的利润是其正常合同报价中的一部分，也是承包商进行施工的根本目的。所以当一个索赔事项发生的时候，承包商会相应地提出利润的索赔。但是对于不同性质的索赔，承包商可能得到的利润补偿是不一样的。一般由于业主方工作失误造成承包商的损失，可以索赔利润，而由业主方也难以预见的事项造成的损失，承包商一般不能索赔利润。在FIDIC合同条件中，对于以下几项索赔事项，明确规定了承包商可以得到相应的利润补偿：

(1) 工程师或者业主提供的施工图或指示延误。

(2) 业主未能及时提供施工现场。

(3) 合同规定或工程师通知的原始基准点、基准线、基准标高错误。

(4) 不可预见的自然条件。

(5) 承包商服从工程师的指示进行试验(不包括竣工试验)，或由于雇主应负责的原因对竣工试验的干扰。

(6) 因业主违约，承包商暂停工作及终止合同。

(7) 一部分应属于雇主承担的风险等。

6) 利息

在实际施工过程中，由于工程变更和工期延误会引起承包商投资增加，业主拖期支付工程款也会给承包商造成一定的经济损失，因此承包商会提出利息索赔。利息索赔一般包括以下几个方面：

(1) 业主拖期支付工程进度款或索赔款的利息。

(2) 由于工程变更和工期延长所增加投资的利息。

(3) 业主错误扣款的利息。

无论是什么原因致使业主错误扣款，由承包商提出反驳并被证明是合理的情况下，业主一方错误扣除的任何款项都应该归还，并应支付扣款期间的利息。

如果工程部分进行分包，分包商的索赔款同样也包括上述各项费用。当分包商提出索赔时，其索赔要求如数列入总包商的索赔要求中一起向工程师提交。

7）不允许索赔的事项

一般在施工索赔中，以下几项费用是不允许索赔的：

（1）承包商对索赔事项的发生原因负有全部责任的有关费用。

（2）承包商对索赔事项未采取减轻措施因而扩大的费用。

（3）承包商进行索赔工作的准备费用。

（4）索赔款在索赔处理期间的利息。

（5）工程有关的保险费用。

8.3.2 索赔费用的计算

1）人工费的计算

要计算索赔的人工费，就要知道人工费的单价和人工的消耗量。

人工费的单价，首先要按照报价单中的人工费标准确定。如果是额外工作，要按照国家或地区统一制定发布的人工费定额计算。随着物价的上涨，人工费也要不断上涨。如果是调价合同，在进行索赔人工费计算时，也要考虑到人工费的上涨可能带来的影响。如果因为工程拖期，使得大量工作推迟到人工费涨价以后的阶段进行，人工费会大大超过计划标准。这时在进行单价计算时，一定要明确工程延期的责任，以确定相应的人工费的合理单价。如果施工现场同时有人工费单价的提高和施工效率的降低，则在人工费计算时要分别考虑两种情况对人工费的影响，分别进行计算。

人工的消耗量，要按照现场实际记录、工人的工资单据以及相应定额中的人工的消耗量定额来确定。如果涉及到现场施工效率降低，要做好实际效率的现场记录，与报价单中的施工效率相比较，确定出实际增加的人工数量。

2）材料费的计算

要计算索赔的材料费，同样要知道增加的材料用量和相应材料的单价。

材料单价的计算，首先要明确材料价格的构成。材料的价格一般包括材料供应价、包装费、运输费、运输损耗费、采购保管费五部分。如果不涉及材料价格的上涨，可以直接按照投标报价中的材料价格进行计算。如果涉及材料价格的上涨，则要按照材料价格的构成，按照正式的订货单、采购单，或者官方公布的材料价格计算。

材料单价＝(供应价＋包装费＋运输费＋运输损耗费)×(1＋采购保管费率)－包装品回收值

增加材料用量的计算，要依据增加的工程量和相应材料消耗定额规定的材料消耗量指标，确定实际增加的材料用量。

材料费＝工程量×每单位工程量材料消耗量标准×材料单价

3）施工机械使用费的计算

施工机械使用费的计算，按照不同机械的具体情况采用不同的处理方法。

（1）如果是工程量增加，可以按照报价单中的机械台班费用单价和相应工程增加的台班数量，计算增加的施工机械使用费。如果因工程量的变化双方协议对合同价进行了调整，则按照调整以后的新单价进行机械使用费的计算。

(2) 如果是由于非承包商的原因导致施工机械窝工闲置，窝工费的计算则要区别是承包商自有机械还是租赁机械，分别进行计算。

对于承包商自有机械设备，窝工机械费仅按照折旧台班费计算。如果是使用租赁的设备，租赁价格合理，又有正式的租赁收据，就可以按租赁价格计算窝工的机械台班使用费。

(3) 施工机械降效。如果实际施工中因为受到非承包商的原因导致施工效率降低，承包商将不能按照原定计划完成施工任务，工程拖期后，会增加相应的施工机械费用。确定机械降低效率导致的机械费的增加，可以考虑按以下公式计算增加的机械台班数量：

增加的机械台班数量＝实际台班数量 － 计划台班数量

则机械降效增加的机械费为：

机械降效增加的机械费＝机械台班单价 × 增加的机械台班数量

4) 管理费的计算

(1) 工地管理费。工地管理费是按照人工费、材料费、施工机械使用费之和的一定百分比计算确定的。所以当承包商完成额外工程或者附加工程时，索赔的工地管理费也是按照同样的比例计取的。但是如果是其他非承包商的原因导致现场施工工期延长，由此增加的工地管理费，可以按原报价中的工地管理费平均计取。

(2) 总部管理费。总部管理费的计算，一般可以有以下几种计算方法：

① 按照投标书中总部管理费的比例计算。

② 按照原合同价中的总部管理费平均计取。

5) 利润的计算

上一节讲述了在 FIDIC 合同条件下承包商可以索赔利润的几种主要情况。一般来说，对于工程延误的索赔，由于利润通常是包括在每项实施的工程内容的价格之内，而单纯的延误工期并未因影响或者减少某些项目的实施而导致利润的减少，所以一般工程师很难同意在延误的费用索赔中加进利润损失。索赔利润款额的计算通常是与原中标合同价中的利润率保持一致。

6) 利息的计算

承包商对利息索赔额可以采用以下方法计算：

(1) 按当时的银行贷款利率计算。

(2) 按当时的银行透支利率计算。

(3) 按合同双方协议的利率计算。

无论具体采用哪一种利率计算，都应在合同文件的专用条款或者投标书附录中加以明确说明。

7) 索赔费用的计算方法

提交索赔通知书以后，承包商要定期报送索赔资料，并在索赔影响事件结束后 28 天内提交最终的索赔报告。在索赔报告中承包商对自己的费用索赔部分要进行详细计算，以供工程师审查。

索赔款的计算方法主要有以下几种：

(1) 分项计算法

分项计算法是以每个索赔事件为对象，以承包商为某项索赔工作所支付的实际开支为根据，向业主提出经济补偿。而每一项索赔费用应计算由于该事项的影响，导致承包商发生的超过原计划的费用，也就是该项工程施工中所发生的额外的人工费、材料费、机械费，以及相应的管理费。

分项计算法可以分三步：

① 分析每个或每类索赔事件所影响的费用项目。这些费用项目一般与合同价中的费用项目一致，如直接费、管理费、利润等。

② 用适当的方法确定各项费用，计算每个费用项目受索赔事件影响后的实际成本或费用，与合同价中的费用相对比，求出各项费用超过原计划的部分。

③ 将各项费用汇总，即得到总费用索赔值。

也就是说在直接费(人工费、材料费和施工机械使用费之和)超出合同中原有部分的额外费用的基础上，再加上应得的管理费(工地管理费和总部管理费)和利润，即是承包商的索赔款额。这部分实际发生的额外费用客观地反映了承包商的额外开支或者实际损失，是承包商经济索赔的证据资料。

为了准确计算实际的成本支出，承包商在现场的成本记录或者单据等资料都是必不可少的，一定要在项目施工过程中注意收集和保留。

(2) 总费用法

总费用法基本上是在总索赔的情况下才采用的计算索赔款的方法。也就是说，当发生多项索赔事件以后，这些索赔事件的影响相互纠缠，无法区分，则重新计算出该工程项目的实际总费用，再从这个实际的总费用中减去中标合同价中的估算总费用，即得到了要求补偿的索赔总款额。即：

索赔款总额 = 实际总费用 − 合同价中估算的总费用

这里要明确，只有当无法采用分项计算法时，才使用总费用法。一般采用总费用法，需要有以下几个条件：

① 在合同实施过程中所发生的总费用是准确的，工程成本核算符合普遍认可的会计原则，实际总成本与合同价中的总成本的内容项目是一致的。

② 承包商对工程项目的报价是合理的，能反映实际情况。如果报价计算不合理，索赔款额是不能用这种方法计算的，因为这里可能包含有承包商为了中标压低报价的成分，而承包商在报价时压低报价是应该由承包商承担的风险。

③ 费用损失的责任或者索赔事件的责任是属于非承包商的责任，也不是应该由承包商承担的风险。

④ 由于该项索赔事件或者是几项索赔事件在施工时的特殊性质，不可能逐项精确计算出承包商损失的款额。

在采用总费用法时，要注意管理费的计算，一般要考虑实际损失，所以理论上应该按照实际的管理费率进行计算与核实。但是鉴于具体计算的困难，通常都采用合同价中的管理费率或者双方商定的费率。由于实际工程成本的增加导致承包商支出的增加，必然增加承包商的融资成本，所以承包商可以在索赔中计算利息支出。

8.4 承包人在施工索赔中的注意问题

8.4.1 充分认识施工索赔的重要意义

1）施工索赔是施工合同管理的重要环节

施工索赔和合同管理有直接的联系，施工合同是施工索赔的依据，整个施工索赔处理的过程是履行合同的过程。所以，工程实践中常称施工索赔为合同索赔。

承包人从工程投标之日开始就要对合同条件进行分析。项目开工以后，合同管理人员要将每日实施合同的情况与原合同分析的结果相对照，一旦出现合同规定以外的情况，或合同实施受到干扰，承包人就要研究是否就此提出索赔。日常的单项索赔处理可由合同管理人员来完成。对于重大的一揽子索赔，要依靠合同管理人员从日常积累的工程文件中提供证据，供合同管理方面的专家进行分析。因此，要想索赔就必须加强合同管理。

2）施工索赔是计划管理的动力

计划管理一般涉及项目的实施方案、进度安排、施工顺序、劳动力、机械设备及材料的使用与安排。而索赔必须分析在施工过程中，实际实施的计划与原计划的偏离程度。比如，工期索赔就必须通过项目的实际进度与原计划的关键路线分析比较才能成功，费用索赔往往也是基于这种比较分析基础之上。因此，从某种意义上讲，离开了计划管理，索赔将成为一句空话。反过来讲，要索赔就必须加强项目的计划管理，索赔管理是计划管理的动力。

3）施工索赔是挽回成本损失的重要手段

承包人在投标报价中最重要的工作是计算工程成本。承包人应按招标文件规定的工程量和责任、给定的投标条件以及项目的自然、经济环境作出成本估算。在施工合同履行中，如果由于这些条件和环境的变化，使承包人的实际工程成本增加，承包人要挽回这些实际工程成本的损失，只有通过索赔这种合法的手段才能做到。

施工索赔是以赔偿实际损失为原则，这就要求有可靠的工程成本计算依据。所以，要搞好施工索赔，承包人必须建立完整的成本核算体系，及时、准确地提供整个工程以及分项工程的成本核算资料，索赔计算才有可靠的依据。因此，索赔又能促进工程成本的分析和管理，以便确定挽回损失的数量。

总之，承包人施工索赔是利用经济杠杆进行施工项目管理的有效手段。随着我国建筑市场体系的建立和完善，施工索赔管理将成为施工项目管理中越来越重要的问题。对承包人来说，施工索赔管理水平的高低，将成为反映其施工项目管理水平高低的重要标志。

8.4.2 努力创造索赔处理的最佳条件

在施工索赔处理时，承包人已完的工程和工作令发包人满意，承包人所提出的索赔要求较顺利地获得发包人认可，这是双方都认为的理想的事。工程实践中，经常在索赔解决时发生承发包双方或其中一方不满意，一般情况下并不是因当事人的主观意愿，而是因为缺乏索赔解决的最佳条件。

承包人要努力创造索赔处理的最佳条件，就必须认真实施施工合同，同时考虑承发包双方的利益。

1）认真实施合同，履行合同职责

承包人认真实施施工合同，以积极合作的态度履行合同职责，不仅能够反映企业的管理水平，形成良好的社会信誉，而且能够与发包人建立良好的合作关系，从而为索赔的处理打下良好的基础。具体体现在：

（1）承包人应按照合同规定的质量、数量、时间完成工程任务，守信誉，不偷工减料，不以次充好，无违约行为。

（2）承包人应积极主动地配合发包人和工程师开展工作。如认真审查施工图，发现错误及时提出修改，发现遗漏及时提出补充，协助发包人克服困难，采用质量好、费用低的先进施工方法等。

（3）做一个诚实可信的合作伙伴，做到工程师在场与不在场一个样。

（4）在施工过程中，如遇到工程师发出错误或不当的指令时，除执行指令外，应及时友好地提醒对方，并注意尽量减少损失，切不可幸灾乐祸，讥讽嘲笑。

（5）事先不可预料的事件发生后，承包人应及时采取有效措施，遏制事态发展，降低工程损失，切不可任其发展，伺机大开口，从中渔利。

（6）对于发包人有时发生的一些对工程进展无重要影响的违约现象，承包人一般应适当采取容忍、谅解的态度。如承包人进场时，发包人仍没有能够按合同规定的日期和内容完成点交场地的工作，但只要暂不影响工作的开展，就不宜提出索赔意向；发包人在发送图纸、工程拨款等方面偶然发生比合同规定时间延迟的现象，只要不是有意识的且不影响工程进展，应以谅解为宜。

2）遵守“诚信原则”，考虑双方利益

施工合同的签订，本身就是承发包双方相互信任的结果。施工合同的履行也要求双方能够按照“诚信原则”实事求是地处理可预见或不可预见的问题。因此，承发包双方对合同中的内容表达，不能以疏忽作为借口进行辩解。但由于事实上的施工合同文件不可能对任何情况都预先作出详细规定，也不可能没有缺陷，若在工作中遇到施工合同对某些问题没有作出规定或规定不明确的情况时，双方都应遵守“诚信原则”，考虑双方利益，找出双方都能接受的公平合理的解决方案，使双方继续顺利地合作下去。

在友好、和谐、互相信任和依赖的合作气氛中，不仅施工合同能够顺利履行，就连承包人实事求是地提出索赔要求，发包人也容易认可。

8.4.3 着眼于重大索赔，着眼于实际损失

着眼于重大索赔，主要是指集中精力抓住索赔事件中对工程影响程度大、索赔额高的事件提出索赔，相对于重大索赔的小项索赔可采用灵活的方式处理。如可告诉对方，出于双方友好合作的考虑，准备放弃由某某事件、某某变更、停水、停电等原因引起的索赔要求，有时也可将小项索赔作为索赔谈判中让步的余地。承包人某种自愿让步，往往也会引导发包人“不宜过分计较”的心态，获得重大索赔的成功，如此结果远比承包人递上一大堆索赔报告请求补偿的做法好的多。

着眼于实际损失，是指计算索赔额要实事求是，不宜弄虚作假，这也是双方友好处理索赔问题的条件之一。因为一个索赔事件发生后，对工程能造成多大的影响，对承发包双方来说，并非深不可测难以掌握的事，有人自以为聪明，常常高估冒算，最终并非多获利益，相反

的是给发包人留下不诚实的印象，从而给以后的索赔解决工作投下了阴影。

8.4.4 注意索赔证据资料的收集

一般情况下，承包人提出索赔要求时，必须要有足够的证据证明自己的索赔要求的合理性，这是因为工程师或发包人在审查索赔要求时，总要提出这样或那样的质疑。因此，收集完整详细的索赔证据资料是十分重要的工作。

1）建立健全的文档资料管理制度

承包人应将文档资料管理制度作为项目管理的一个组成部分，应规定所收集资料的内容、标准、要求、份数、保存办法、使用办法、管理人员的责任等。

2）要建立一个专人管理责任分工的组织体系

收集资料贯穿于工程施工的整个过程及各个方面，因受业务条件的限制，一个人难以做好此项工作，而可能接触索赔证据资料的工作人员又太多，这个矛盾只有通过有效的组织过程来解决。也就是说，承包人的任何一个工作人员都应具有索赔意识，对任何一件与合同有关的事项变化都应认真记录或办理必要的手续，专职管理人员应对所发生事件的资料及时整理、归档、保存，同时还应时常督促有关人员收集相关资料。

3）对重大事件的相关资料应有针对性地收集

当发生比较重大的索赔事件时，承包人的主管人员应分析研究该事件可能产生的不利影响，使有关人员有意识地注意这些方面的情况，收集相关资料。这样收集来的索赔证据资料一般都对索赔要求有较好的作用。

例 8－2 P公司通过投标承包一项污水管道安装工程。铺设路线中有一处需要从一条交通干线的路堤下穿过。在交通干线上有一条旧的砖砌污水管，设计的新污水管要从旧管道下面穿过，要求在路堤以下部分先做好导洞，但招标单位明确告知没有任何有关旧管道的走向和位置的准确资料，要求承包商报价时考虑这一因素。

施工时，当承包商从路堤下掘进导洞时，顶部出现塌方，很快发现旧的污水管距导洞的顶部非常近，并出现开裂，导洞内注满水。P公司遂通知监理工程师赴现场处理，监理工程师赴现场后当即口头指示承包商切断水流，暂时将水流排入附近 100 m 远的污水管检查井中，并抽水修复塌方。

修复工程完毕，承包商向其保险公司索赔，但遭到保险公司的拒绝。理由是发生事故时，承包商未曾通知保险公司。而且保险公司认定事故是因设计错误引起的，因为新污水管离旧污水管太近。如果不存在旧污水管，则不会发生此事故。因此，保险公司认定应由设计人承担或者由业主或监理工程师来承担责任，因为监理工程师未能准确地确定污水管的位置。总之，保险公司认定该事故不属于第三者责任险的责任范围。

于是P公司遂向监理工程师提出了上述数额的索赔报告。其索赔的原因是：①设计错误造成塌方；②工程师下达的指令构成变更令，修复塌方属于额外工作。

该索赔报告又遭到监理工程师的拒绝。理由是：①工程师下达的命令不属于工程变更令，承包商为抢救而付出的工作是为了弥补自己的过失，属于其合同义务。②新管道的设计位置在旧管道之下 2 m，承包商有足够的空间放置足以支撑地面压力的导洞支撑。③招标单位在招标时已经告知没有关于旧管道走向及位置的详细资料，承包商在报价时已经考虑到这一因素。

双方经过协商无效，遂诉诸仲裁，结果承包商败诉。

解析 根据本案例反映的情况，承包商无疑是受害者，是牺牲品。按客观情况，承包商完全有权获得补偿或赔偿，但问题出在承包商自己身上。我们既不能责怪保险公司无情，也不能指责业主方面无赖。只能怪承包商自己无主见，在处理事故时没有考虑将来的索赔问题，致使责任方互踢皮球，推卸责任。

如果在事故发生时，承包商认定该事故属于第三者责任险的责任范围，应立即通知保险公司赴现场察看，在保险索赔报告中强调保险事故，不提工程设计或监理工程师下达指示问题，堵住保险公司推卸责任的后路，则保险索赔很可能成功。

或者，如果P公司认定向业主索赔，则在事故修复后立即要求工程师出面确认其关于抢救的口头指示，或者在事故发生前即致函监理工程师指出可能会发生的风险，事故发生后要求监理工程师下达指令切断水流。这样该抢救修复工作指令即有可能被视为变更指令，从而成为索赔依据。

第三种办法是致函工程师，指出该事故是有经验的承包商所无法预见的，尽管招标时业主方面已告知没有任何有关旧管道的走向和位置的准确资料，但投标时承包商无法获取也没有义务获取地下埋藏物的资料，承包人只能根据地面和基土情况作出判断。从这方面着手，同样可以获得索赔的成功。

总之，承包商在事故发生时就应该想到将来应向谁索赔，认定索赔对象，早做准备，不应等到最后盲目索要，以致被责任方推来推去，最后一事无成，白白做出重大牺牲。

8.5 反索赔

8.5.1 反索赔的内容

索赔管理的任务不仅在于对已产生的损失的追索，而且在于对将产生或可能产生的损失的防止。追索损失主要通过索赔手段进行，而防止损失主要通过反索赔进行。

在工程项目实施过程中，业主与承包商之间，总承包商和分包商之间，合伙人之间，承包商与材料和设备供应商之间都可能有双向的索赔和反索赔。例如承包商向业主提出索赔，而业主反索赔；同时业主又可能向承包商提出索赔，而承包商必须反索赔。所以在工程中，索赔和反索赔的关系是很复杂的。

索赔和反索赔是进攻和防守的关系，承包商必须能攻善守，攻守结合，才能永立不败之地。在合同实施过程中，合同双方都在进行合同管理，都在寻找索赔机会。一旦干扰事件发生，双方都在企图推卸自己的合同责任，都在企图向对方进行索赔。而不能进行有效的反索赔，同样要蒙受损失。所以反索赔与索赔有同等重要的地位。

反索赔的目的是防止损失的发生，必然包括如下两方面内容：

1）防止对方提出索赔

在合同实施中进行积极防御，使自己处于不被索赔的地位，这是合同管理的主要任务。积极防御通常表现在如下几方面：

（1）尽量防止自己违约，使自己完全按合同办事。通过加强施工管理，特别是合同管理，使对方找不到索赔的理由和根据。工程按合同顺利实施，没有损失发生，不需提出索赔，合同双方没有争执,达到最佳的合作效果。

(2) 但上述仅为一种理想状态,在合同实施中的干扰事件总是有的,许多干扰是承包商不能影响和控制的。一旦干扰事件发生,当事人就应着手研究,收集证据,一方面作索赔处理,另一方面又准备反击对方的索赔。这两方面准备都不可缺少。

(3) 在实际工程中,干扰事件常常是双方都有责任,许多承包商采取先发制人的策略,首先提出索赔。它的好处有:

① 尽早提出索赔,防止超过索赔有效期限制而失去索赔机会。

② 争取索赔中的有利地位,因为对方要花许多时间和精力分析研究,以反驳本方的索赔报告。这样能打乱对方的步骤,争取主动权。

③ 为最终的索赔解决留下余地。通常在索赔解决中双方都必须作出让步,而首先提出的且索赔额比较高的一方更为有利。

2) 反击对方的索赔要求

为了避免和减少损失,必须反击对方的索赔要求。对承包商来说,这个索赔要求可能来自业主、总(分)包商、合伙人、供应商等。

最常见的反击对方索赔要求的措施有:

(1) 用本方提出的索赔要求对抗对方的索赔要求,最终的解决是双方都作出让步,互不支付。

在工程实施过程中,干扰事件的责任常常是双方面的,对方也有失误和违约的行为,也有薄弱环节。因此,要抓住对方的失误,提出索赔,以保证在最终索赔解决中双方都能作出让步。这就是以“攻”对“攻”,用索赔对索赔,是常用的反索赔手段。

在国际工程中,业主常常用这个措施处理承包商的索赔要求,如找出工程中的质量问题及承包商管理不善之处加重处罚,以对抗承包商的索赔要求,达到少支付或不支付的目的。

(2) 反驳对方的索赔报告,找出理由和证据,证明对方的索赔报告不符合事实情况,不符合合同规定,没有根据,计算不准确,以推卸或减轻自己的赔偿责任,使自己不受或少受损失。

在实际工程中,这两种措施都很重要,常常同时使用,索赔和反索赔同时进行,即索赔报告中既有索赔也有反索赔,反索赔报告中既有反索赔也有索赔。“攻守”并用会达到很好的索赔效果。

8.5.2 反索赔的主要步骤

在接到对方的索赔报告后,就应着手进行分析、反驳。反索赔与索赔有相似的处理过程。通常对对方提出重大索赔的反驳处理过程,应该按照下面几个方面进行:

1) 合同的总体分析

反索赔同样是以合同作为反驳的理由和依据。合同分析的目的是分析、评价对方索赔要求的理由和依据。在合同中找出对对方不利、对本方有利的合同条文,以构成对对方索赔要求否定的理由。合同总体分析的重点是与对方索赔报告中提出的问题有关的合同条款,通常有:合同的法律基础及其特点;合同的组成及合同变更情况;合同规定的工程范围和承包商责任,工程变更的补偿条件、范围和方法;对方的合作责任;合同价格的调整的条件、范围、方法以及对方应承担的风险;工期调整的条件、范围和方法;违约责任；争执的解决方法等。

2）事态调查

反索赔仍然是基于事实基础之上，以事实为根据的。这个事实必须有本方对合同实施过程进行跟踪和监督的结果，即各种实际工程资料作为证据，用以对照索赔报告中所描述的事情经过和所附证据。通过调查可以确定干扰事件的起因、事件经过、持续时间、影响范围等真实的详细的情况，应收集整理所有与反索赔相关的工程资料。

3）三种状态分析

在事态调查的基础上，可以作如下分析工作：

（1）合同状态的分析。即不考虑任何干扰事件的影响，仅对合同签订时的情况和依据作分析。包括合同条件、当时的工程环境、实施方案、合同报价水平，这是对方索赔和索赔值计算的依据。

（2）可能状态的分析。在任何工程中，干扰事件是不可避免的，所以合同状态很难保持。为了分析干扰事件对施工过程的影响，并分清双方责任，必须在合同状态分析的基础上加上对方有理由提出索赔的干扰事件的影响。这里的干扰事件必须符合两个条件：①非对方责任引起的。②不在合同规定对方应承担的风险范围内，符合合同规定的索赔补偿条件。最后，引用上述合同状态分析过程和方法再一次进行分析。

（3）实际状态的分析。即对实际的合同实施状况作分析。按照实际工程量、生产效率、劳动力安排、价格水平、施工方案等，确定实际的工期和费用支出。

通过上述分析可以达到：全面地评价合同及合同实施状况，评价双方合同责任的完成情况；对对方有理由提出索赔的部分进行总概括；分析出对方有理由提出索赔的干扰事件有哪些及索赔的大约值或最高值；对对方的失误和风险范围进行具体指认，以在谈判中有攻击点；针对对方的失误作进一步分析，以准备向对方提出索赔。这就是在反索赔中同时使用索赔手段。国外的承包商和业主在进行反索赔时，特别注意寻找向对方索赔的机会。

4）对索赔报告进行全面分析，对索赔要求、索赔理由进行逐条分析评价

分析评价索赔报告，可以通过索赔分析评价表进行。其中，分别列出对方索赔报告中的干扰事件、索赔理由、索赔要求，提出本方的反驳理由、证据、处理意见或对策等。

5）起草并向对方递交反索赔报告

反索赔报告也是正规的法律文件。在调解或仲裁中，对方的索赔报告和本方的反索赔报告应一起递交调解人或仲裁人。反索赔报告的基本要求与索赔报告相似。通常，反索赔报告的主要内容有以下几项：

（1）合同总体分析结果简述。

（2）合同实施情况简述和评价。这里重点针对对方索赔报告中的问题和干扰事件，叙述事实情况。包括前述三种状态的分析结果，对双方合同责任完成情况和工程施工情况作评价。重点应放在推卸自己对对方索赔报告中提出的干扰事件的合同责任。

（3）反驳对方索赔要求。按具体的干扰事件，逐条反驳对方的索赔要求，详细分析自己的反索赔理由和证据，全部或部分地否定对方的索赔要求。

（4）提出索赔。对经合同分析和三种状态分析得出的对方违约责任，提出本方的索赔要求。对此有不同的处理方法。通常，可以在反索赔报告中提出索赔，也可另外出具索赔

报告。

(5) 总结。反索赔的全面总结,通常包括如下内容:

① 对合同总体分析作简要概括。

② 对合同实施情况作简要概括。

③ 对对方索赔报告作总评价。

④ 对本方提出的索赔作概括。

⑤ 双方要求的比较,即索赔和反索赔最终分析结果比较。

⑥ 提出解决意见。

(6) 附各种证据。即反索赔报告中所述的事件经过、理由、计算基础、计算过程和计算结果等的证明材料。

8.5.3 反驳索赔报告

1) 索赔报告中常见的问题

反驳索赔报告,即找出索赔报告中的漏洞和薄弱环节,以全部或部分地否定索赔要求。任何一份索赔报告,即使是索赔专家做出的,总会存在漏洞和薄弱环节,问题在于能否找到这些问题。这完全在于双方的管理水平、索赔经验及能力的权衡和较量。

对对方(业主、总包商或分包商等)提出的索赔,必须进行反驳,不能直接地全盘认可。通常在索赔报告中有如下问题存在:

(1) 对合同理解的错误。对方从自己的利益和观点出发解释合同,对合同解释有片面性,致使索赔理由不足。

(2) 对方有推卸责任、转嫁风险的企图。在国际工程中,甚至有无中生有或恶人先告状的现象,索赔根据不足。

(3) 索赔报告中所述干扰事件的证据不足或没有证据。

(4) 索赔值的计算多估冒算,漫天要价,将自己应承担的风险和失误也都纳入其中。

2) 反驳索赔报告

对一索赔报告的反驳通常可以从如下几方面着手:

(1) 索赔事件的真实性不真实、不肯定、没有根据,或仅出于猜测的事件是不能提出索赔的。事件的真实性可以从两种方面证实:

① 对方索赔报告中的证据。不管事实怎样,只要对方索赔报告未提出事件经过的有力证据,本方即可要求对方补充证据,或否定索赔要求。

② 本方的合同跟踪的结果。从中寻找对对方不利、构成否定对方索赔要求的证据。

通过这两个方面的比较,即可得到干扰事件的实情。

(2) 干扰事件责任分析。干扰事件和损失是存在的,但责任不在本方。通常有:

① 责任在于索赔者自己,由于其疏忽大意、管理不善造成损失,或在干扰事件发生后未采取有效的措施降低损失等,或未遵守工程师的指令、通知等。

② 干扰事件是其他方引起的,不应由本方赔偿。

③ 合同双方都有责任,则应按各自的责任分担损失。

(3) 索赔理由分析。反索赔和索赔一样,要能找到对自己有利的法律条文,推卸自己的合同责任;或找到对对方不利的法律条文,使对方不能推卸或不能完全推卸自己的合同责任。这样可以从根本上否定对方的索赔要求。例如：对方未能在合同规定的索赔有效期内提出索赔，故该索赔无效；该干扰事件（如工程量扩大、通货膨胀、外汇汇率变化等）在合同规定的对方应承担的风险范围内，不能提出索赔要求，或应从索赔中扣除这部分；索赔要求不在合同规定的赔（补）偿范围内，如合同未明确规定，或未具体规定补偿条件、范围、补偿方法等；虽然干扰事件为本方责任，但按合同规定本方没有赔偿责任。

(4) 干扰事件的影响分析。分析干扰事件的影响，可通过网络计划分析和施工状态分析两方面得到其影响范围。如在某工程中，总承包商负责的某种装饰材料未能及时运达工地，使分包商装饰工程受到干扰而拖延，但拖延天数在该工程活动的时差范围内，不影响工期，且总包已事先通知分包，而施工计划又允许人力作调整，则不能对工期和劳动力损失作索赔。又如业主拖延交付图样造成工程延期，但在此期间，承包商又未能按合同规定日期安排劳动力和管理人员进厂，则工期可以顺延，但工期延长对费用的影响很小。

(5) 证据分析。证据不足、证据不当或仅有片面的证据，索赔是不成立的。证据不足，即证据还不足以证明干扰事件的真相、全过程或证明事件的影响而需要重新补充。证据不当，即证据与本索赔事件无关或关系不大，证据的法律证明效力不足。

(6) 索赔值的审核。如果经过上面的各种分析、评价，仍不能从根本上否定该索赔要求，则必须对最终认可的合情合理的索赔要求进行认真细致的索赔值的审核。因为索赔值的审核工作量大，涉及资料多，过程复杂，要花费许多时间和精力，包含许多技术性工作。

实质上，经过本方三种状态的分析，已经很清楚地得到对方有理由提出的索赔值，按干扰事件和各费用项目整理，即可对对方的索赔值计算进行对比、审查与分析。双方不一致的地方也将一目了然。对比分析的重点如下：

① 各数据的准确性。对索赔报告中所涉及到的各个计算基础数据都必须审查、核对，以找出其中的错误和不恰当的地方。例如：工程量增加或附加工程的实际量结果；工地上劳动力、管理人员、材料、机械设备的实际使用量；支出凭据上的各种费用支出；各个项目的计划和实际量差分析；索赔报告中所引用的单价；各种价格指数等。

② 计算方法的选用是否合情合理。尽管通常都用分项法计算索赔值，但不同的计算方法对计算结果影响很大。在实际工程中，这种争执常常很多，对于重大的索赔，须经过双方协商谈判才能使计算方法达到一致。

例 8－3 C 公司在某国承包一条公路项目。合同总额为 981 万美元，工期 24 个月。监理工程师来自英国的一家权威咨询公司。合同以 FIDIC 条件 1977 年第三版为基础。

合同实施期间，恰逢该国与邻国发生争端，邻国单方面关闭边境，停止向该国提供燃油。由于该国地处内陆，无法通过其他途径获得燃油，致使该工程停工 9 个多月。C 公司根据合同管理条款，充分利用一切可能的手段，据理索赔。经过一年多的艰难交涉，最后索赔成功。索赔金额达 429 万美元，约占原始合同额的 44%，索赔工期 29 个月。

C 公司采取的做法归纳起来有以下几方面：

(1) 充分利用合同条款确立索赔的理论依据。

C 公司援引合同条款：“在工程施工过程中，如果遇到一个有经验的承包商在报价和编制标书时无法合理预见到的外界和人为障碍，承包商可以根据 FIDIC 条件的第 52(5) 款向业主提出索赔，或者要求咨询工程师按第40(1)款发出暂时停工令，追加额外费用。”C公司致函业主指出：燃油危机是有经验的承包商所无法预见的人为障碍。因为合同缔结前，没有任何迹象表明两国之间潜伏争端进而导致关闭边境的因素。咨询公司和业主对此均无异议。

不仅如此，C公司还援引合同的第13(1)款：“承包商应严格按合同施工直至竣工，以达到咨询工程师的满意为标准，除非在法律上和实际上无法做到。”根据这一条款及FMC合同条件，C公司致函业主指出：燃油危机是发生于签约之后的重大风险事件，致使合同履行中途受阻。因为没有燃油，承包商无法施工。这一事件构成了“实际上做不到”的例外情况，因此要求业主按雇主风险处理。

(2) 利用客观事实赋予的终止合同的权利促成巨额索赔。

由于燃油危机致使合同实施成为不可能。这种情况下，承包商有权要求终止合同，并向业主索取损失赔偿。C公司深知业主不愿以雇主风险为由终止合同，因而有意提出终止合同的要求。在业主不同意终止合同的情况下，C公司再提出索赔要求，而且索要数目超出一般正常情况的标准。业主无奈，只好同意C公司的要求。这里，C公司充分运用了知己知彼的原则，先让对方认识到事情的严重后果，而后再提出对方再也无法拒绝的要求，做到了有理有礼有节，给对方留有选择的余地，避免出现不可收拾的僵局。

(3) 利用风险扩大收益。

工程承包本是一项风险事业，但风险在许多情况下是可以利用的。所谓投机风险就属于这种情况。C公司对燃油危机风险经过认真分析，认定所面临的风险是可以为其所用。因此，C公司致函甲方指出：业主国与邻国的紧张关系以及邻国封锁边境已构成敌对行为的事实，使合同实施的必备条件不复存在，阻碍了承包商的正常履约。这是谁也不可否认的客观事实，适用FIDIC条件第12、52(5)、65(5)所述情况。业主和咨询工程师都无法否认。这样，经济索赔就有了理论基础。

(4) 积极创造索赔条件。

不少承包商在碰到类似情况时常常消极等待对方解决困难，或者是发牢骚、提抗议，很少想到如何利用这些不利因素改变不利环境。C公司所持的态度则不然。他们积极主动地为索赔创造条件。

燃油危机发生后，他们立即多次致函咨询工程师要求其下达停工令，以此作为经济索赔及下步工作的法律依据。C公司致函指出：由于现场的客观形势导致无法施工，这种情况下，如果咨询公司不下达停工令，势必造成所有人员、设备和材料等消耗在工地，而且不可预见费用还将继续发生，这样将不可避免地加大业主的损失，其后果只能是进一步加大业主的赔偿金额。为了项目本身和业主、承包商双方的利益，咨询公司应当及时下达停工令。

C公司的致函无懈可击，咨询工程师只好下达了停工令。这样，C公司就为以后的索赔确立了合法的动因。

(5) 依据FIDIC条件，严格计算停工时间进而要求删除难度大、效益低的部分工程。

一旦停工期超过90天，C公司立即致函咨询公司指出停工期已超过合同允许的正常范围(90天)。如果现场仍不具备复工条件，承包商有权要求支付赔偿。显然，在燃油危机未得到解决的情况下，复工是不可能的。因此，咨询公司没有理由要求承包商复工。按照

FIDIC 条件第 69 条，当停工超过 118 天时，承包公司有权要求业主支付违约赔偿。C 公司在停工后第 119 天即致函业主要求按业主违约终止合同，业主当然不会同意。于是 C 公司即提出对原合同工程进行部分删除，要求删除那些难度大、效益低的工程部分，仅保留利润丰厚的工程部分。业主当然拒绝这一要求。当业主在处境被动又拒绝承包商的合理要求时，承包商自然获得了提出进一步要求的机会。于是 C 公司指出：鉴于原合同工程停工期超过 118 天，原合同报价应视为无效。如果业主仍然要求承包商继续实施原合同工程，承包商便有权要求调整有关单价。而且这种要求合情合理，任何人也无理由拒绝。

(6) 迫使咨询公司确认事实。

C 公司及时地运用 FIDIC 条件赋予承包商的合法权利，十分注重保护自己的利益。

FIDIC 条件第 51(2)款明文规定："若遇咨询工程师对所发生的事件不给予书面确认，承包商可以在 7 天之内致函咨询工程师书面确认之。如果工程师在 14 天之内对这一确认不作书面反驳，则承包商的书面确认即被认为是咨询工程师的指令。"

燃油危机发生后，工程实际上业已停工，但咨询工程师拖而不发停工令。C 公司遂主动致函咨询公司指出工程因无燃油而实际已经全面停工。咨询公司鉴于停工已是客观事实，对 C 公司的致函未予反驳。14 天后，承包商的致函自然被视为已得到咨询工程师的确认，索赔自然具备了基础。

(7) 据理要求延长工期。

根据合同的一般条款，咨询工程师确认延长工期，承包商即享有获得补偿延期管理费的合法权益。如果业主或咨询工程师无理拒绝延期，承包商有权为此索赔赶工费。

由于合同执行期间发生了各种可导致承包商要求延长工期的客观事件，如燃油危机、罢工、骚乱及业主征地延误等，C 公司在发生每例上述事件的时刻都及时致函咨询工程师，指出所发生的事件对工程实施所产生的阻碍作用，并根据各种不同事件分别要求给予延长工期。不过，C 公司在致函要求延长工期时并不马上要求给予经济赔偿，因而很快获得咨询公司的同意。C 公司总共获准延长工期 29 个月。延长工期索赔的成功自然为款项索赔奠定了基础。

(8) 坚持做好施工日志，及时提交索赔详细清单和依据。

索赔能否成功不仅取决于动因是否合法，更离不开依据。C 公司在履约期间，每天都坚持做好施工日志，并随时交咨询工程师认可和签字。这样，每日发生的事件均记录在案。不仅如此，C 公司还每月都整理并提交索赔报告，所列事件均有据可依，避免了一次算总账让人一时难以接受，也没有给人借机敲诈的印象。咨询工程师和业主都觉得 C 公司所提索赔合乎情理。虽然很不情愿支付赔偿，但最终还是一一答应了。

(9) 坚持要求业主支付拖期付款利息

根据双方签订的合同，业主向承包商付款的期限定为 60 天。C 公司在收取进度款时总是强调交付期。每当业主付款误期，C 公司立即致函指出该项付款延误的时日，列出根据合同规定应支付承包商的拖期付款的利息数目，并列入每次的索赔报告中。

由于合同中明文规定了业主的付款期限，而拖期付款又是不可否认的事实，虽然每次拖延的天数并不太多，但由于工期长，付款次数多，因此累计拖期利息便相当可观。对于这一事实，业主和工程师均不否认。

(10) 利用对方弱点，充分发挥自己的优势。

在合同洽谈阶段，C公司坚持采用较公正的国际通用的联合国国际贸易仲裁规则。当合同双方对索赔款发生分歧时，C公司明确告知业主不接受监理工程师裁决的款额，提出付诸国际仲裁，同时请好国际名律师准备出庭。由于业主理亏，担心提交仲裁败诉，提出希望与C公司友好协商解决争端。与此同时，C公司又借助外交手段。请求其使馆有关官员出面活动，从而使对方接受了索赔款额，且与对方保持了良好的合作关系，没有因索赔而伤了感情。

(11) 对咨询公司柔中有刚。

咨询公司在工程承包合同的履行期间举足轻重。虽然合同中业主对咨询公司的权力有种种限制，但咨询公司毕竟是受业主聘用，在多数情况下是维护业主利益的。C公司深知这一点，在同咨询工程师打交道的过程中特别注意同其搞好关系。但是在原则问题上，特别是维护自身的利益方面，他们毫不退让。C公司很清楚，FIDIC条款中明文规定咨询公司要行为公正。如果咨询公司因行为不公正、办事不公道而与承包商闹翻，传扬出去对咨询公司的信誉影响甚大。因此，C公司抓住其弱点，在原则问题上态度坚决，毫不迁就，但又不把关系搞僵。通过长时间的反复交涉，终于说服了咨询公司，进而使业主接受其全部索赔要求，取得了索赔的重大成功。

解析 这是一个很成功的索赔案例，很值得承包商借鉴。C公司的成功经验可归纳为以下6点：

(1) 承包商具有丰富的国际工程承包经验，熟悉国际惯例和FIDIC条件，精通国际工程承包的惯常做法及对有关问题的处理原则。

(2) 承包商的经营意识较强。从合同的缔结直至合同履行完毕，承包商始终追求扩大经济效益这一根本目的，一切活动都为了实现这一根本目标。他们不是等到事情发生了再来想办法补救，更不是等到工程结束后再向对方索要，而是在事件发生前就考虑应采取的措施，走在时间前面，积极主动地研究利用和控制风险的办法。

(3) 承包商善于利用风险，摆脱困境，变被动为主动，利用风险谋取效益。他们针对客观存在的风险事实，及时采取对策，主动要求咨询公司下达停工令，一步一步地取得索赔依据。

(4) 承包商法律观念强。他们时时刻刻以法律为依据，善于从合同条款中寻找可为自己利用的依据。签约时，他们特别注意合同条款与现实情况的对照，做到进攻有后劲，退守有防线，言出有据，索要有力。

(5) 承包商善于处理合同当事人之间的关系，有理有礼有节。对业主和咨询公司很注意方法，柔中有刚，既不一味迁就，也不无休止地索要，办事始终留有余地。

(6) 承包商善于以己之长克人之短，抓住对方的弱点，发挥自己的优势。他们针对业主理亏心虚，提出诉诸仲裁，先从气势上压倒对方；同时又充分利用两国友好关系这一大的背景，利用适当的外交手段作配合，使业主既接受其要求，又能在上级主管部门面前有所交代。

作为一个承包商，能否巧妙地渡过危机、利用风险，其应变能力强不强十分重要。如果C公司不具备上述优势与能力，就只能成为风险的牺牲品。

本章小结

工程索赔首先必须了解工程索赔的起因。发生索赔是难免的，起因不同，索赔方的要求及解决过程也不一样。为了达到索赔成功的目的，承包商必须进行大量的索赔认证工作。在熟悉索赔费用的前提下，学习中尤其要掌握承包商在施工索赔中应注意的问题，以及反索赔手段的运用。

复习思考题

1. 分析工程索赔的起因。
2. 索赔依据包括哪些？
3. 索赔款的计算方法包括哪几种？
4. 承包商在施工索赔中应注意哪些问题？
5. 反索赔有哪些步骤？

9 工程合同争议处理

9.1 工程合同常见的争议

建设工程合同争议，是指建设工程合同订立至完全履行前，合同当事人因对合同的条款理解产生歧义或因当事人违反合同的约定，不履行合同中应承担的义务等原因而产生的纠纷。司法实践证明：工程施工合同的争议呈现逐步上升且愈演愈烈的趋势，这是建筑市场不规范、各种主客观原因综合形成的，不以人的意志为转移。因此，施工企业不得不高度重视、密切关注，并研究解决争议的对策，从而在频繁的争议中占据主动地位。

实践中，工程施工合同中的常见争议大致有以下一些方面。

9.1.1 工程价款支付主体的争议

施工企业被拖欠巨额工程款已成为整个建设领域中屡见不鲜的"正常事"。往往出现工程的发包人并非工程真正的建设单位，并非工程的权利人。在该种情况下，发包人通常不具备工程价款的支付能力，这时施工单位该向谁主张权利以维护其合法权益，已成为争议的焦点。在此情况下，施工企业应理顺关系，寻找突破口，向真正的发包方主张权利，以保证其合法权利不受侵害。

例 9－1 1992 年 12 月 26 日，上海某建设发展公司(下称 A 公司)与中国建筑工程局某建筑工程公司(下称建筑公司)签订了《工程承包合同》一份。合同约定：A 公司受上海某商厦筹建处(下称筹建处)委托，并征得市建委施工处、市施工招标办的同意，采用委托施工的形式，择定建筑公司为某商厦工程的施工总承包单位。又约定：工程基地面积为 6 141 m^2；建筑面积为 38 740 m^2；建筑高度为 92.15 m；结构层数为现浇框架地上 28 层，地下 2 层；施工范围按某市建筑设计院所设计的施工图施工。内容包括土建、装饰及室外总体等。同时，合同就工程开竣工时间、工程造价及调整、工程预付款、工程量的核定确认和工程验收、决算等均作了具体约定。

合同签订后，建筑公司即按约组织施工，于 1996 年 12 月 28 日竣工，并在 1997 年 4 月 3 日通过上海市建设工程质量监督总站的工程质量验收。1997 年 11 月，建筑公司与筹建处就工程总造价进行决算，确认该工程总决算价为人民币 50 702 440 元；同月 30 日，又对已付工程款作了结算，确认截至 1997 年 11 月 30 日止，A 公司尚欠建筑公司工程款人民币 13 913 923.17 元。后经建筑公司不懈地催讨，至 1999 年 2 月 9 日止，A 公司尚欠工程款人民币 950 万元。

在施工承包合同的履行过程中，A 公司曾于 1993 年 12 月致函建筑公司：《工程承包合同》的甲方名称更改为筹建处。但经查，筹建处未经上海市工商行政管理局注册登记备案。又查：该商厦的实际主建方为某上市公司（下称 B 公司）且已于 1995 年 12 月 14 日取得上海市外销商品房预售许可证。1999 年 7 月，建筑公司即以 A 公司为承包合同的发包人，B 公司为该商厦的所有人为由，将两公司作为共同被告向人民法院提起诉讼，要求两公司承担连带清偿责任。

庭审中，A 公司、B 公司对于 950 万元的工程欠款均无任何异议。

但 A 公司辩称：A 公司为代理筹建处发包，并于 1993 年 12 月致函建筑公司，承包合同甲方的名称已改为筹建处；之后，建筑公司一直与筹建处发生关系，事实上已承认了承包合同的发包方的主体变更。同时 A 公司证实，筹建处为某局发文建立，并非独立的经济实体，且筹建处的资金来源于 B 公司。所以，A 公司不应承担支付 950 万元工程款项的义务。

B 公司辩称：B 公司与建筑公司无法律关系。承包合同的发包人为 A 公司；工程结算在建筑公司与筹建处间进行，与 B 公司不存在任何法律上的联系，筹建处有"筹建许可证"，是独立的经济实体，应当独立承担民事责任。虽然 B 公司取得了预售许可，但 B 公司的股东已发生变化，故现在的公司对之前公司股东的工程欠款不应承担民事责任。庭审上，B 公司向法庭出示了一份"筹建许可证"，以证明筹建处依法登记至今未撤销。

建筑公司认为：A 公司虽接受委托，与建筑公司签订了承包合同，但征得了市建委施工处、市施工招标办的同意，该承包合同应当有效。而 A 公司作为承包合同的发包方，理应承担民事责任。而经查实，筹建处未经上海市工商行政管理局注册登记，它不具备主体资格，所以无法取代 A 公司在承包合同中的甲方地位。对于 B 公司，虽非承包合同的发包人，但其实际上已取得了该物业，是该商厦的所有权人，为真正的发包方，依法有承担支付工程款项的责任。

一审法院对原、被告出具的承包合同、筹建许可证、预售许可证及相关函件等证据进行了质证，认为：A 公司实质上为建设方的代理人，合同约定的权利与义务应由被代理人承担，并判由 B 公司承担支付所有工程欠款的责任。

9.1.2 工程进度款支付、竣工结算及审价的争议

尽管合同中已列出了工程量，约定了合同价款，但实际施工中会有很多变化，包括设计变更、现场工程师签发的变更指令、现场条件变化，以及计量方法等引起的工程数量的增减。这种工程量的变化几乎每天或每月都会发生，而且承包商通常在其每月申请工程进度付款报表中列出，希望得到（额外）付款，但常因与现场监理工程师有不同意见而遭拒绝或者拖延不决。这些实际已完的工程而未获得付款的金额由于日积月累，在后期可能增大到一个很大的数字，业主更加不愿支付了，因而造成更大的分歧和争议。

在整个施工过程中，业主在按进度支付工程款时往往会根据监理工程师的意见，扣除那些他们未予确认的工程量或存在质量问题的已完工程的应付款项，这种未付款项累积起来往往可能形成一笔很大的金额，使承包商感到无法承受而引起争议，而且这类争议在工程施工的中后期可能会越来越严重。承包商会认为由于未得到足够的应付工程款而不得不将工程进度放慢下来，而业主则会认为在工程进度拖延的情况下更不能多支付给承包商任何款项，这就会形成恶性循环而使争端愈演愈烈。

更主要的是，大量的业主在资金尚未落实的情况下就开始工程的建设，致使业主千方百计要求承包商垫资施工、不支付预付款、尽量拖延支付进度款、拖延工程结算及工程审价进程，致使承包商的权益得不到保障，最终引起争议。

例 9－2 某施工队与某办事处于 1985 年 5 月 18 日签订了一份建筑工程承包合同，工程项目为办事处建造 8 层楼的招待所，总造价 207 万元。后由于设计变更，建筑面积扩大，装修标准提高，双方于 1986 年 2 月 21 日又签订了补充合同，将造价条款约定为“预计 257 万元……”。施工队按合同约定的时间完工，办事处前后共支付了工程进度款 205 万元，随后施工队正式办理了验收证书。双方将施工队的决算书报送建行审定，施工队在送审的结算书上写明：“坚持按 1985 年 5 月 18 日合同，变更项目按规定结算，其他文件待后协商。”经建行审定，该工程最终造价为 289 万元，施工队要办事处按审定数字支付剩余的工程款，并承担从竣工日到支付日的未支付款项的利息作为违约金。办事处对审价结果有异议，并拒绝支付余下的工程款，施工队遂向人民法院起诉。

该案经法院一、二审，均以拖欠工程款为案由，判决办事处败诉，要办事处支付剩余款项的本金与利息。办事处不服，继续申诉，省高级人民法院认为该案确有不当之处，予以提审，高院判决书中认为：该案按工程款拖欠纠纷为案由审理不当，因按第一份合同，办事处已支付完了工程款，不存在拖欠，至于工程设计修改后造价增加，对增加部分双方有分歧，在最终数量未定之前，不能算办事处违约，只能算工程款结算纠纷，该案案由应定为工程款结算纠纷，是“确认”之诉，不是“给付”之诉，所以违约金不能从竣工之日算起，只能从法院确认之日算起。最后高院将违约金计算的时间定为从法院确认造价之日到办事处支付之日，判决办事处在此基础上支付施工余款本息。

9.1.3 工程工期拖延的争议

一项工程的工期延误，往往是由于错综复杂的原因造成的。在许多合同条件中都约定了竣工逾期违约金。由于工期延误的原因可能是多方面的，要分清各方的责任往往十分困难。我们经常可以看到，业主要求承包商承担工程竣工逾期的违约责任，而承包商则提出因诸多业主方的原因及不可抗力等因素，工期理应相应顺延，有时承包商还就工期的延长要求业主承担停工窝工的费用。

9.1.4 安全损害赔偿争议

安全损害赔偿争议包括相邻关系纠纷引发的损害赔偿、设备安全、施工人员安全、施工导致第三人安全、工程本身发生安全事故等方面的争议。其中，建筑工程相邻关系纠纷发生的频率已越来越高，其牵涉到的主体和财产价值也越来越多，已成为城市居民十分关心的问题。《建筑法》第三十九条为建筑施工企业设定了这样的义务：“施工现场对毗邻的建筑物、构筑物和特殊作业环境可能造成损害的，建筑施工企业应当采取安全防护措施。”

例 9－3 某房地产开发公司 A 在某一旧式花园洋房的东南方新建高层，将工程发包给施工企业 B。与此同时，该花园洋房的正东面已有房地产开发公司 C 新建一多层住宅。在 C 工程建设中，该花园洋房的墙壁出现开裂，地基不均匀下沉。B 施工以后，墙壁开裂加剧，花园洋房明显倾斜。

该洋房的业主以 B、C 为共同被告诉至法院，请求判令被告修复房屋并予赔偿；诉讼过程中又将A追加为被告。

审理过程中,法院主持进行了技术鉴定,查明该房屋裂缝产生的原因是地基不均匀沉降。C已建房屋地基不均匀沉降带动相邻的地基,已产生不利影响;而在其地基尚未稳定的情形下,A新建房屋由施工企业B承包后开始开挖地基,此行为又雪上加霜,使该花园洋房损坏加剧出现险象。故最后由A、B、C三者共同承担赔偿责任。

9.1.5 合同中止及终止的争议

1)中止合同的争议

中止合同造成的争议有:承包商因这种合同中止造成损失严重而得不到足够的补偿,业主对承包商提出的就中止合同的补偿费用计算持有异议;承包商因设计错误或业主拖欠应支付的工程款而造成困难提出中止合同,业主不承认承包商提出的中止合同的理由,也不同意承包商的责难及其补偿要求等。

2)终止合同的争议

终止合同一般都会给某一方或者双方造成严重的损害。如何恰当处理终止合同后的双方的权利和义务,往往是这类争议的焦点。终止合同可能有以下几种情况:

(1)属于承包商责任引起的终止合同。

例如,业主认为并证明承包商不履约,承包商严重拖延工程并证明已无能力改变局面,承包商破产或严重负债而无力偿还致使工程停滞等等。在这些情况下,业主可能宣布终止与该承包商的合同,将承包商驱逐出工地,并要求承包商赔偿工程终止造成的损失,甚至业主可能立即通知开具履约保函和预付款保函的银行全额支付保函金额。承包商则否定自己的责任,并要求取得其已完工程付款,要求业主补偿其已运到现场的材料、设备和各种设施的费用,还要求业主赔偿其各项经济损失,并退还被扣留的银行保函。

(2)属于业主责任引起的终止合同。

例如,业主不履约、严重拖延应付工程款并被证明已无力支付欠款,业主破产或无力清偿债务,业主严重干扰或阻碍承包商的工作等等。在这些情况下,承包商可能宣布终止与该业主的合同,并要求业主赔偿其因合同终止而遭受的严重损失。

(3)不属于任何一方责任引起的终止合同。

例如,由于不可抗力使任何一方不能履行合同规定的义务而终止合同,大部分政治因素引起的履行合同障碍都属于此类。尽管一方可以引用不可抗力宣布终止合同,但是如果另一方对此有不同看法,或者合同中没有明确规定对这类终止合同的后果的处理办法,双方应通过协商处理,若达不成一致意见,则按争议处理方式申请仲裁或诉讼。

(4)任何一方由于自身需要而终止合同。

例如,业主因改变整个设计方案、改变工程建设地点或者其他任何原因而通知承包商终止合同,承包商因其总部的某种安排而主动要求终止合同等,这类属于由于一方的需要而非对方的过失而要求终止合同,大都发生在工程开始的初期,而且要求终止合同的一方通常会认识到并且会同意给予对方适当补偿,但是仍然可能在补偿范围和金额方面发生争议。例如,在业主因自身的原因要求终止合同时,可能会承诺给承包商补偿的范围只限于其实际损失,而承包商可能要求还应补偿其失去承包其他工程机会而遭受的损失和预期利润。

例 9-4 某建筑公司与某厂签订建筑承包合同，承包方为发包方承担 6 台 400 m^3 煤气罐检查返修的任务，工期 6 个月，10 月开工，合计工程费 42 万元。临近开工时，因煤气罐仍在运行，施工条件不具备，承包方同意发包方的提议，将开工日期变更至次年 7 月。经发包方许可，承包方着手从本公司基地调集机械和人员如期进入施工现场，搭设脚手架，装配排残液管线。工程进展约 2 个月，发包方以竣工期无法保证和工程质量差为由，同承包方先是协商将竣工期提前，继而洽谈解除合同问题，承包方未同意。接着，发包方正式发文："本公司决定解除合同，望予谅解和支持。"同时，限期让承包方拆除脚手架，迫使承包方无法施工，导致原合同无法履行。因此承包方向法院起诉，要求发包方赔偿其实际损失 24 万元。

在法院审理中，被告方认为：施工方投入施工现场的人员少，素质差，不可能保证工程任务如期完成和保证工程质量。承包方认为：他们是根据工程进展有计划地调集和加强施工力量，足以保证工期按期完成；对方在工程完工前断言工程质量不可靠，缺乏根据。最后，法院认为：这份建筑施工合同是双方协商一致同意签订的有效合同，发包方是单方毁约行为，应负违约责任。考虑到此案实际情况，继续履行合同有困难，在法院主持下双方达成调解协议，承包合同尚未履行部分由发包方负担终止执行责任，由发包方赔偿承包方工程款、工程器材费和赔偿金等共 16 万元。

9.1.6 工程质量及保修的争议

工程质量方面的争议包括工程中所用材料不符合合同约定的技术标准要求，提供的设备性能和规格不符，或者不能生产出合同规定的合格产品，或者是性能试验不能达到规定的产量要求，施工和安装有严重缺陷等。这类质量争议在施工过程中主要表现为：工程师或业主要求拆除和移走不合格材料，或者返工重做，或者修理后予以降价处置。对于设备质量问题，则常见于在调试和性能试验后，业主不同意验收移交，要求更换设备或部件，甚至退货并要求承包商赔偿经济损失。而承包商则认为缺陷是可以改正的，或者业已改正；对生产设备质量则认为是性能测试方法错误，或者是制造产品所投入的原料不合格或者是操作方面的问题等。质量争议往往会变成为责任问题争议。

此外，在保修期的缺陷修复问题往往是业主和承包商争议的焦点，特别是业主要求承包商修复工程缺陷而承包商拖延修复，或业主未经通知承包商就自行委托第三方对工程缺陷进行修复。在此情况下，业主要在预留的保修金中扣除相应的修复费用，承包商则主张产生缺陷的原因不在承包商或业主未履行通知义务且修复费用未经其确认而不予同意。

9.2 工程合同争议的解决方式

产生建设工程合同纠纷的原因十分复杂，但一般可归纳为：合同订立而引起的纠纷；在合同履行中发生的纠纷；变更合同而产生的纠纷；解除合同而发生的纠纷等几个方面。

《合同法》规定，当事人可以通过和解或者调解解决合同争议。当事人不愿和解、调解或者和解、调解不成的，可以根据仲裁协议向仲裁机构申请仲裁。当事人没有订立仲裁协议或者仲裁协议无效的，可以向人民法院起诉。当事人应当履行发生法律效力的判决、仲裁裁决、调解书；拒不履行的，对方可以请求人民法院执行。从上述规定可以看出，在我国，合同争议解决的方式主要有和解、调解、仲裁和诉讼四种。

9.2.1 合同争议的和解

1）和解的概念和意义

（1）和解的概念

和解是指在合同发生纠纷后，合同当事人在自愿互谅的基础上，依照法律、法规的规定和合同的约定，自行协商解决合同争议。

建设工程合同争议的和解，是由建设工程合同当事人双方自己或由当事人双方委托的律师出面进行的。在协商解决合同争议的过程中，当事人双方依照平等自愿原则，可以自由、充分地进行意思表示，弄清争议的内容、要求和焦点所在，分清责任是非，在互谅互让的基础上，使合同争议得到及时、圆满的解决。

（2）建设工程合同争议和解的意义

① 有利于双方当事人团结和协作，便于协议的执行。合同双方当事人在平等自愿、互谅互让的基础上就建设工程合同争议的事项进行协商，气氛比较融洽，有利于缓解双方的矛盾，消除双方的隔阂和对立，加强团结和协作；同时，由于协议是在双方当事人统一认识的基础上自愿达成的，所以可以使纠纷得到比较彻底的解决，协议的内容也比较容易顺利执行。

② 针对性强，便于抓住主要矛盾。由于建设工程合同双方当事人对事态的发展经过有亲身的经历，了解合同纠纷的起因、发展以及结果的全过程，便于双方当事人抓住纠纷产生的关键原因，有针对性地加以解决。合同双方当事人一旦关系恶化，常常会在一些枝节上纠缠不休，使问题扩大化、复杂化，而合同争议的和解就可以避免走这些不必要的弯路。

③ 简便易行，便于及时解决纠纷。建设工程合同争议的和解解决不受法律程序的约束，不像仲裁程序或诉讼程序那样有一套较为严格的法律规定，当事人可以随时发现问题，随时要求解决，不受时间、地点的限制，从而防止矛盾的激化、纠纷的逐步升级，有利于对合同争议的及时处理。

④ 可以避免当事人把大量的精力、人力、物力放在诉讼活动上。建设工程合同发生纠纷后，往往合同当事人各方都认为自己有理，特别在诉讼中败诉的一方，会一直把官司打到底，花费巨大的精力，而且可能由此结下怨恨。如果通过和解解决，就可以避免这些问题，对双方当事人都有好处，而且也有利于减轻仲裁、审判机关的压力。

2）和解的原则

建设工程合同双方当事人之间自行协商，和解解决合同纠纷，应遵守如下原则：

（1）合法原则

合法原则要求建设工程合同当事人在和解解决合同纠纷时，必须遵守国家法律、法规的要求，所达成的协议内容不得违反法律、法规的规定，也不得损害国家利益、社会公共利益和他人的利益。这是和解解决建设工程合同纠纷的当事人应当遵守的首要原则。如果违背了合法原则，双方当事人即使达成了和解协议也是无效的。因此，建设工程合同双方当事人都应是执行法律、法规的模范，任何违反法律、法规的行为都是不允许的。

（2）自愿原则

自愿原则是指建设工程合同当事人对于采取自行和解解决合同纠纷的方式，是自己选择或愿意接受的，并非受到对方当事人的强迫、威胁或其他的外界压力。同时，双方当事人协议的内容也必须是出于当事人的自愿，决不允许任何一方给对方施加压力，以终止协议等手段相威胁，迫使对方达成只有对方尽义务、没有自己负责任的“霸王协议”。

(3) 平等原则

平等原则既表现为建设工程合同双方当事人在订立合同时其法律地位平等，在合同发生争议时，双方当事人在自行和解解决合同争议过程中的法律地位也是平等的。双方当事人要互相尊重，平等对待，都有权提出自己的理由和建议，都有权对对方的观点进行辩论。不允许以强欺弱、以大欺小，达成不公平的和解协议。

(4) 互谅互让原则

互谅互让原则就是建设工程合同双方当事人在如实陈述客观事实和理由的基础上，也要多从自身找原因，认识在引起合同纠纷问题上自己应当承担的责任，而不能片面强调对自己有利的事实和理由而不顾及全部的事实，或片面指责对方当事人，要求对方承担责任。即使自身没有过错，也不能得理不让人。这也正是合同的“协作履行原则”在处理建设工程合同争议中的具体运用。

3) 和解解决合同争议的程序

从实践中看，用自行和解的方法解决建设工程合同纠纷所适用的程序与建设工程合同的订立、变更或解除所适用的程序大致相同，采用要约、承诺的方式。即一般是在建设工程合同纠纷发生后，由一方当事人以书面的方式向对方当事人提出解决纠纷的方案，方案应当是比较具体、完整的。另一方当事人对提出的方案可以根据自己的意愿，作一些必要的修改，也可以再提出一个新的解决方案。然后对方当事人又可以对新的解决方案提出新的修改意见。这样，双方当事人经过反复协商，直至达到一致意见，从而产生“承诺”的法律后果，达成双方都愿意接受的和解协议。对于建设工程合同所发生的纠纷用自行和解的方式来解决，应订立书面形式的协议作为对原合同的变更或补充。

4) 争议和解应当注意的问题

(1) 分清责任

和解解决建设工程合同纠纷的基础是分清责任。尤其是在市场竞争中，当事人都应保持良好的形象和信誉，明确各方的权利和责任。在自行和解解决合同纠纷的过程中，当事人双方要实事求是地分析纠纷产生的原因，不能一味地推卸责任，否则，不利于纠纷的解决。因为如果双方当事人都认为自己有理，责任在对方，则难以做到互谅互让，达成和解协议。

(2) 坚持原则

在建设工程合同纠纷的协商过程中，双方当事人既要互相谅解，以诚相待，勇于承担各自的责任，又不能进行无原则的和解，要杜绝在解决纠纷中的损害国家利益和社会公共利益的行为，尤其是对解决合同纠纷中的行贿受贿行为要进行揭发、检举。对于违约责任的处理，只要建设工程合同中约定的违约责任是合法的，就应当追究违约方的违约责任。违约方应当主动承担违约责任，受害方也应当积极追究对方的违约责任，决不能以协作为名，假公济私，慷国家之慨，中饱私囊。

(3) 及时解决

建设工程合同发生纠纷，双方当事人自愿采取和解方式解决纠纷时，应当注意合同纠纷要及时解决。由于和解不具有强制执行的效力，容易出现当事人反悔的情况。如果双方当事人在协商过程中出现僵局，争议迟迟得不到解决，就不应该继续坚持和解的办法，否则会使合同纠纷进一步扩大，特别是一方当事人有故意不法侵害行为时，更应当及时采取其他方法解决。如果双方当事人在订立合同时约定了仲裁协议，可以申请仲裁机构对合同纠纷进行仲裁解决；如果双方当事人没有约定仲裁条款或仲裁协议无效，则可以向有管辖权的人民法院起诉，采取诉讼方式解决合同纠纷。

(4) 注意把握和解的技巧

首先，要求当事人双方坚持和解的原则，诚实信用，以理相待，处处表现出宽容和善意。其次，要求当事人在意思表达准确的同时，要恰当使用协商语言，不使用过激的或模棱两可的语言。再次，在协商过程中要摆事实、讲道理。讲道理时，一定要围绕中心，抓住主要问题，以使合同纠纷的主要问题及时得到解决。在某些场合下还要注意"得理让人"，对非原则问题，可以作一些必要的让步，以使对方当事人感到诚意，从而使问题及早得到彻底的解决。此外，自行和解有时也可以请第三人从中斡旋，但以双方当事人的意思一致作为达成协议的根据，第三人只在当事人之间起"牵线搭桥"的作用，实质上并不参与当事人之间的协商。

9.2.2 合同争议的调解

1）调解的概念和意义

(1) 调解的概念

调解是指在合同发生纠纷后，在第三人的参加和主持下，对双方当事人进行说服、协调和疏导工作，使双方当事人互相谅解并按照法律的规定及合同的有关约定达成解决合同纠纷的协议。

建设工程合同争议的调解，是解决合同争议的一种重要方式，也是我国解决建设工程合同争议的一种传统方法。它是在第三人的参加与主持下，通过查明事实、分清是非、说服教育，向当事人双方提出解决争议的方案，促使双方在互谅互让的基础上自愿达成调解协议，消除纷争。第三人进行调解必须实事求是、公正合理，不能压制双方当事人，而应促使他们自愿达成协议。

《合同法》规定了当事人之间首先可以通过自行和解来解决合同的纠纷，同时也规定了当事人还可以通过调解的方式来解决合同纠纷，对这两种方式，当事人可以自愿选择其中一种或两种。调解与和解的主要区别在于：前者有第三人参加，并主要是通过第三人的说服教育和协调来达成解决纠纷的协议；而后者则完全是通过当事人自行协商来达成解决合同纠纷的协议。两者的相同之处在于：它们都是在诉讼程序之外进行的解决合同纠纷的活动，达成的协议都是靠当事人自觉履行来实现的。

(2) 建设工程合同争议调解的意义

① 有利于化解合同双方当事人的对立情绪，迅速解决合同纠纷。当合同出现纠纷时，合同双方当事人会采取自行协商的方式解决，但当当事人意见不一致时，如果不及时采取措施，就极有可能使矛盾激化。在我国，调解之所以成为解决建设工程合同争议的重要方式之一，就是因为调解有第三人从中做说服教育和劝导工作，化解矛盾，增进双方理解，有利于迅速解决合同纠纷。

② 有利于各方当事人依法办事。用调解的方式解决建设工程合同纠纷，并不是让第三人充当无原则的和事佬。事实上，调解合同纠纷的过程是一个宣传法律、加强法制观念的过程。在调解过程中，调解人的一个很重要的任务就是使双方当事人懂得依法办事和依合同办事的重要性。它可以起到既不使双方伤和气，又能使双方受到一定法制教育的作用，有利

于维护社会的安定团结和社会的经济秩序。

③ 有利于当事人集中精力干好本职工作。通过调解解决建设工程合同纠纷，能够使双方当事人在自愿、合法的基础上，排除隔阂，达成调解协议，同时可以简化解决纠纷的程序，减少仲裁、起诉和上诉所花费的时间和精力，以争取更多的时间迅速集中精力进行经营活动。这不仅有利于维护双方当事人的合法权益，而且有利于促进社会主义现代化建设的发展。

2）调解的原则

建设工程合同纠纷的调解，一般应遵守下列三个基本原则：

（1）自愿原则

建设工程合同纠纷的调解过程，是双方当事人弄清事实真相、分清是非、明确责任、互谅互让、提高法律观念、自愿取得一致意见并达成协议的过程。协议是双方当事人自愿达成一致意见的结果。因此，只有在双方当事人自愿接受调解的基础上，调解人才能进行调解。如果当事人双方或一方根本不愿意用调解的方式解决纠纷，那么就不能进行调解。另外，调解协议也必须由双方当事人自愿达成。调解人在调解过程中要耐心听取双方当事人和关系人的意见，并对这些意见进行分析研究，在查明事实、分清是非的基础上，对双方当事人进行说服教育，耐心劝导，促使双方当事人互相谅解，达成协议。调解人不能代替当事人达成协议，也不能把自己的意志强加给当事人。

（2）合法原则

合法原则首先要求建设工程合同双方当事人达成协议的内容必须合法，不得同法律和政策相违背。凡是有法律、法规规定的，按法律、法规的规定办；法律、法规没有明文规定的，应根据党和国家的方针、政策，并参照合同规定的条款进行处理。达成的调解协议，不得损害国家利益和社会公共利益，也不得损害其他人的合法权益。只有这样才是真正意义上的正确的调解。此外，在任何情况下，都必须要求调解人在调解活动中坚持合法原则，否则难以保证调解协议内容的合法性。比如，调解活动不讲原则，一味强调让步，或违反法律而达成协议，其结果既损害了当事人的利益，所达成的调解协议也没有任何保障。

（3）公平原则

公平原则要求调解建设工程合同纠纷的第三人秉公办事，不徇私情、平等待人、公平合理地解决问题，尤其是在承担相应责任方面，决不能采用“和稀泥”、“各打五十大板”等无原则性的方式，而是实事求是，采取权利与义务对等、权责相一致的公平原则。这样才能够取得双方当事人的信任，促使他们自愿地达成协议。否则，如果偏袒一方压服另一方，只能引起当事人的反感，不利于纠纷的解决。当然，在处理具体问题时，要鼓励各方互谅互让，使其承担相应的责任。

3）调解的种类

（1）人民调解

人民调解亦称民间调解，是指合同发生纠纷后，当事人共同协商，请有威望、受信赖的第三人，包括人民调解委员会、企事业单位或其他经济组织、一般公民以及律师、专业人士作为中间调解人，双方合理合法地达成解决纠纷的协议。

建设工程合同纠纷的民间调解不多，主要体现在律师和专业人士的依法调解。律师或专业人士的调解是指律师或专业人士接受合同纠纷双方当事人的委托，居中公平主持调解，力争使双方达成协议。用这种方式主持调解合同纠纷，对解决建设工程合同纠纷起了积极的作用。

律师或专业人士主持调解纠纷，可以在一定程度上弥补我国现有调解队伍力量不足的现象。对于一些法院难以受理的案件，当事人往往请一些中间人来调解解决纠纷。由于律师和专业人士本身具有良好的素质，具有一定的专业知识和法律水平，熟悉政策与规范，更有利于说服当事人，从而使当事人双方的纠纷在更加合乎法律和情理的情况下得以解决，这样有助于加强法律的宣传和教育作用，提高当事人的法制观念。另一方面，律师和专业人士主持调解有利于缓解当事人之间的矛盾，减轻人民法院的负担。实践证明，律师和专业人士主持调解处理非诉讼事件的方式方便当事人，既省时省力，又能使问题得到及时合理的解决，免除了诉讼之累，不失为一种好方式。

人民调解属于诉讼外的调解，双方达成的调解协议并不具有法律的强制力，它是依靠当事人自愿来履行的。如果当事人不愿调解或调解不成或达成协议后又反悔的，可以向仲裁机构申请仲裁或向人民法院起诉。

（2）行政调解

行政调解是指建设工程合同发生纠纷后，在有关行政主管部门的参与下协商解决争端，达成协议的解决合同纠纷的方式。

行政调解主要是指主管部门的调解。建设工程合同纠纷的行政调解人一般是一方或双方当事人的业务主管部门。业务主管部门对下属企业单位的生产经营和技术业务等情况比较熟悉和了解，他们能在符合国家法律政策的要求下，教育说服当事人自愿达成调解协议。这样既能满足各方的合理要求，维护其合法权益，又能使合同纠纷得到及时而彻底的解决。

需要明确的是，业务主管部门调解纠纷不是法定的程序，因此必须在双方自愿的原则下进行，任何业务主管部门不得强制进行调解。参加业务主管部门行政调解的有关人员也必须实事求是，秉公办事，平等待人，不能以行政命令和压服的方法迫使当事人达成调解协议。同人民调解一样，行政调解达成的调解协议也不具有法律的强制力。当事人可以不接受调解，直接向仲裁机构申请仲裁或向人民法院起诉。

（3）仲裁调解

仲裁调解是指由仲裁机构主持和协调，对申请合同争议仲裁的当事人进行说服与调停，促使双方当事人互谅互让，自愿达成解决合同争议的调解协议。

我国《仲裁法》规定，仲裁庭在作出裁决前，可以先行调解，当事人自愿调解的，仲裁庭应当调解；调解不成的，仲裁庭应当进行裁决。所谓先行调解，就是仲裁机构先于裁决之前，根据争议的情况或双方当事人自愿而进行说服教育工作，以便双方当事人自愿达成调解协议，解决纠纷。仲裁调解是由仲裁庭中的仲裁员来主持调解。《仲裁法》还规定，调解达成协议的，仲裁庭应当制作调解书，调解书应当写明仲裁请求和当事人协议的结果。调解书由仲裁员签名，加盖仲裁委员会印章，送达双方当事人。调解书经双方当事人签收后，即发生法律效力，当事人不得反悔，必须自觉履行。在调解书签收前当事人一方或双方反悔的，仲裁庭应当及时作出裁决。调解书发生法律效力后，如果一方不履行，另一方当事人可以向有管辖权的人民法院申请强制执行。调解达成协议的，按照当事人的请求，仲裁庭也可以根据调解协议的结果制作裁决书。调解书与裁决书具有同等的法律效力。

(4) 诉讼调解

诉讼调解又称法院调解，是指在审判人员的主持和协调下，双方当事人就合同争议进行平等协商，自愿达成解决合同争议的调解协议。

当事人因合同争议起诉到法院之后，法院在审理案件过程中，应根据自愿、合法的原则进行调解；当事人不愿调解或调解不成的，法院应当及时裁决。当事人也可以在诉讼开始后至裁决作出之前，随时向法院申请调解，人民法院认为可以调解时也可以随时调解。当事人自愿达成调解协议后，法院应当要求双方当事人在调解协议上签字，并根据情况决定是否制作调解书。对不需要制作调解书的协议，应当记入笔录，由争议双方当事人、审判人员、书记员签名或者盖章后，即具有法律效力。多数情况下，争议双方达成协议后，法院应当制作调解书。调解书应当写明诉讼请求、案件的事实和调解结果。调解书应由审判人员、书记员署名，加盖人民法院印章，送达双方当事人。调解书经双方当事人签收后，即具有法律效力。当事人必须履行调解书中确定的义务，否则，另一方当事人可以申请人民法院强制执行。对于已经生效的调解书，当事人不得提起上诉。调解未达成协议或者调解书送达前一方反悔的，调解即告终结，法院应当及时裁决而不得久调不决。

4) 调解的程序

建设工程合同纠纷调解的方法是多样的，但调解过程都应有步骤地进行，通常可以按以下程序进行：

(1) 提出调解意向。纠纷当事人一方选择好调解方式之后，把自己的想法和方案提出来，由调解人向纠纷另一方当事人提出，另一方亦可将有关想法或方案告诉调解人。

(2) 调解准备。调解人初步审核合同的内容、发生争议的问题，确定主持调解的人员，选择调解的时间、地点，确定调解的方式、方法。

(3) 协调和说服。调解人召集当事人说明纠纷的问题、原因和要求，并验明提供的证据材料，双方当事人进行核对，在弄清事实情况的基础上，以事实为依据，以法律和合同为准绳，分别做说服工作。

(4) 达成协议。如果双方当事人的想法接近或经过说服工作后缩短了差距，调解人可以提出调解意见，促使双方当事人达成协议，并制作调解书。

5) 争议调解应当注意的问题

(1) 实事求是，查清起因

查清事实、查清起因，是搞好调解工作的基础，调解必须以事实为根据。所谓以事实为根据，就是反映事物的本来面目。调解人要采取实事求是的态度，深入到有关方面，进行认真的调查研究，查清工程合同纠纷发生的时间、地点、原因、双方争执的经过和合同执行后产生的结果，以及证据和证据的来源。在处理合同争议时，要虚心听取各方面的意见，并加以深入的分析和研究。涉及专业技术问题的，还需委托有关部门作出技术鉴定，或邀请他们参加质量技术问题的座谈会，提出意见，判明是非和责任所在。不注意这些问题，就会做出错误的判断和错误的调解方案，调解也难以成功。

(2) 分清责任，依法调解

法律、法规和政策以及建设工程合同是区分纠纷是非、明确责任的尺度和准绳。调解必须以法律和合同为准绳。这就要求调解人要熟悉法律和合同的有关规定，依照法律和合同办事，分清责任。具体而言包括两方面的含义：一方面是调解人在调解过程中必须严格按照法律规定的程序和原则进行调解；另一方面是协议的内容必须符合法律的规定，一定要依法调解。要做到有法必依、公正调解、排除干扰、不徇私情，这样才能分清是非、明确责任，才能使当事人信服，顺利达成协议。要正确地执行法律，为解决疑难纠纷创造良好的条件，否则不仅调解不成，往往还会使原纠纷加重。

（3）协调说服，互谅互让

建设工程合同纠纷一般涉及各方的经济利益，有些纠纷还涉及企业的声誉。因此，一旦有了合同纠纷，不少当事人在调解过程中过分强调对方的过错，甚至隐瞒实情，歪曲事实，谎报情况，这些都是对调解工作不利的因素。所以，调解人在调解工作中要摆事实，讲道理，必须耐心地做好深入细致的说服教育疏导工作，协调好双方的关系，促使双方当事人相互谅解，这样才能保证调解工作的顺利进行。

（4）及时调解，不得影响仲裁和诉讼

调解必须及时，这对于解决合同纠纷非常重要。如果纠纷得不到及时解决，就有可能使矛盾激化。同时，也要防止一方恶意利用调解使纠纷复杂化的问题。建设工程合同纠纷发生后，不论当事人申请调解还是不申请调解，也不论当事人在调解中没有达成协议还是达成协议后又反悔，均不影响当事人依照法律规定向仲裁委员会申请仲裁或向人民法院起诉。

9.2.3　经济仲裁制度

1）经济仲裁的概念和特点

（1）经济仲裁的概念

仲裁亦称“公断”，是指当事人之间的纠纷由仲裁机构居中审理并裁决的活动。

所谓经济仲裁，即是指用仲裁的方法解决经济活动中所发生的各种纠纷。在国际上，仲裁是解决争议的常见方式。经济仲裁在我国已经成为解决经济纠纷的重要方式。

建设工程合同仲裁属于经济仲裁的范畴，是指建设工程合同双方当事人发生争执，协商不成时，根据当事人之间的协议，由仲裁机构依照法律，对双方所发生的争议在事实上作出判断，在权利义务上作出裁决。它是处理建设工程合同纠纷的一种方式。在我国境内履行的建设工程合同，由双方当事人申请仲裁的，适用《中华人民共和国仲裁法》的规定。实践证明，实行仲裁制度可以及时、妥善地解决建设工程合同纠纷，从而减轻人民法院的办案压力，以保证和提高人民法院的办案质量。用仲裁的方式解决建设工程合同纠纷与用经济审判的方式解决合同争议相比较，手续方便，程序简易，方便灵活，处理及时，有利于迅速解决合同纠纷，减少经济损失，维护正常的民事、经济活动。同时，有利于巩固和发展双方当事人的协作关系，也有利于协议的执行。

（2）经济仲裁的特点

① 协议仲裁。仲裁机构对经济纠纷的仲裁，必须以双方当事人的自愿为前提。如果发生纠纷的双方没有选择仲裁的方式，仲裁机构就没有权力对纠纷进行仲裁。如果双方当事人同意选择仲裁的方式解决纠纷，必须用书面的形式将这一意愿表达出来，即应在纠纷发生之前或之后达成仲裁协议。没有书面的仲裁协议，仲裁机构就无权受理对该纠纷的解决。

② 专门机构仲裁。仲裁委员会是由人民政府组织有关部门和商会统一组建，但仲裁机构不是行政机关，也不是司法机关，属于民间团体。根据《仲裁法》的规定，仲裁委员会独立于行政机关，与行政机关没有隶属关系，仲裁委员会之间也没有隶属关系。

③ 裁决具有强制执行力。仲裁裁决具有法律效力，对双方当事人都有约束力，当事人应该自觉履行。一方当事人不履行的，另一方当事人可以依照有关法律的规定向人民法院申请强制执行。

2）经济仲裁的原则

（1）独立原则

仲裁机构在仲裁经济纠纷时，依法独立进行，不受行政机关、社会团体和个人的干涉。仲裁委员会之间无隶属关系，互不干涉。各个仲裁机构应该严格地依照法律和事实独立地对经济纠纷进行仲裁，作出公正的裁决，保护当事人的合法利益。

（2）自愿原则

在经济仲裁中，自愿原则体现在许多方面。例如，是否选择仲裁的方式解决纠纷，选择哪一个仲裁机构进行仲裁，仲裁是否公开进行，在仲裁的过程中是否要求调解、是否进行和解、是否撤回仲裁申请等等，都是由当事人自行决定的，并且应该得到仲裁机构的尊重。

（3）一裁终局原则

一裁终局的含义是指裁决作出之后，当事人就同一纠纷再申请仲裁或者向人民法院起诉的，仲裁委员会或者人民法院不应受理。当然，仲裁裁决被法院依法裁定撤销或者不予执行的除外。

（4）先行调解原则

先行调解就是仲裁机构先于裁决之前，根据争议的情况或双方当事人自愿而进行说服教育和劝导工作，以便双方当事人自愿达成调解协议，解决纠纷。

3）仲裁协议

（1）仲裁协议的概念和作用

仲裁协议是指经济活动的各方当事人自愿选择仲裁的方式解决他们之间可能发生的或者已经发生的经济纠纷的书面约定。

仲裁协议是双方当事人自愿将纠纷提交仲裁机构予以解决的书面意思表示，是仲裁机构受理案件的唯一依据，是仲裁机构管辖案件的前提。没有仲裁协议，一方当事人申请仲裁的，仲裁机构不予受理。除非仲裁协议无效或者当事人放弃仲裁协议，否则，只要有仲裁协议，法院对案件就没有管辖权。也就是说，仲裁协议有排除法院管辖权的效力。同时，仲裁协议也是仲裁裁决可以具有强制执行力的前提。

（2）仲裁协议的种类和内容

① 仲裁协议的种类

《仲裁法》第16条规定："仲裁协议包括合同中订立的仲裁条款和以其他方式在纠纷发生前或者发生后达成的请求仲裁的协议。"由此可见，依据仲裁协议订立的时间和形式的不同，仲裁协议可分为三种类型：

a. 仲裁条款，这种类型的仲裁协议常常在合同订立的同时订立。

b. 纠纷发生之前，在合同之外单独订立协议，规定有关仲裁的事项。

c. 纠纷发生之后，在合同之外单独订立协议，规定有关仲裁的事项。

② 仲裁协议的内容

根据《仲裁法》的规定，仲裁协议应当具有以下主要内容：

a. 请求仲裁的意思表示。即双方当事人应当明确表示将合同争议提交仲裁机构解决。

b. 仲裁事项。即双方当事人共同协商确定的提交仲裁的合同争议范围。

c. 选定的仲裁委员会。双方当事人应明确约定仲裁事项由哪一个仲裁机构进行仲裁。

(3) 仲裁协议的无效及其确定

在违背法律规定的情况下，双方当事人所订立的仲裁协议是无效的，没有法律效力。根据《仲裁法》的规定，导致仲裁协议无效的原因有：

① 约定的仲裁事项超出法律规定的范围的。

② 无民事行为能力的人或者限制民事行为能力的人订立的仲裁协议。

③ 一方采取胁迫手段，迫使对方订立仲裁协议。

此外，仲裁协议对仲裁事项约定不明确的，当事人可以补充协议；达不成补充协议的，仲裁协议无效。

4) 仲裁的程序

(1) 仲裁的申请和受理

仲裁的申请是指当事人依照法律的规定和仲裁协议的约定，将纠纷提请约定的仲裁委员会予以仲裁。根据《仲裁法》的规定，当事人申请仲裁应当符合以下条件：第一，有仲裁协议；第二，有具体的仲裁请求和事实、理由；第三，属于仲裁委员会的受理范围。在申请仲裁时，应当向仲裁委员会提交仲裁协议、仲裁申请书及副本。

仲裁的受理是指仲裁委员会依法接受对纠纷的审理。仲裁委员会在收到仲裁申请书之日起 5 日内，认为符合受理条件的，应当受理，并通知当事人；认为不符合受理条件的，应当书面通知当事人不予受理，并说明理由。仲裁委员会在受理仲裁申请后，应当在仲裁规则规定的期限内将仲裁规则和仲裁员名册送达申请人，并将仲裁申请书的副本和仲裁规则、仲裁员名册送达被申请人。

(2) 组成仲裁庭

仲裁委员会在受理仲裁申请后，应当组成仲裁庭进行仲裁活动。仲裁庭不是一种常设的机构，其组成的原则是一案一组庭。

仲裁庭有两种组成方式：一种是由三名仲裁员组成，即合议制的仲裁庭；一种则是由一名仲裁员组成，即独任制的仲裁庭。在具体的仲裁活动中，采取上述两种方法中的哪一种，由当事人在仲裁协议中协商决定。当事人约定合议制仲裁庭的，应当各自选定或者各自委托仲裁委员会主任指定一名仲裁员，第三名仲裁员即首席仲裁员，应当由当事人共同选定或者共同委托仲裁委员会主任指定。当事人约定独任制仲裁庭的，应当由当事人共同选定或者共同委托仲裁委员会主任指定。当事人没有在仲裁规则规定的期限内约定仲裁庭的组成方式或者选定仲裁员的，由仲裁委员会主任指定。仲裁庭组成后，仲裁委员会应当将仲裁庭的组成情况书面通知当事人。

(3) 开庭和裁决

开庭即开庭审理，是指仲裁庭按照法定的程序，对案件进行有步骤、有计划的审理。开庭审理是仲裁庭对案件审理的中心环节，这是因为开庭审理前的一切准备工作是为了开好庭，而且与案件有关的一切事实和证据，都要通过开庭予以揭示和审查核实，并据此对案件作出裁决。因此，《仲裁法》第 39 条规定："仲裁应当开庭进行"。也就是当事人共同到庭，经调查和辩论后进行裁决。同时，该条还规定："当事人协议不开庭的，仲裁庭可以根据仲裁申请书、答辩书以及其他材料作出裁决。"

仲裁不公开进行，即以不公开审理为原则。这是为了最大限度地保护当事人的商业形象以及可能会涉及到的商业秘密。因此，除特别许可外，仲裁活动是不允许旁听的。但是，除涉及国家秘密的以外，当事人协议仲裁公开进行的，则可以公开进行。

在开庭审理以前，仲裁委员会应当在仲裁规则规定的期限内将开庭日期通知双方当事人；经书面通知后，申请人无正当理由不到庭或者未经仲裁庭许可中途退庭的，可以视为撤回仲裁申请。经书面通知后，被申请人无正当理由不到庭或者未经仲裁庭许可中途退庭的，可以缺席裁决。

在仲裁过程中，原则上应由当事人承担对其主张的举证责任。证据应当在开庭时出示，当事人可以质证。在证据可能灭失或者以后难以取得的情况下，当事人可以申请证据保全。在仲裁过程中，当事人有权进行辩论。仲裁庭在作出裁决前，可以先行调解。如果当事人自愿调解，仲裁庭应当调解。当事人申请仲裁后，可以自行和解。

5）法院对仲裁的协助和监督

根据《民事诉讼法》和《仲裁法》的规定，我国在仲裁和诉讼的关系方面做了很大的改革，变过去的“既裁又审”为现在的“或裁或审”制度。在这种制度下，法院对仲裁活动不予干涉。但是，仲裁活动需要法院的协助和监督，以保证仲裁活动得以顺利地、合法地进行，从而保障当事人的合法权益。

（1）法院对仲裁活动的协助

法院对仲裁的协助，主要表现在财产保全、证据保全和强制执行仲裁裁决等方面。

① 财产保全。财产保全是指为了保证仲裁裁决能够得到实际执行，以免利害关系人的合法利益受到难以弥补的损失，在法定条件下所采取的限制另一方当事人、利害关系人处分财物的保障措施。财产保全的措施包括查封、扣押、冻结以及法律规定的其他方法。

② 证据保全。证据保全是指在证据可能毁损、灭失或者以后难以取得的情况下，为保存其证明作用而采取一定的措施加以确定和保护的制度。证据保全是保证当事人承担举证责任的补救方法，在一定意义上也是当事人取得证据的一种手段。证据保全的目的就是保障仲裁的顺利进行，确保仲裁庭作出正确裁决。

③ 强制执行仲裁裁决。仲裁裁决是指仲裁机构经过当事人之间争议的审理，依据争议的事实和法律，对当事人双方的争议作出的具有法律约束力的判定。《仲裁法》第 57 条明确规定：“裁定书自作出之日起发生法律效力”。除非人民法院依照法定程序和条件裁定撤销或者不予执行仲裁裁决，当事人应当自觉履行裁决。由于仲裁机构没有强制执行仲裁裁决的权力，因此，为了保障仲裁裁决的实施，防止负有履行裁决义务的当事人逃避或者拒绝仲裁裁决确定的义务，我国《仲裁法》规定，一方当事人不履行仲裁裁决的，另一方当事人可以依照民事诉讼法的有关规定向人民法院申请执行，受申请的人民法院应当执行。

（2）法院对仲裁活动的监督

为了发挥经济仲裁可以快捷、有效地解决各种经济纠纷的特点，我国《仲裁法》不允许当事人在仲裁裁决作出后再向人民法院提起诉讼。但是，为了提高仲裁员的责任心，保证仲裁裁决的合法性、公正性，保护各方当事人的合法权益，我国《仲裁法》同时规定了人民法院对仲裁活动予以司法监督的制度。我国有关司法监督的有关规定表明，对仲裁进行司法监督的范围是有限的而且是事后的。如果当事人对仲裁裁决没有异议，不主动申请司法监督，法院对仲裁裁决采取不干预的做法。司法监督的实现方式主要是允许当事人向法院申请撤销仲裁裁决和不予执行仲裁裁决。

① 撤销仲裁裁决。根据《仲裁法》第58条规定，当事人提出证据证明裁决有下列情形之一的，可以在自收到仲裁裁决书之日起6个月内向仲裁委员会所在地的中级人民法院申请撤销仲裁裁决：没有仲裁协议的；裁决的事项不属于仲裁协议的范围或者仲裁委员会无权仲裁的；仲裁庭的组成或者仲裁的程序违反法定程序的；裁决所根据的证据是伪造的；对方当事人隐瞒了足以影响公正裁决证据的；仲裁员在仲裁该案时有索贿受贿、徇私舞弊、枉法裁决行为的。以上规定表明，当事人申请撤销裁决应当在法律规定的期限内向人民法院提出，并应提供证明有以上情形的证据。同时，并非任何法院都有权受理撤销仲裁裁决的申请，只有仲裁委员会所在地的中级人民法院对此享有专属管辖权。

② 不予执行仲裁裁决。根据《仲裁法》第63条的规定，在仲裁裁决执行过程中，如果被申请人提出证据证明裁决有下列规定的情形之一的，经人民法院组成合议庭审查核实，裁定不予执行该仲裁裁决。规定的情形有：当事人在合同中没有订有仲裁条款或者事后没有达成书面仲裁协议的；裁决的事项不属于仲裁协议的范围或者仲裁机构无权仲裁的；仲裁庭的组成或者仲裁的程序违反法定程序的；认定事实和主要证据不足的；适用法律有错误的；仲裁员在仲裁该案时有贪污受贿、徇私舞弊、枉法裁决行为的。

仲裁裁决被人民法院裁定不予执行时，当事人之间的纠纷并没有得到解决，因此，当事人就该纠纷可以根据双方重新达成的仲裁协议申请仲裁，也可以向人民法院起诉。

9.2.4 经济诉讼制度

1）经济诉讼的概念和特点

（1）经济诉讼的概念

经济诉讼是指经济审判机关在当事人和其他诉讼参加人的参加下，对经济纠纷案件进行审理并作出裁决，以解决经济纠纷的活动。目前，经济诉讼已成为解决经济纠纷、维护当事人合法经济权益的一种重要手段。经济诉讼的主要法律依据是《中华人民共和国民事诉讼法》，以及最高人民法院根据经济纠纷案件的特点而发布的大量有关经济纠纷案件的司法解释。

建设工程合同纠纷的诉讼，是指合同纠纷的一方当事人诉至法院，由人民法院对建设工程合同纠纷案件行使国家审判权。人民法院按照法定的程序进行审理，查清事实，分清是非，明确责任，认定双方当事人的权利、义务关系，解决纠纷。诉讼是解决建设工程合同纠纷最有效的手段和方式，因为诉讼是由国家审判机关依法进行审理裁判，最具权威性；裁决发生法律效力后，以国家强制力保证裁决的实现。

通过诉讼解决建设工程合同纠纷，有利于增强合同当事人的法制观念；有利于及时、有效地打击利用建设工程合同进行违法犯罪活动；有利于维护社会经济秩序，保护当事人的合法权益，保证社会主义市场经济的健康发展。

（2）经济诉讼的特点

① 人民法院受理经济纠纷案件，任何一方当事人都有权起诉，而无须征得对方当事人的同意。

② 当事人向人民法院提起诉讼，应当遵循地域管辖、级别管辖和专属管辖的原则。在不违反级别管辖和专属管辖原则的前提下，可以选择管辖法院。

③ 人民法院审理经济纠纷案件，实行二审终审制度。当事人对人民法院作出的一审判

决、裁定不服的，有权上诉；对生效的判决、裁定不服的，还可向人民法院申请再审。

2）人民法院对经济案件的管辖

管辖是指人民法院之间受理第一审案件的分工和权限。经济纠纷案件的管辖主要有级别管辖、地域管辖和专属管辖。

（1）地域管辖

地域管辖是指同级人民法院对第一审案件的分工和权限。根据《民事诉讼法》的规定，经济纠纷案件地域管辖的一般原则是“原告就被告”，即由被告住所地人民法院管辖。被告为公民的，其住所地为户籍所在地，住所地与经常居住地不一致的，由经常居住地人民法院管辖。被告为法人或其他组织的，其住所地一般理解为主要办事机构所在地。

因建设工程合同纠纷提起的诉讼，第一审管辖法院是：

① 被告住所地的人民法院。即被告户籍所在地或被告经常居住地。

② 合同履行地的人民法院。即合同标的物的交接地，当事人履行义务和接受义务履行地的人民法院。

合同纠纷案件可以实行协议管辖，即合同双方当事人可以在书面合同中协议选择被告住所地、合同履行地、合同签订地、原告住所地、标的物所在地的人民法院管辖，但不得违反法律对级别管辖和专属管辖的规定。

（2）级别管辖

级别管辖是指各级人民法院受理第一审案件的分工和权限。

我国人民法院按其级别分为最高、高级、中级和基层人民法院四级。最高人民法院管辖在全国有重大影响的案件和它认为应该由其审理的案件。依照法律规定，最高人民法院管辖的案件实行一审终审，所作判决、裁定一经送达即发生法律效力。高级人民法院管辖在本辖区有重大影响的案件。中级人民法院管辖以下三类经济纠纷案件：重大的涉外案件；在本辖区有重大影响的案件；最高人民法院确定由其管辖的案件。除上述案件外的其他案件都由基层人民法院管辖。

建设工程合同纠纷发生后，当事人应根据合同标的的大小、影响等确定向哪一级人民法院起诉。

（3）专属管辖

专属管辖是指按照诉讼标的的特殊性与管辖的排他性而确定的管辖。《民事诉讼法》规定“因不动产纠纷提起的诉讼，由不动产所在地法院管辖”和“因港口作业中发生纠纷提起的诉讼，由港口所在地法院管辖”属于专属管辖。

3）第一审普通程序与简易程序

（1）起诉

起诉是指当事人请求人民法院通过审判保护自己合法权益的行为。提起诉讼的人为原告；被提起诉讼、经法院通知应诉的人为被告。起诉必须符合下列条件：原告是与案件有直接利害关系的公民、法人和其他组织；有明确的被告；有具体的诉讼请求和事实、理由；属于人民法院受理民事诉讼案件的范围和受诉人民法院管辖。起诉应在诉讼时效内进行。

（2）受理

人民法院接到起诉状后，经审查，认为符合起诉条件的，应当在 7 日内立案，并通知当事人；认为不符合起诉条件的，应当在 7 日内裁定不予受理；原告对裁定不服的，可以提起上诉。

(3) 审理前的准备

人民法院应当在立案之日起5日内将起诉状副本送达被告;被告在收到诉状之日起15日内提出答辩状。人民法院在收到被告答辩状之日起5日内将答辩状副本送达原告;被告不提出答辩状的,不影响审判程序的进行。

人民法院受理案件后应当组成合议庭。合议庭至少由三名审判员或至少由一名审判员和两名陪审员组成。合议庭组成后,应当在3日内将合议庭组成人员告知当事人。

(4) 开庭审理

审理经济纠纷案件,除涉及国家秘密或当事人的商业秘密外,均应公开开庭审理。开庭审理要经历以下几个阶段:宣布开庭、法庭调查、法庭辩论、法庭辩论后的调解、合议庭评议、判决。经过法庭调查和法庭辩论后,在查清案件事实的基础上,当事人愿意调解的,可以当庭进行调解。经过调解,双方当事人达成协议的,应当在调解协议上签字盖章;调解不成的,应当及时作出判决。

根据《民事诉讼法》的有关规定,第一审普通程序审理的案件应从立案之日起6个月内审结。有特殊情况需要延长的,由一审法院院长批准,可以延长6个月。还需要延长的,报请上级人民法院批准。

(5) 简易程序

基层人民法院收到起诉状经审查立案后,认为事实清楚、权利义务关系明确、争议不大的简单经济纠纷案件,可以适用简易程序进行审理。在简易程序中可以口头起诉、口头答辩。原、被告双方同时到庭的,可以当即进行审理,当即调解。可以用简便方式传唤另一当事人到庭。简易程序中由审判员一人独任审判,不用组成合议庭,在开庭通知、法庭调查、法庭辩论上不受普通程序有关规定的限制。适用简易程序审理的经济纠纷案件,应当在立案之日起3个月内审结。

4) 第二审程序

(1) 上诉和二审终审

当事人不服第一审法院判决、裁定的,有权提起上诉。上诉必须在法定期限内提出:对判决提起上诉的期限为15日,对裁定提起上诉的期限为10日。逾期不上诉的,原判决、裁定即发生法律效力。

当事人提起上诉后至第二审法院审结前,原审法院的判决或裁定不发生法律效力。第二审法院的判决、裁定是终审的判决、裁定,当事人不得再上诉。

(2) 审理

第二审人民法院应当组成合议庭开庭审理,但合议庭认为不需要开庭审理的,也可以进行判决、裁定。

第二审人民法院对上诉案件,经过审理,按照下列情形分别处理:

① 原判决认定事实清楚,适用法律正确的,判决驳回上诉,维持原判决。

② 原判决适用法律错误的,依法改判。

③ 原判决认定事实错误,或者原判决认定事实不清,证据不足的,裁定撤销原判决,发回原审人民法院重审,或者查清事实后改判。

④ 原判决违反法定程序,可能影响案件正确判决的,裁定撤销原判决,发回原审人民法

院重审。

当事人对重审案件的判决、裁定，可以上诉。

二审法院对判决、裁定的上诉案件，应当分别在案件立案之日起3个月内和1个月内审结。

5）审判监督程序

审判监督程序又称再审程序，是指人民法院对已经发生法律效力的判决、裁定发现确有错误，依法再次进行审理的程序。它是保证审判的正确性，维护当事人合法权益，维护法律尊严的一项重要补救程序。

所谓确有错误是指：

（1）原判决、裁定认定事实的主要证据不足。

（2）当事人有新的证据，足以推翻原判决、裁定的。

（3）原判决、裁定适用法律确有错误的。

（4）法院违反法定程序，可能影响案件正确判决、裁定的。

（5）审判人员在审理该案件时有贪污受贿、营私舞弊、枉法裁判行为的。

人民法院审理再审案件，应当另行组成合议庭。如果发生法律效力的判决、裁定是由第一审法院作出的，再审按第一审普通程序进行；如果发生法律效力的判决、裁定是由第二审法院作出的，或者上级人民法院按照审判监督程序提审的，按第二审程序进行。

6）督促程序

督促程序是指债权人请求人民法院不经审判，直接向债务人发出支付令，要求债务人给付金钱、有价证券，如果债务人在一定期间内没有提出异议，该支付令即发生法律效力的一种特别程序。督促程序以债权人申请为基础发出支付令，无须答辩和庭审；债务人不提出异议，支付令即生效，与判决书具有同等法律效力。

（1）申请支付令的条件

债权人向人民法院申请支付令，必须具备以下条件：

① 债权人向债务人请求给付的标的只能是金钱、有价证券。

② 请求给付的金钱或者有价证券已经到期且数额确定。

③ 债权人和债务人没有其他债务纠纷。

④ 支付令能够送达债务人。无法送达，不适用督促程序。

（2）支付令的申请与审查

债权人依督促程序请求人民法院发出支付令，必须以书面形式向人民法院提出申请，并附债权文书。申请的目的是请求发出支付令而不是起诉。支付令的申请应当向债务人所在地的基层人民法院提出。债权人提出申请后，人民法院对申请进行审查。经审查，确认达到受理条件的，应当在5日内立案，并及时通知债权人；认为申请不符合条件的，应当在5日内通知申请人不予受理，并说明理由。

（3）发出支付令

人民法院受理申请后，必须对债权人提出的事实、证据进行审查，以便确认债权债务是否明确、合法。审查由审判员一人进行。经审查申请不成立的，应当在受理之日起15日内裁定驳回申请，该裁定不得上诉。驳回支付令申请的裁定应当送达申请人。申请人应负担督促程序的费用。经审查，债权债务关系明确、合法的，人民法院应当在受理之日起15日内向债务人发出支付令。

(4) 支付令的异议

债务人对支付令不得上诉，只能向发出支付令的人民法院提出异议。所谓异议就是债务人对支付令的内容有不同看法，不同意按支付令的内容给付金钱或有价证券，从而使支付令失去效力。异议应当在收到支付令之日起15日内提出。支付令异议的提出，必须采取书面形式。

督促程序终结后，债权人可以向有管辖权的人民法院另行起诉。

(5) 支付令的生效

支付令经合法送达后，债务人对支付令未于15日内提出异议的，支付令与生效的判决书具有同等的法律效力；债务人在15日内不提出异议又不履行支付令的，债权人便可以向人民法院申请执行。

7) 公示催告程序

公示催告程序是指人民法院依票据持有人的申请，以公示的方法，催告不明的利害关系人于一定期间申报权利，如不申报便产生丧失权利的后果的程序。所谓"不明"是指利害关系人是否存在不得而知或利害关系人处于不确定状态。

(1) 申请公示催告的条件

公示催告程序适用的范围是按照规定可以背书转让的票据。例如，《中华人民共和国票据法》规定的汇票、本票、支票三种票据，《中华人民共和国公司法》规定的记名股票等。

(2) 审查与受理

人民法院经审查，认为申请符合受理条件的，通知予以受理，并同时通知支付人停止支付该票据。如果在收到人民法院通知前，支付人已经支付了该票据，则应当裁定终结公示催告程序。对于不符合受理条件的，可以要求申请人补正或者在7日内裁定驳回申请。

(3) 公告

人民法院决定受理申请，应当同时通知支付人停止支付，并在3日内发布公告，催促利害关系人申报权利。公告应当写明：公示催告申请人的姓名或名称；票据的种类、票面金额、出票人、持票人、背书人等；申报权利的期间；在公示催告期间转让票据权利和利害关系人不申报的后果。公告的期间由人民法院根据票据的种类、流通范围和支付日期等具体情况确定，但最短不得少于60日。公示催告期间，票据持有人与第三人之间进行的票据转让或者票据质押等行为无效。

(4) 权利申报

利害关系人在公示催告期间认为自己对该票据享有正当权利的，应当向人民法院申报权利并提交票据。人民法院收到利害关系人的申报后，应通知其出示票据，并通知公示催告申请人在指定的期间察看该票据。公示催告申请人申请公示催告的票据与利害关系人出示的票据不一致的，人民法院应当裁定驳回利害关系人的申报。

利害关系人在公示催告期间向人民法院申报权利的，人民法院应当裁定终结公示催告程序，利害关系人在申报期满后、判决作出之前申报权利的，也应当裁定终结公示催告程序。

利害关系人出示的票据与公示催告申请人申请公示催告的票据一致，但申请人与申报人对票据权利有争议，均主张自己是票据的最后持有人的，人民法院应当裁定终结公示催告程序，申请人或申报人可以向人民法院起诉。

(5) 除权判决

人民法院根据当事人的申请,用判决宣告票据无效,使票据权利与原票据相分离,此种判决即为除权判决。票据经除权判决无效后,票据权利人即可不凭票据而行使权力。

在没有人申报或申报被驳回的情况下,人民法院应当根据申请人申请作出判决,宣告票据无效。除权判决应当发给申请人作为其行使权力的依据。判决还应当在法院所在地和支付人所在地进行公告,以免该票据进入正常流通,影响流通秩序,侵害他人的合法权益。同时应将公告情况通知支付人。除权判决自公告之日起生效,申请人有权凭除权判决向支付人请求支付,支付人有义务按照除权判决向申请人兑现票据上的权利。利害关系人因正当理由不能在除权判决前向人民法院申报权利的,可以知道或者应当知道在除权判决公告之日起 1 年内,可以向作出判决的人民法院起诉,人民法院立案后,按票据纠纷适用普通程序审理。

8) 执行程序

对于已经发生法律效力的判决、裁定、调解书、支付令、仲裁裁决书、公证债权文书等,当事人应当自动履行。一方当事人拒绝履行的,另一方当事人有权向法院申请执行。执行是人民法院依照法律规定的程序,运用国家强制力,强制当事人履行已生效的判决和其他法律文书所规定的义务的行为,又称强制执行。执行所应遵守的规则,就是执行程序。

(1) 执行申请

当事人向人民法院申请执行时,应提交申请书,说明要求执行的事实、理由、被执行人不履行的情况、执行根据、法律依据,并提交相应的法律文书。申请应在规定的期限内提出,从法律文书规定的履行期限的最后一日起计算,双方或一方当事人是公民的该期限为 1 年,双方是法人或其他组织的为 6 个月。申请执行判决、裁定的,应当向第一审人民法院提出;申请执行支付令的,向制作支付令的人民法院提出;执行其他法律文书,应向被执行人住所地或者被执行人的财产所在地的人民法院提出;执行工作由人民法院执行庭的执行员负责。

(2) 执行措施

执行员接到申请执行书后,只要申请执行的标的物是财物或者行为,就应当向被执行人发出执行通知,责令其在指定的期间履行。在执行通知指定的期间被执行人仍不履行的,应当采取措施,强制执行。

强制执行的措施就是人民法院依法强制执行生效的法律文书时所采取的具体的方法和手段。强制执行措施有:查询、冻结和划拨被执行人的存款;扣留、提取被执行人的收入;查封、扣押、冻结、拍卖、变卖被执行人的财产;搜查被执行人的财产;强制交付法律文书指定的财物或者票证;强制迁出房屋或者强迫退出土地;强制办理财产权证照转移手续;强制执行法律文书指定的行为;强制支付迟延履行期间的债务利息或迟延履行金;强制执行被执行人的到期债权。

(3) 执行中止和终结

① 执行中止。在执行过程中,因某种特殊情况的发生而使执行程序暂时停止的为执行中止。《民事诉讼法》规定,有下列情形之一的,人民法院应当裁定中止执行:申请人表示可以延期的;案外人对执行标的提出确有理由的异议的;作为一方当事人的公民死亡,需要等待继承人继承权利或者承担义务的;作为一方当事人的法人或者其他组织终止,尚未确定权利义务承受人的;人民法院认为应当中止执行的其他情形,如执行中双方当事人自行达成和

解协议的；被执行人提供担保并经申请执行人同意的，被执行人依法宣告破产的等。中止的情形消失后，应当恢复执行。

② 执行终结。在执行过程中出现了某些特殊情况，使执行程序无法或无须继续进行而永久停止执行的为执行终结。《民事诉讼法》规定，有下列情形之一的，人民法院有权裁定终结执行：申请人撤销申请的；据以执行的法律文书被撤销的；作为被执行人的公民死亡，无遗产可供执行，又无义务承担人的；追索培养费、抚养费、抚育费案件的权利人死亡的；作为被执行人的公民因生活困难无力偿还借款，无收入来源，又丧失劳动能力的；人民法院认为应当终止的其他情形。

9.3 工程合同争议的处理

9.3.1 有理有利有节，争取协商调解

施工单位面临着众多争议而且又必须设法解决的困惑，不少单位都参照国际惯例，设置并逐步完善了自己的内部法律机构或部门，专职实施对争议的管理，这是施工单位进入市场所必须采取的措施。要注意打破解决争议找法院打官司的单一思维，通过诉讼解决争议未必是最有效的方法。由于工程施工合同争议情况复杂，专业问题多，有许多争议法律无法明确规定，往往造成主审法官难以判断、无所适从。因此，要深入研究案情和对策，处理争议要有理有利有节，能采取协商、调解甚至争议评审方式解决争议的，尽量不采取诉讼或仲裁方式。因为通常情况下，施工合同纠纷案件经法院几个月的审理，由于解决困难，法庭只能采取反复调解的方式以求调解结案。所以，先进行协商、调解不失为一种上策。

9.3.2 重视仲裁、诉讼时效，及时主张权利

通过仲裁、诉讼的方式解决建设施工合同纠纷的，应当特别注意有关仲裁时效与诉讼时效的法律规定，在法定诉讼时效或仲裁时效内主张权利。

1）仲裁时效和诉讼时效

《仲裁法》第 74 条规定，法律对仲裁时效有规定的，适用该规定，法律对仲裁时效没有规定的，适用诉讼时效的规定。《民法通则》第 5 条规定，向人民法院请求保护民事权利的诉讼时效期间为两年，法律另有规定的除外。第 137 条规定，诉讼时效期间从当事人知道或者应当知道其权利被侵害时起计算。

所谓仲裁时效是指当事人在法定申请仲裁的期限内没有将其纠纷提交仲裁机构进行仲裁的，即丧失请求仲裁机构保护其权利的权利。在明文约定合同纠纷由仲裁机构仲裁的情况下，若合同当事人在法定提出仲裁申请的期限内没有依法申请仲裁的，则该权利人的民事权利不受法律保护，债务人可依法免于履行债务。

所谓诉讼时效，是指权利人在法定提起诉讼的期限内如不主张其权利，即丧失请求法院依诉讼程序强制债务人履行债务的权利。诉讼时效实质上就是消灭时效，诉讼时效期间届满后，债务人依法可免除其应负的义务。换言之，若权利人在诉讼时效期间届满后才主张权利的，丧失了胜诉权，其权利不受法律保护。

2）适用时效法律规定、及时行使法定权利时应注意的问题

（1）关于仲裁时效期间和诉讼时效期间的计算问题。追索工程款、勘察费、设计费时，仲裁时效期间和诉讼时效期间均为2年，从工程竣工之日起计算，双方对付款时间有约定的，从约定的付款期限届满之日起计算。工程因建设单位的原因中途停工的，仲裁时效期间和诉讼时效期间应当从工程停工之日起计算。工程竣工或工程中途停工，施工单位应当积极主张其权利。实践中，施工单位提出工程竣工结算报告或对停工工程提出中间工程竣工结算报告，是施工单位主张其权利的基本方式，可引起诉讼时效的中断。追索材料款、劳务款时，仲裁时效期间和诉讼时效期间也为2年，从双方约定的付款期限届满之日起计算；没有约定期限的，从购方验收之日起计算，或从劳务工作完成之日起计算。出售质量不合格的商品未声明的，仲裁时效期间和诉讼时效期间均为1年，从商品售出之日起计算。

（2）适用时效规定、及时主张自身权利的具体做法。根据《民法通则》的规定，诉讼时效因提起诉讼、债权人提出要求或债务人同意履行债务而中断。从中断时起，诉讼时效期间重新计算。因此，对于债权，具备申请仲裁或提起诉讼条件的，应在诉讼时效的期限内提请仲裁或提起诉讼。尚不具备条件的，应设法引起诉讼时效中断，具体办法有：

① 工程竣工后或工程中间停工的，应尽早向建设单位或监理单位提出结算报告；对于其他债权，亦应以书面形式主张债权；对于履行债务的请求，应争取到对方有关工作人员签名、盖章，并签署日期。

② 债务人不予接洽或拒绝签字盖章的，应及时将要求该单位履行债务的书面文件制作一式数份，自存至少一份备查后，将该文件以电报的形式或其他妥善的方式通知对方。

（3）主张债权已超过诉讼时效期间的补救办法。债权人主张债权超过诉讼时效期间的，除非债务人自愿履行，否则债权人依法不能通过仲裁或诉讼的途径使其履行债务。在这种情况下，债权人应设法与债务人协商，并争取达成履行债务的协议。只要签订该协议，债权人仍可通过仲裁或诉讼途径使债务人履行债务。

9.3.3 全面收集证据，确保客观充分

1）收集证据的基本要求

《民事诉讼法》第64条规定："当事人对自己提出的主张，有责任提供证据。当事人的主张能否成立，取决于其举证的质量。"可见，收集证据是一项十分重要的准备工作。根据法律规定和司法实践，收集证据应当遵守如下要求：

（1）为了及时发现和收集到充分、确凿的证据，在收集证据以前应当认真研究已有材料，分析案情，并在此基础上制定收集证据的计划，确定收集证据的方向、调查的范围和对象以及应当采取的步骤和方法，同时还应考虑到可能遇到的问题和困难，以及解决问题和克服困难的办法等。

（2）收集证据的程序和方式必须符合法律规定。凡是收集证据的程序和方式违反法律规定的，例如以贿赂的方式使证人作证等，所收集到的材料一律不能作为证据来使用。

（3）收集证据必须客观、全面。收集证据必须尊重客观事实，按照证据的本来面目进行收集，不能弄虚作假，断章取义，制造假证据。全面收集证据就是要收集能够收集到的，能够证明案件真实情况的全部证据，不能只收集对自己有利的证据。

(4) 收集证据必须深入、细致。实践证明，只有深入、细致地收集证据，才能把握案件的真实情况。因此，收集证据必须杜绝粗枝大叶、马虎行事、不求甚解的做法。

(5) 收集证据必须积极主动、迅速。证据虽然是客观存在的事实，但可能由于外部环境或外部条件的变化而变化，如果不及时予以收集，就有可能灭失。

2) 证据收集、提存与保全

民事诉讼案件的当事人固然有责任因其主张权利而予以举证，但往往由于受客观条件的限制而未能举证。在这种情况下，当事人根据实际情况，可以委托律师帮助调查，也可以根据法律规定，申请人民法院进行调查。但应注意，申请人民法院进行调查的，必须是提起诉讼以后才能进行，而委托律师调查不受此限制。

随着时间的推移、自然条件的变化或者其他原因，有些证据可能灭失或者难以取得。在这种情况下，当事人应当根据法律规定申请公证机关进行公证，实施证据提存，或者立即提起诉讼，申请人民法院进行保全。《民事诉讼法》第 74 条规定："在证据可能灭失或者以后难以取得的情况下，诉讼参加人可以向人民法院申请保全证据；人民法院也可以主动采取保全措施。"

9.3.4 摸清财务状况，做好财产保全

1) 调查债务人的财务状况

对建设工程承包合同的当事人而言，提起诉讼的目的在大多数情况下是为了实现金钱债权，因此，必须在申请仲裁或者提起诉讼前调查债务人的财产状况，为申请财产保全做好充分准备。根据司法实践，调查债务人的财务范围应包括：

(1) 固定资产，如房地产、机器设备等，尽可能查明其数量、质量、价值，是否抵押等具体情况。

(2) 开户行、账号、流动资金的数额等情况。

(3) 有价证券的种类、数额等情况。

(4) 债权情况，包括债权的种类、数额、到期日等。

(5) 对外投资情况(如与他人合股、合伙创办经济实体)，应了解其股权种类、数额等。

(6) 债务情况。债务人是否对他人尚有债务未予清偿，以及债务的数额、清偿期限的长短等，都会影响到债权人实现债权的可能性。

(7) 此外，如果债务人是企业，还应调查其注册资金与实际投入资金的具体情况，两者之间是否存在差额，以便确定是否请求该企业的开办人对该企业的债务在一定范围内承担清偿责任。

2) 做好财产保全

执行难是一个令债权人十分头痛的问题。因此，为了有效防止债务人转移、隐匿财产，保证债权人顺利实现债权，债权人应当在起诉或申请仲裁之前向人民法院申请财产保全。《民事诉讼法》第92 条规定："人民法院对于可能因当事人一方的行为或者其他原因，使判决不能执行或者难以执行的案件，可以根据对方当事人的申请，作出财产保全的裁定；当事人没有提出申请的，人民法院在必要时也可以裁定采取财产保全措施。"第 93 条同时规定："利害关系人因情况紧急，不立即申请财产保全将会使其合法权益受到难以弥补的损害的，可以在起诉前向人民法院申请采取财产保全措施。"应当注意，申请财产保全的，

一般应当向人民法院提供担保，且起诉前申请财产保全的，必须提供担保。担保应当以金钱、实物或者人民法院同意的担保等形式实现，所提供的担保的数额应相当于请求保全财产的数额。

因此，申请财产保全应当先作准备，了解保全财产的情况。做好以上各项工作后，即可申请仲裁或提起诉讼。

9.3.5 聘请专业律师，尽早介入争议处理

近年来，各地都已出现了一些熟悉、擅长工程施工合同争议解决的专业律师和专业律师事务所。由于这些律师往往来自于行业或政府主管部门，又由于经常从事专业案件的处理，他们具有解决复杂案件的能力，有的已经成为专家。这是法律服务专业化分工的必然结果。

因此，施工单位不论是否有自己的法律机构，当遇到案情复杂难以准确判断的争议，应当尽早聘请专业律师，避免走弯路。目前，不少施工单位的经理抱怨，官司打赢了，得到的却是一纸空文，判决无法执行，这往往和起诉时未确定真正的被告和未事先调查执行财产并及时采取财产保全有关。施工合同争议的解决不仅取决于对行业情况的熟悉，很大程度上取决于诉讼技巧和正确的策略，而这些都是专业律师的专长。

例 9－5 某单位（发包方）为建职工宿舍楼，与市建筑公司（承包方）签订一份建筑工程承包合同，合同约定：建筑面积 6 000 m^2，高七层，总价格 150 万元，由发包方提供建材指标，承包方包工包料，主体工程和内外承重墙一律使用国家标准红机砖，每层有水泥圈梁加固，并约定了竣工日期等其他事项。

承包方按合同约定的时间竣工。在验收时，发包方发现工程 2 至 5 层所有内承重墙体裂缝较多，要求承包方修复后再验收；承包方拒绝修复，认为不影响使用。2 个月后，发包方发现这些裂缝越来越大，最大的裂缝能透过其看到对面的墙壁。发包方提出工程不合格，属于危险房屋，不能使用，要求承包方拆除重新建筑，并拒付剩余款项；承包方提出，裂缝属于砖的质量问题，与施工技术无关。双方协商不成，发包方诉至法院。

经法院审理查明：本案建筑工程实行大包干的形式，发包方提供建材指标，承包方为节省费用，在采购机砖时，只采购了外墙和主体结构的红机砖，而对承重墙则使用了价格较低的烟灰砖，而烟灰砖因为干燥、吸水、伸缩性大，当内装修完毕待干后，导致裂缝出现。经法院委托市建筑工程研究所现场勘察、鉴定，认为：烟灰砖不能适用于高层建筑和内承重墙，强度达不到红机砖标准，建议所有内承重墙用钢筋网加水泥砂浆修复加固后方可使用。经法院调解，双方达成协议，承包方将 2 至 5 层所有内承重墙均用钢筋网加固后再进行内装修，所需费用由承包方承担，竣工验收合格后，发包方在 10 日内将工程款一次结清给承包方。

本章小结

实践中，工程施工合同争议屡见不鲜，并逐步上升愈演愈烈。因此，施工企业必须高度重视，密切关注并研究解决争议的对策，了解各类常见争议的特点，熟悉解决争议的方式，掌握工程合同争议管理，尤其注意全面收集证据，做好财产保全等。

复习思考题

1. 为什么要聘请专业律师，尽早介入争议处理？
2. 经济仲裁的特点有哪些？
3. 调解在解决建设工程合同争议中的意义是什么？
4. 争议和解应注意哪几个问题？
5. 简述解决合同纠纷的几种方式及其特点。

10 国际建设工程承包合同管理

10.1 FIDIC 合同条件概述

10.1.1 FIDIC 系列合同的历史与发展

1) FIDIC 产生的历史背景

国际土木工程项目承包与工程监理是在第二次世界大战之后，蓬勃开展的国际间经济贸易与合作的重要方式之一。一些国家为了战后重建工作及克服经济危机，推行强制性产业更新的经济政策，从而推动了土木工程建设事业的工业化、现代化和国际化，出现了跨国的土木工程项目承包合同制，使土木工程项目建设的资本国际化。作为土木工程项目建设活动的产品，如道路和桥梁、房屋、水电站、冶金及石化工业等，始终是在国际经济成分中占有重要地位的商品。针对这些需要巨额资金、规模宏伟、技术复杂、高科技管理的工程项目，为使国际上的工程业主少冒风险、节约投资，有必要聘用有项目监督管理经验的咨询工程师及专家搞工程项目全过程管理。在此历史背景和时代的客观需求之下，国际咨询工程师联合会就应运而生了。

FIDIC（菲迪克）意为国际咨询工程师联合会，是其法文名称的首字母缩写。国际咨询工程师联合会（FIDIC）于 1913 年在比利时根特成立，开始时仅有欧洲三个国家的咨询工程师协会为其成员，属于民间组织。最近已发展到 60 多个会员国，原则上一个国家只允许一个全国性协会代表该国作为 FIDIC 的成员。中国工程咨询协会已于 1996 年 10 月代表中国加入国际咨询工程师联合会，并首次派代表参加了在南非开普敦召开的 1996 年 FIDIC 年会。FIDIC 代表了国际上大多数咨询工程师联合会，是国际上最具权威的咨询工程师组织。FIDIC 还有地区性组织，还有专业委员会，现在其办公机构总部设在瑞士洛桑。

2) FIDIC 合同条件的产生与发展

国际市场经济发展已有几百年的历史，土木工程建造实行招标投标及承包合同管理，也有着悠久的历史记载，而真正形成规模化经营与管理，还是近几十年的事。国际咨询工程师联合会（FIDIC）为适应国际间的土木工程项目建造与管理的客观需求，制订了一系列的国际间土木工程项目建造与管理的合同条件和范本，以规范世界各国的土木工程承包与管理工作，有的已成为国际上公认的土木工程执行法。现在常用和知名的有：

(1)《投标程序》(*Tendering Procedure*, First Edition, 1982)；

(2)《施工、保险和法律》(*Construction, Insurance and Law*, 1986)；

(3)《业主与咨询工程师标准服务协议书》(*Conditions of the Client Consultant Model Service Agreement*, 1990);

(4)《土木工程施工合同条件》(*Conditions of Contract for Works of Civil Engineering Construction*, Fourth Edition, 1987; Reprinted 1988 with Editional Amendments);

(5)《设计—建造与交钥匙工程合同条件》(*Conditions of Contract for Design-Build and Turnkey*, First Edition, 1995);

(6)《施工合同条件》(*Conditions of Contract for Construction*, 1999);

(7)《生产设备和设计—施工合同条件》(*Conditions of Contract for Plant and Design-Build*, 1999);

(8)《设计采购施工(EPC)/交钥匙工程合同条件》(*Conditions of Contract for EPC/Turnkey Projects*, First Edition, 1999);

(9)《简明合同格式》(*Short Form of Contract*, First Edition, 1999);

10.1.2 FIDIC 的《施工合同条件》

1) FIDIC 的《施工合同条件》的内容构成

FIDIC 合同条件适用于国内外公开招标的土木工程项目承包管理。FIDIC 合同条件的内容构成为:第一部分通用条件,第二部分专用条件,以及一套标准格式。下面分别予以简要介绍。

(1) 通用条件(或一般条件)

FIDIC 的《施工合同条件》的第一部分(Part Ⅰ)是通用条件(General Conditions),其中包括 20 条 163 款。通用条件包括了土木工程项目施工合同中双方的权利、义务和责任,明确规定了执行工程时的法律、经济、技术各方面的内容与管理方法,以使工程项目顺利进行。一般情况下,在国际土木工程项目的招标文件中,可直接将 FIDIC 的合同通用条件放入招标文件中,不需再重新编写合同通用条件。例如我国的鲁布革水电站工程项目,陕西省的西安到三原高等级公路项目,京津塘高速公路项目等,都是直接引用 FIDIC 第三版的合同通用条件,并得到世界银行的认可。

(2) 专用条件(或特殊应用条件)

FIDIC 的《施工合同条件》的第二部分(Part Ⅱ)是专用条件《Guidance for the Preparation of Particular Conditions》。专用条件共有 20 条,其 20 条编号和通用条件的 20 条相对应,是对通用条件各相应条款的补充或进一步的明确化。由此可知,通用条件和专用条件是一个整体,相互补充完善而不可分割。第二部分专用条件的各条款也给出了不同的措辞,供编写具有专用条件的工程项目合同时参考选择,以适应工程项目所在国的具体情况。对某些条款,提出了应注意的事项;对于一些特殊情况,还提出补充性的条款,如保密的要求,对联营体的责任划分及领头公司等;对于疏浚和填筑工程,可以对专用条件予以专门考虑。因为挖泥船较之于承包商的大部分物品要贵重得多,还可能高于合同价值,所以,挖泥船可以用最为经济的方式进行高强度连续作业,允许夜以继日地连续施工,每周工作 7 天,这对一般的土木工程项目施工是不允许的。另外,考虑疏浚工程的特点,合同条件中不列入缺陷责任期,当该项工程完成并经过验收后,即由承包商转交业主,承包商不再承担合同责任和缺陷修复责任。

一般土木工程项目的合同专用条件,大都由工程项目的招标委员会或咨询公司根据工程项目所在国的情况,或项目自身的特点,对照第一部分合同通用条件,再具体编写。特别是当通用条件中的某些条款不适合时,就可在专用条件中指出并删去,换上本项目合适的内容。另外,当通用条件中的一些条款写得不具体、不细致时,可以对专用条件的对应条款进行补充与完善。因此,在阅读合同条件时,应仔细慎重地读懂合同专用条件的具体规定。从法律意义上讲,合同专用条件的法律地位高于合同通用条件。

(3) 合同的标准格式

在 FIDIC 的《施工合同条件》两部分的后面,还给出了土木工程承包合同文件的一些标准格式,以便对国际公开招标的工程项目给予指导,也便于评标比较。例如承包商投标书的标准格式,业主和承包商双方的"协议书"标准格式,以及投标书的附录和附表,反映投标书中的一些重要数据资料等。

2) FIDIC 合同条件的基本特点和适用范围

(1) FIDIC 的《施工合同条件》中的条款的基本特点

① 文字严密,逻辑性强;内容广泛具体,可操作性强。

② 法律制度严格。合同条款中规定了一整套科学的法律管理制度,比如施工监理制度,合同担保制度,工程保险制度等。

③ 合同公平性好。具体表现在权利、义务趋于平等,风险责任分担,特别明确了业主应承担的风险责任(即对于那些承包商在施工中无法防范和避免的风险改由业主承担)。

因为 FIDIC 合同条款具有这些基本特点,按 FIDIC 合同条款签订的工程承包合同有利于保证质量、进度、费用的义务履行,使工程合同得以正常的执行。

(2) FIDIC 合同条件的适用范围

FIDIC 合同条件作为唯一的国际通用的合同条款被广泛使用。例如,世界银行规定:凡是利用该行贷款兴建的工程项目,都必须采用国际性公开招标的方式,并必须采用 FIDIC 合同条款的第一部分通用条件;第二部分专用条件因涉及各国和工程项目的特点,可结合具体工程项目去编写。但应注意通用条件与专用条件协调一致,形成整体。

结合我国工程项目管理的实践与探索,FIDIC 合同条款的使用条件为:

① 公开招标或有限招标的工程项目;

② 推行了施工监理制度;

③ 监理工程师的工作具有独立性和公正性;

④ 完善和良好的法制环境。

FIDIC 合同条款在我国的适用范围正在逐渐扩大和普及。目前,在向世界银行贷款的公路工程项目中普遍采用了 FIDIC 合同条款,并取得了工程进度、质量、费用的良好效果。

若要将 FIDIC 合同条款推广到国内其他工程项目中,还应在下列方面进一步深化改革:

① 进一步完善招标投标制度,使招标投标工作规范化、法律化;

② 进一步完善监理制度,规范工程监理市场;

③ 进一步完善工程建设市场的担保制度、保险制度等;

④ 正确对待工程变更与索赔等合同管理工作,规范业主的行为。

10.2 FIDIC 土木工程施工合同(红皮书)

FIDIC“红皮书”适用于单价与子项包干混合式合同,适用于业主任命监理工程师的土木工程施工项目。合同条件规定了业主和承包商的职责、义务和权利,以及监理工程师(条款中均用“工程师”一词,下同)根据业主和承包商的合同执行情况负有的工程监理任务的职责和权限。通用条件后面附有投标书、投标书附录和协议书的范例格式,第二部分为专用条件(本节将对通用条件中的19个主要问题进行简要地介绍和分析讨论)。

10.2.1 工程师与工程师代表

1) 工程师的职责概述

工程师不属于业主与承包商之间签订的合同中的任一方。工程师是独立的、公正的第三方,工程师是受业主聘用,其义务和权利在业主和咨询工程师的服务协议附件中有原则的规定。而在合同实施过程中,工程师的具体职责是在业主和承包商签订的合同中规定的,如果业主要对工程师的某些职权作出限制,他应在专用条件中作出严明规定。

工程师的职责也可以概括为进行合同管理,负责进行工程的进度控制、质量控制和投资控制,以及从事协调工作。

2) 工程监理人员的三个层次及其职责权限

“红皮书”中将工程施工阶段的监理人员分为三个层次,即工程师、工程师代表和助理。工程师是由业主聘用的,或由咨询单位或监理单位委派。工程师代表是由工程师任命的。助理则是由工程师或工程师代表任命的。所有这些委派或任命均应以书面形式通知业主和承包商。工程师是受业主任命,履行合同中规定的职责,行使合同中规定或隐含的权力,除非业主另外授权,他无权改变合同,也无权解除合同规定的承包商的任何义务。

工程师代表由工程师任命并对工程师负责。工程师可以随时授权工程师代表执行工程师授予的那部分职责和权力。在授权范围内,工程师代表的任何书面指示或批示应如同工程师的指示和批示一样,对承包商有约束力。工程师也可随时撤销这种授权。工程师代表的工作中如果有差错,工程师有权纠正。承包商如对工程师代表的决定有不同意见时,可书面提交工程师,工程师应对提出的问题进行确认、否定或更改。工程师或工程师代表可以任命助理以协助工程师或工程师代表履行某些职责。工程师或工程师代表应将助理人员的姓名、职责和权力范围书面通知承包商。助理无权向承包商发出他职责和权力范围以外的任何指示。

总之,工程师将经常在工地处理各类具体问题的职权分别授予各个工程师代表,但有关重大问题还必须亲自处理。至于那些在业主授权范围之内的问题,可以自己决定;那些需上报业主批准的问题,则应按合同专用条件中的规定办理。

3) 工程师要行为公正

工程师虽然是受业主聘用为其监理工程,但他是业主和承包商合同之外的第三方,本身是独立的法人单位。他必须按照国家有关的法律、法规和业主、承包商之间签订的合同对工程进行监理。他在处理各类合同中的问题,表明自己的意见、决定、批准、确定价值时,或采取影响业主和承包商的权利和义务的任何行动时,均应仔细倾听业主和承包商双方的意见,进行认真的调查研究，然后依据合同和事实作出公正的决定。工程师应该行为公正，既要维护合同中业主的利益，也应维护合同中规定的承包商的利益。

10.2.2 合同的转让和分包

1）合同的转让

如果没有业主的事先同意，承包商不得自行将全部或部分合同，包括合同中的任何权益或利益转让给他人。但也有两种例外情况：按合同规定，已支付或将支付给承包商的银行的款项；当保险公司替承包商进行了偿付时，余下的权益可转让。

2）分包

在合同实施中，承包商将一部分工作分包给某些分包商是很正常的，但是这种分包必须经过批准。如果在订合同时已列入，即意味着业主已批准；如果在工程开工后再进行分包，则必须经工程师事先同意。工程师有权审核分包合同。承包商在订分包合同时，一定要注意将合同条件中对分包合同的特殊要求写进去（如“红皮书”中 4.2 等款），以保护业主的权益。分包商对承包商负责，承包商应对分包商及其代理人、雇员、工人的行为、违约和疏忽造成的后果向业主承担责任。

3）指定的分包商

指定的分包商是指由业主和工程师挑选或指定的进行与工程实施、货物采购等工作有关的分包商。这种指定可以在招标文件中指定，也可在工程开工后指定，但指定的分包商并不直接与业主签订合同，而仍与承包商签订合同，作为承包商的分包商，由承包商负责对他们进行管理和协调等有关工作。“指定的分包商”的支付从暂定金额中开支，但通过承包商支付。

指定的分包商对承包商承担他分包的有关项目的全部义务和责任，还应保护承包商免受由于他的代理人、雇员、工人的行为、违约或疏忽造成的损失和索赔责任。

指定的分包商在得到支付方面比较有保证，即如承包商无正当理由而扣留或拒绝按分包合同的规定向其进行支付时，业主有权根据工程师的证明直接向该指定的分包商进行支付，并从业主向承包商的支付中扣回这笔支付。

10.2.3 合同文件与图纸

1）语言和法律

应在专用条件中说明适用于该合同以及据之对该合同进行解释的国家或州的法律。同时要说明用以拟定合同的一种或几种语言，如果是几种语言，则应指定一种语言为“主导语言”，用以解释和说明合同。

2）合同文件的优先顺序

构成合同的几个文件应该是互为说明的，彼此间更不应有矛盾。因此，应对合同包括的各类文件排一个次序，当出现歧义时，以排在前面的文件的解释为准。

3）图纸

（1）由承包商设计永久工程

凡合同中规定由承包商设计部分永久工程时，承包商应将所设计的图纸、计算书及规范等资料以及使用手册、维修手册和竣工图纸送交工程师批准。承包商应将他进行的上述有关设计资料免费提交一式四份给工程师，如需要更多的复印件时，则应由业主支付费用。

(2) 图纸文件的提供和保管

图纸由工程师保管并免费向承包商提供两本复印件，未经工程师同意，承包商不得将图纸转送给与执行合同无关的第三方。承包商应在现场保留一份图纸供有关人员使用。工程师有权不断向承包商发出补充图纸或指示，承包商应贯彻执行。

(3) 由于图纸原因使工程进展受影响

如果工程师未能及时发出进一步的图纸或指示以致可能造成工程延误或中断时，承包商应向工程师书面提出要求提供图纸或指示的内容和时间。如工程师未能按承包商的书面要求提供图纸或指示而使承包商蒙受误期和导致费用损失时，工程师应就此向承包商作出时间和费用方面的补偿。

10.2.4 承包商的一般义务

承包商的一般义务在“红皮书”中列举了 26 条 55 款，包括了许多内容，在这里简要地介绍一部分。

(1) 承包商应按照合同的各项规定，精心设计(如有此要求时)，精心施工，修补缺陷，做好对工程施工的各方面的管理工作。

承包商应在审查合同或实施工程时，把在设计图纸或规范中发现的任何错误、遗漏、失误或其他缺陷立即通知工程师和业主。

承包商应只从工程师处(或工程师代表处)得到指示。

承包商应对现场作业和施工方法的完备性、工地安全、工程质量以及要求他进行的设计的质量负全部责任，即使设计需由工程师批准，但若出现错误也由承包商负责。

(2) 履约保证

承包商应在收到中标函后 28 天内，按规定的格式和投标书附件中规定的金额向业主提交履约保证(可以是保函或担保)，履约保证单位必须经业主同意。

此履约保证的有效期一直到发出缺陷责任证书时为止，业主应在发出此证书后 14 天内将履约保函或担保退还给承包商。

FIDIC 提倡采用有条件履约保函，如果业主单位既采用 FIDIC“红皮书”而又要采用无条件履约保函时，则应在专用条件中注明。

(3) 在承包商提交投标书之前，业主应负责向承包商提供与该工程有关的水文及地表以下的资料。业主一方应对提供资料的正确性负责，而承包商在应用这些资料时对资料的分析和解释负责。

承包商在提交投标书之前应认真地进行现场视察以使投标书建立在比较可靠的资料的基础上。

(4) 如果在施工过程中遇到了一个有经验的承包商无法预见的外界障碍和条件，则承包商可要求工程师考虑给予延长工期和增加费用。

(5) 应提交进度计划。承包商应按照合同及工程师的要求，在规定的时间内，向工程师提交一份将付诸实施的施工进度计划，并取得工程师的同意，同时提交对工程施工方法和安排的总说明。

如果承包商没有理由要求延长工期而工程师根据上述提交的施工进度计划认为进度太

慢时，可以要求承包商赶工，由此引起的各种开支（包括监理工程师加班的开支）均应由承包商承担。

（6）承包商应任命一位合格的并被授权的代表（即承包商的工地项目经理）全面负责工程的管理。该项目经理须经工程师批准，代表承包商接受工程师的各项指示。如果由于此项目经理不胜任、渎职等原因，工程师有权要求承包商将其撤回，并且以后不能再在此项目工作，承包商应另外再派一名工地项目经理。

工程师也有权要求承包商由工地撤走那些他认为的渎职者，或不能胜任者，或玩忽职守者，并选派其他胜任的人员。不经工程师批准，上述被要求撤走的人员不能再在工地工作。

（7）放线。承包商应根据工程师给定的原始基准点、基准线、参考标高等，对工程进行准确的放线，并对工程放线的正确性负责。除非是由于工程师提供了错误的原始数据，承包商应对由于放线错误引起的一切差错自费纠正（即使工程师进行过检查）。

（8）承包商应采取一切必要的措施，保障工地人员的安全及施工安全。

（9）承包商应遵守所有有关的法律、法令和规章。

（10）如果在施工现场发现化石、文物等，承包商应保护现场并立即通知工程师，并按工程师的指示进行保护。由此而产生的时间和费用损失由业主给予补偿。上述化石、文物等，均属于业主的绝对财产。

（11）专利权

承包商应保护业主免受由于承包商在工作中侵犯专利权而引起的各种索赔和诉讼。但由工程师提供的设计或技术规范引起的此类问题除外。

（12）运输

① 承包商应采用一切合理的措施（如选择运输线路，选用运输工具，限制和分配载重量等）保护运输时使用的道路和桥梁。

② 在运输承包商的设备和临时工程时，承包商应自费负担所经道路上的桥梁加固、道路改建等，并保障业主免于与之有关的一切索赔。

③ 如果运输中对道路、桥梁造成了损坏，则：

a. 承包商在得知此类损害，或收到有关索赔要求之后，应立即通知工程师和业主。

b. 如果根据当地法律或规章规定，要求由设备、材料的运输公司给予赔偿时，则业主、承包商均不对索赔负责。

c. 在其他情况下，业主和工程师应根据实际情况决定如何赔偿。如果承包商有责任时，业主应与承包商协商解决。

10.2.5 风险与保险

1）工程的照管

（1）对永久工程的整个工程而言，从工程开工到颁发整个工程的移交证书的日期为止，承包商应对工程以及材料和待安装的设备等的照管负完全责任。颁发移交证书后，照管的责任随之移交给业主。对工程的某一部分或区段，同样由颁发移交证书之日起将保管责任移交给业主。

（2）承包商在缺陷责任期内对任何未完成的工程以及材料和工程设备的照管负有责任。

2）业主的风险

（1）业主的风险一般指：

① 战争、入侵等外敌行动；

② 叛乱、革命、暴动、篡权、内战等；

③ 核爆炸、核废物、有毒气体的污染等；

④ 超音速飞机的压力波；

⑤ 暴乱、骚乱、混乱（但承包商、分包商内部的除外）；

⑥ 由业主使用或占用合同规定提供给他的以外的任何永久工程的区段或部分而造成的损失；

⑦ 业主提供的设计不当而造成的损失；

⑧ 一个有经验的承包商通常无法预测和防范的任何自然力的作用。

（2）由于业主的风险造成的损失或损害，在工程师要求承包商修复时，应按合同价格向承包商支付，但如其中也有承包商的责任时，则应考虑承包商和业主各自责任所占比例。

（3）对于在业主的风险发生前检查出来的承包商应负责的不合格工程，由于业主的风险受到破坏后仍应由承包商自费修复。

3）特殊风险

（1）特殊风险的定义

特殊风险是指上述业主风险中的①、③、④、⑤条定义的风险，以及第②条中所定义的在工程施工所在国内的有关风险。不论何时何地发生的因战争中的各种爆破物（如地雷、炸弹等）引起的破坏、损害、人身伤亡，也属于特殊风险。

（2）战争爆发

在合同执行过程中，如果在世界上任何地区爆发战争，承包商仍应尽最大努力实施合同。但在战争爆发后，业主有权通知承包商终止合同。此时，承包商及其分包商应尽快从现场撤离其全部设备。业主应按合同条件的规定向承包商支付所有应支付的款项。

（3）承包商的责任和权利

① 如果由于特殊风险使工程受到破坏或损坏，或使业主或第三方财产受到破坏或损害，或有人身伤亡，承包商不承担赔偿或其他责任。如果工程师要求承包商修复任何由于特殊风险被破坏或损害的工程以及替换材料或修复承包商的设备，工程师应公平合理地追加合同价格。但在特殊风险发生前，已被工程师宣布为不合格的工程，即使由于特殊风险被损坏，承包商仍应负责自费修复。业主还应向承包商支付由于特殊风险引起的一切增加的费用。

② 由于上述原因，合同被终止后的付款办法为：

a. 业主应按合同中规定的费率和价格向承包商支付在合同终止日期以前完成的全部工作的费用，但应减去账上已支付给承包商的款项与项目；

b. 另外支付下述费用：工程量表中的任何开办项目中已进行或履行了的相应部分工作的费用；为该工程合理订购的材料、工程设备或货物的费用，如已将其交付给承包商或承包商对之依法有责任收货时，则业主一经支付此项费用后即成为业主的财产；承包商为完成整个工程所合理发生的任何其他开支的总计；撤离承包商的费用，在承包商提出要求时，将承包商的设备运回其注册国内、承包商的注册基地或其他目的地的合理费用；承包商雇佣的所有从事工程施工及与工程有关的职员和工人在合同终止时的合理遣返费。

但业主除按本款规定应支付费用外，也应有权要求承包商偿还任何预付款的未结算余额以及其他任何金额。

4）工程和承包商设备的保险

（1）应该对工程（连同材料和配套设备）以业主和承包商联合的名义进行保险。保险的数额可以用保险项目的重置成本（即在指定地区，用当时通行价格重置一项资产的成本，此处成本一词应包含利润），同时再考虑加上重置成本的15%的附加金额投保。但应针对工程项目的具体情况，投保额要具体分析确定。

投保的期限一般为从现场开始工作到工程的任何区段或全部工程颁发移交证书为止。

如果由于未投保或未能从保险公司回收有关金额所招致的损失，应由业主和承包商根据具体情况及合同条件有关规定分担。

（2）对承包商的设备和其他物品由承包商投保，投保金额为重置这些物品的金额。

在缺陷责任期间，由于发生在缺陷责任期开始之前的原因造成的损失和损害，以及由承包商在缺陷调查作业过程中造成的损失和损害均由承包商去投保。

前述保险不包括由于战争、革命、核爆炸、超音速飞机的压力波引起的破坏。

（3）第三方保险

承包商应以业主和承包商的联合名义，对由于工程施工引起的第三方（指承保人和被保险人之外的）的人员伤亡及财产损失进行责任保险。保险金额至少应为投标书附件中所规定的数额。

（4）承包商应为其在工地工作的人员在雇用期间进行人身保险，同时也应要求分包商进行此类保险。除非是由于业主一方的原因造成承包商雇员的伤亡，业主对承包商人员的伤亡均不负责任。

（5）承包商应在现场工作开始前向业主提供证据证明，说明保险已生效，并应在开工之日起84天内向业主提供保险单。

如果工程的范围、进度有了变化，承包商应将变化的情况及时通知承保人，必要时补充办理保险，否则，承包商应承担有关责任。

（6）如果承包商未去办理保险，业主可自己去办理保险。在某些条件下，业主也可规定由他自己办理保险；专用条件中为业主自己办理保险编写了范例条款。

10.2.6 工程的开工、工期的延长和暂停

1）工程的开工

在投标书附件中规定了颁发开工通知的时间，即在中标函颁发之后的一段时间内，工程师应向承包商发出开工通知。而承包商收到此开工通知的日期即为开工日期，承包商应尽快开工。竣工期限是由开工日期算起。

如果由于业主方面的原因未能在开工日期或按承包商的施工进度表的要求做好征地、拆迁工作，未能及时提供施工现场及有关通道，导致承包商延误工期或增加开支，则应给予承包商延长工期的权利并补偿由此引起的开支。

2）工期的延长

（1）如果由于下列原因，承包商有权得到延长工期：

① 额外的或附加的工作；

② 合同条件提到的导致工期延误的原因，如：征地拆迁延误；颁发图纸或指令延误；工程师命令暂时停工；特殊风险引起的对工程的损害或延误等；

③ 异常恶劣的气候条件；

④ 由业主造成的任何延误；

⑤ 不属于承包商的过失或违约引起的延误。

上述延期是否使承包商有权得到额外支付，要视具体情况而定。

(2) 承包商必须在导致延期的事件开始发生后28天内将要求延期的报告送给工程师(副本送业主)，并在上述通知后28天内或工程师可能同意的其他合理期限内，向工程师提交要求延期的详细申请以便工程师进行调查，否则工程师可以不受理这一要求。

如果导致延期的事件持续发生，则承包商应每28天向工程师送一份期中报告，说明事件的详情，并于该事件引起的影响结束日起28天内递交最终报告。工程师在收到期中报告时，应及时作出关于延长工期的期中决定。在收到最终报告之后再审核全部过程的情况，作出有关该事件需要延长的全部工期的决定。但最后决定延长的全部工期不能少于按分阶段期中决定的延长工期的总和。

3）工程的暂停

承包商应根据工程师的指示，在规定时间内对某一部分或全部工程暂时停工，并负责保护这一部分工程。此时工程师应考虑给予承包商延长工期的权利和增加由于停工招致的额外损失。但下述情况下的停工不给予工期和费用补偿：合同中另有规定；由于承包商违约；因施工现场气候原因以及为了合理施工和工程的安全。

如果按工程师指示工程暂停已经延续了84天(不包含上述例外情况)，而工程师仍未通知复工，则承包商可向工程师发函，要求在28天内准许复工。如果复工要求未能获准，则承包商可以采取下列措施：

(1) 当暂时停工仅影响工程的局部时，通知工程师把这部分暂停工程视作删减的工程。

(2) 当暂时停工影响到整个工程进度时，承包商可视该事件属于业主违约，并要求按业主违约处理。

承包商也可以不采取上述措施，继续等待工程师的复工指示。

10.2.7 工程的移交

1）全部工程的移交

当承包商认为他所承包的全部工程实质上已完工(指主体工程可按预定目的交给业主使用)，并已合格地通过了合同规定的竣工检验时，他可递交报告向工程师申请颁发移交证书。报告中应保证在缺陷责任期内完成各项扫尾工作。

工程师在收到上述报告后21天内，如果对验收结果表示满意，则应发给承包商一份移交证书，但也可要求承包商进行某些补充和完善的工作，待承包商完成这些工作并令工程师满意后21天内再发给承包商移交证书。

移交证书中应确认工程竣工日期以及缺陷责任期开始日期，并应注明缺陷责任期内承包商应完成的扫尾工作。从颁发工程移交证书之日起，全部工程的保管责任即移交给了业主。

2）区段或部分工程的移交

根据投标书附件中的规定，对有区段完工要求的，或是已局部竣工被工程师认为合格且已为业主占有、使用的永久性工程，或是在竣工之前已由业主占有、使用的永久性工程，均应根据承包商的申请，由工程师颁发区段或部分工程的移交证书。在签发的此类移交证书中也应注明这些区段或部分工程的竣工日期和缺陷责任期的开始日期。移交证书颁发后，工程保管的责任即移交给业主，但承包商应继续负责完成各项扫尾工作。

10.2.8 缺陷责任期

缺陷责任期一般也叫维修期，指正式签发的移交证书中注明的缺陷责任期开始日期（一般即通过竣工验收的日期）后的一段时期（一般为一年或更长）。在这段时期内，承包商除应继续完成在移交证书上写明的扫尾工作外，还应对工程由于施工原因所产生的各种缺陷负责维修。这些缺陷的产生如果是由于承包商未按合同要求施工，或由于承包商负责设计的部分永久工程出现缺陷，或由于承包商疏忽等原因未能履行其义务时，则应由承包商自费修复。否则，应由工程师考虑向承包商追加支付。如果承包商未能完成他应自费修复的缺陷，则业主可另行雇人修复，费用从保留金中扣除或由承包商支付。

10.2.9 变更

1）变更

在工程师认为必要时，可以改变任何部分工程的型式、质量或数量，如：

（1）增加或减少合同中所包括的任何工作的数量；

（2）删减任何工作；

（3）改变任何工作的性质、质量或类型；

（4）改变工程任何部分的标高、基线、位置和尺寸；

（5）必要的附加工作；

（6）改动工程任何部分在合同中规定的施工顺序或时间。

但当工程量表中某些项目实际实施的工程量超过或低于工程量表中的估计工程量时，不需要颁发变更指令。

2）变更的费用

（1）工程师指示承包商进行上述变更时，如果导致变更的原因是由承包商引起的，则费用应由承包商负责。

（2）变更项目的估价和工程师确定单价的权利。

在业主指示发出14天之内以及在变更工作开始之前，由承包商提出要求额外支付及变更单价和价格的意图，或由工程师将他准备变更单价和价格的意图通知承包商。

对变更项目的估价，一般应参照合同中已有的单价和价格，或以之作为另行估价的基础。但是，如果变更项目的性质和数量与原合同差别甚大，而原合同中已有的单价和价格均不能用以参考，此时工程师应在与业主和承包商适当协商之后，最后与承包商商定一个合适的单价或价格。如果达不成一致意见，则由工程师确定他认为合理的单价或价格。在此之前，工程师可以确定一个暂行单价或价格用于每月支付。

如果业主要求工程师在改变合同价格或单价时必须经过他的批准，这种要求应在专用条件中明确规定。如果部分支付需用外币，应特别说明。

3）变更超过 15%

合同在实施过程中，由于多种影响因素，在最终结算时，工程量表中的每一个子项以及整个合同价格多半都不与签订合同时的价格一致，在这种情况下，国际上一般有两种调整方式：一种是对工程量表中的各个子项单独考虑。例如当每一个子项变化超过±30%时，合同一方可提出进行单价调整，即当实施的工程量比工程量表中的估算工程量增多超过 30%时，业主可要求承包商适当降低单价；当实施的工程量比工程量表中的估算工程量减少超过 30%时，则承包商可要求业主适当提高单价。但这种对每个子项调整单价的方法非常麻烦，而且不利于双方的合作关系。

针对上述弊端，FIDIC 规定了一个算总账的办法，即当工程量最终结算后考虑到所有变更的项目以及实施的工程量与工程量表中估算工程量的差异这两方面因素（不考虑价格调整，暂定金额和计日工的费用），整个工程价格超出或少于签订合同时价格的 15%时，可对支付款额进行调整，即如结算价格为合同价格的 115%以上时，业主可要求承包商对超出 115%的部分适当让利；反之，如结算价格为合同价格的 85%以下时，承包商可要求业主对低于 85%的部分适当提高利润。

实施这个规定最好在订合同时即在专用条件中规定好让利或提高利润的百分率，以利于工程竣工后的结算。结算时对外币支付部分应采用合同价格中规定的外币比例支付。

4）变更指令

变更指令应由工程师书面发出指示。如果是口头指示，承包商也应遵守执行，但工程师应尽快进行书面确认。为了防止工程师忽略书面确认，承包商可在工程师发出口头指示 7 天内用书面形式要求工程师确认他的口头指示，工程师应尽快批复。如果工程师在 7 天之内未以书面形式提出异议，则等于确认了他的口头指示。

这条规定同样适用于工程师代表或助理发出的口头指示。

10.2.10 工程的计量

工程量表中的工程量都是根据图纸和规范估算出来的，工程实施时则要通过测量来核实实际完成的工程量并据以支付费用。工程师测量时应通知承包商一方派人参加，如承包商未能派人参加测量，即应承认工程师的测量数据是正确的。有时也可以在工程师的监理下，由承包商进行测量，工程师审核签字确认。测量方法应事先在合同中规定。如果合同没有特殊规定，工程均应测量净值。

对于工程量表中的包干项目，工程师可要求承包商在收到中标函后 28 天内提交一份包干项目分解表，即将该包干项目内容分解为若干子项，标明每个子项的价格，以便在合同执行过程中按照分解表中每个子项的完成情况逐月付款。该分解表应得到工程师的批准。

10.2.11 质量检查

1）质量检查的要求

对于所有的材料，永久工程的设备和施工工艺均应符合合同要求及工程师的指示。承包商应随时按照工程师的要求，在工地现场以及为工程加工制造设备的所有场所，为工程师的检查提供方便。

在工地现场的一般施工工序的常规检查，如混凝土浇筑前检查模板尺寸，钢筋规格、数量，土方填筑中每层填土碾压之后的土样试验等，由现场值班的工程师代表或助理进行，不需事先约定。但对于某些专项检查，工程师应在24小时之内将参加检查和检验的计划通知承包商。若工程师或其授权代表未能按期前往(除非事先通知承包商外)，承包商可以自己进行检查和验收，工程师应确认此检查和验收结果。如果工程师或其授权代表经过检查认为质量不合格时，承包商应及时补救，直到下一次验收合格为止。

对隐蔽工程、基础工程和工程的任何部位，在工程师检查验收前，均不得覆盖。

工程师有权指示承包商从现场运走不合格的材料或工程设备，而以合格的产品代替。

2）检查的费用

(1) 在下列情况下，检查和检验的费用应由承包商一方支付：

① 合同中明确规定的；

② 合同中有详细说明允许承包商可以在投标书中报价的；

③ 由于第一次检验不合格而需要重复检验所导致的业主开支的费用；

④ 工程师要求对工程的任何部位进行剥露或开孔以检查工程质量，如果该部位经检验不合格时所有有关的费用；

⑤ 承包商在规定时间内不执行工程师的指示或违约情况下，业主雇用其他人员来完成此项任务时的有关费用；

⑥ 工程师要求检验的项目在合同中没有规定，或合同中虽有规定，但检验地点在现场以外或在材料、设备的制造生产场所以外，如果检验结果不合格时的全部费用。

(2) 在下列情况下，检查和检验的费用应由业主一方支付：

① 工程师要求检验的项目，但合同中没有规定的；

② 工程师要求进行的检验虽然在合同中有说明，但是检验地点在现场以外，或在材料、设备的制造生产场所以外，检验结果合格时的费用。

③ 工程师要求对工程的任何部位进行剥露或开孔以检查工程质量，如果该部位经检验合格时，剥露、开孔以及还原的费用。

10.2.12 承包商的违约

承包商违约，是指承包商在实施合同过程中由于破产等原因而不能执行合同，或是无视工程师的指示，有意不执行合同或无能力去执行合同。一般发生下述情况，即可认为承包商违约：

(1) 承包商依法被认为不能到期偿还债务，或宣告破产，或被清偿，或解体(不包含为了合并或重建而进行的自愿清理)，或已失去偿付能力等。

(2) 工程师向业主证明，他认为承包商已不再承认合同；或无正当理由而不按时开工，或工程进度太慢，收到工程师指令后又不积极赶工，或当检查验收的材料、设备和工艺不合格时，拒不采取措施纠正缺陷，或拒绝用合格的材料和设备替代原来不合格的材料和设备；或无视工程师事先的书面警告，公然忽视履行合同中所规定的义务；或无视合同中有关分包必须经过批准以及承包商要为其分包商承担责任的规定。

在上述情况下，业主可以在向承包商发出通知14天后终止对承包商的雇用，并可自行或雇用其他承包商完成此工程。业主有使用承包商的设备、材料和临时工程的权利。

当业主终止对原有承包商的雇用之后，工程师应对承包商已经做完的工作、库存材料、承包商的设备和临时工程的价值进行估价，并清算各种已经支付和未支付的费用。同时，承包商应将为该合同提供材料、货物和服务而签订的有关协议的权益转让给业主。

10.2.13 业主的违约

业主的违约主要是业主的支付能力问题，包含以下几种情况：

(1) 在合同条件中规定的应付款期限期满后 28 天内，未按工程师签署的支付证书向承包商支付应支付的款额；

(2) 干扰、阻挠或拒绝批准工程师上报的支付证书；

(3) 如果业主不是政府或公共当局而是一家公司时，此公司宣告破产或停业清理(不是为了重建或合并)；

(4) 由于不可预见的经济原因，业主通知承包商他已不可能继续履行合同。

在上述情况下，承包商有权通知业主和工程师：在发出此通知 14 天后，业主根据合同对自己(指承包商)的雇用将自动终止，并且不再受合同的约束，而可以从现场撤出所有自己的设备。此时，业主应按合同条件因特殊风险导致合同终止后的各项付款规定向承包商支付，并赔偿由于业主违约造成的承包商的各种损失。

当业主违约时，承包商也可以不立即终止合同而采用其他的办法，即提前 28 天通知业主和工程师，然后暂停全部或部分工作，或减缓工作速度，由此而导致的费用增加以及工期延误均应由业主一方补偿。在某些情况下，承包商也可不采取上述措施，按计划继续施工。

在承包商尚未发出终止合同通知的情况下，如果业主随即支付了应支付的款项(包括利息)，则承包商不能再主动终止合同，并应尽快恢复正常施工。

10.2.14 索赔程序

索赔是承包工程实施过程中经常发生的问题。过去常常是拖到引起索赔的事件发生很久以后，甚至拖到工程结束后才讨论索赔，依据的记录和资料也不完整，因而很容易产生分歧和争论不休。因此，FIDIC 在“红皮书”第四版中新规定了一套对业主和承包商都有利的关于处理索赔问题的程序。

1) 索赔通知

如果承包商根据合同或有关规定企图对某一事件要求索赔，他必须在引起索赔的事件第一次发生后的 28 天内，将要求索赔的意向书面通知工程师。

2) 保持同期记录

工程师在收到上述索赔意向书面通知后，应及时检查有关的同期记录，并指示承包商保持这些同期记录以及作好进一步的同期记录。在工程师需要时，承包商应向工程师提供这些同期记录的副本。

3) 索赔的证明

在承包商向工程师发出要求索赔的意向性通知 28 天内(或工程师同意的时间段内)，应向工程师再递交一份详细报告，说明承包商要求索赔的款额、计算方法和提出索赔的根据。

如果导致索赔的事件有连续影响，上述详细报告则只是一份期中报告，承包商应按工程师的要求在一定的时间段内陆续递交进一步的期中详细报告，提出索赔的累计额和进一步提出索赔的依据。

在引起索赔的事件结束后28天之内，承包商应向工程师递交一份最终详细报告，提出累计的索赔总额和所有可以作为索赔依据的资料。

如果承包商未能遵守上述各项规定和要求，则由工程师或是在争端采用仲裁时由指定的仲裁人核实同期记录及有关资料，并计算索赔金额付给承包商。

4）索赔的支付

在工程师核实了承包商提供的报告、同期记录和其他资料后，所确定的索赔款额应在随后的期中月支付证书中付给承包商。如果承包商提供的细节不足以证实全部索赔而只能证实一部分索赔时，则这一部分被证实的索赔款额应该支付给承包商，不应将索赔款额全部拖到工程结束后再支付。

10.2.15 争端的解决

在工程承包中，经常发生各种争端，有一些争端可以按照合同来解决，而另一些争端可能在合同中没有详细的规定，或是虽有规定但双方理解不一致，这种争端是不可避免的。

争端的解决有许多方式，如谈判、调解、仲裁、诉讼等。在工程承包合同中，应该规定争端的解决办法，一般均是通过工程师调解，不能解决时再诉诸仲裁。合同中对仲裁地点、机构、程序和仲裁裁决效力等四个方面都应做出具体明确的规定。下面介绍解决争端的途径和步骤。

1）争端提交工程师解决

不论在工程实施过程中还是竣工以后，也不论在合同有效期内或合同终止前后，业主和承包商之间产生的任何争端，包括对工程师的任何意见、指示、签署的证书或估价等方面的争端，应首先以书面报告形式提交给工程师，同时将一份复印件送交另一方。

工程师应在收到一方的书面报告后84天内对争端做出他的决定，并将此决定通知双方。

如果双方中的一方对工程师的决定不满意，或是工程师在84天内未能就争端做出决定，则业主和承包商的任一方均可在收到工程师决定后的70天内，或在送交通知84天（而工程师未能做出决定）以后的70天内通知对方，准备将争端提交仲裁。如果双方在收到工程师的决定70天内均未发出准备将争端提交仲裁的意向通知，则工程师的决定即被视为最终决定，并应对业主和承包商均有约束力。

一般处理此种争端，最好由一位不参与合同日常管理工作且资历较深的工程师负责，而且应该在听取法律顾问的意见之后再作慎重处理。

在争端双方未转为友好解决或仲裁之前，业主和承包商双方均应执行工程师的每一项决定，只要合同未终止，承包商应尽全力继续工程的施工。

2）友好解决

当一方通知对方要将争端提交仲裁后，应等待56天以后才能进行仲裁。这个时间段是留给双方友好协商解决争端的，必要时可请工程师协助。

3）仲裁

当工程师的决定未能被接受，而又未能友好协商解决争端时，则应按设在巴黎的国际商会(International Chamber of Commerce,ICC)仲裁庭的调解与仲裁章程,以及据此章程指定的一名或数名仲裁人予以最终裁决。合同双方也可以在签订合同时选择其他仲裁庭(如联合国国际贸易法委员会(UNCITRAL),中国国际经济贸易仲裁委员会(CIETIC)),但应考虑当地的中立性、当地法律的适宜性及服务费用等。选择其他仲裁庭和地点必须在专用条件中明确规定。

在裁决过程中,仲裁人有全权来解释、复查和修改工程师对争端所做的任何决定。业主和承包商双方所提交的证据或论证也不限于以前已提交给工程师的资料。工程师可以作为证人被要求向仲裁人提供任何与争端有关的证据。

在工程完成前后均可诉诸仲裁,但是在工程实施过程中,业主、工程师及承包商各自的义务不因进行仲裁而改变。

4）不遵守工程师的决定

当工程师对争端做出决定后,如果一方既未向对方提交要将争端提交仲裁的意向通知,又不遵守工程师的决定,则另一方可将此未履约行为直接提交仲裁而不需经过友好解决阶段。

10.2.16 暂定金额

1）定义

暂定金额是在招标文件中规定的,用以作为业主的备用金的一笔固定金额。每个投标人必须在自己的投标报价中加上此笔金额,在签订合同后,合同金额包含暂定金额。

2）暂定金额的使用

暂定金额由工程师决定如何使用,可用于工程量表中列明的服务项目、不可预见事件、计日工、指定分包商的付款等。这些服务项目或不可预见的工作可由工程师指示承包商或某一指定的分包商来实施。

3）暂定金额的支付

暂定金额的支付有两种方式:

(1) 按原合同工程量表中所列的费率或价格支付(如计日工);

(2) 由承包商向工程师出示与暂定金额开支有关的所有单据,按实际支出款额再加上承包商的管理费用和利润,后者的计算采用在投标书附录或工程量表中事先列明的一个百分数,以这个百分数乘以实际支出款额作为承包商的管理费用和利润。

10.2.17 证书与支付

1）月报表

月报表是指对每月完成的工程量的核算、结算和支付的报表。承包商应在每个月底以后,按工程师指定的格式向工程师递交一式六份的月报表,每份均由承包商代表签字,说明承包商认为自己到月底应得到的涉及到以下几方面的款项:

(1) 已实施的永久工程的价值;

(2) 工程量表中的任何其他项目,如临时工程,计日工等;

(3) 投标书附录中注明的设备和材料发票价值的某一百分比;

(4) 由于费用和法规的变更引起的价格调整;

(5) 按合同或其他的规定承包商有权得到的其他款项，如索赔等。

工程师应在收到上述月报表28天内向业主递交一份期中支付证书，阐明他认为的应支付给承包商的付款金额，在月报表中应扣除保留金以及应偿还的预付款等。如果工程拖期，还应扣除误期损害赔偿费。在扣除各种应扣款之后，如果余下的净额少于投标书附录中规定的期中支付证书的最小限额，则这个月不向承包商支付。

业主应在收到工程师审核完并签字的期中支付证书后28天内向承包商支付，否则应该按投标书附录中规定的利率支付利息(1996年版改为工程师收到月报表后56天内业主支付)。

保留金一般每月按投标书附录中规定的百分比扣除(但计算应扣的保留金，应以该月不调价款额为基数)，一直扣到所规定的保留金限额为止。在颁发部分或整个工程的移交证书时，应将相应的保留金的一半退还给承包商，另一半在整个工程缺陷责任期满后退还承包商。

2) 竣工报表

在颁发整个工程的移交证书后84天内，承包商应向工程师送交竣工报表(一式六份)，该报表应附有按工程师批准的格式所编写的证明文件，并应详细说明以下几点;

(1) 到移交证书注明的日期为止，根据合同完成的全部工作的最终价值。

(2) 承包商认为应该支付给他的其他款项，如所要求的索赔款等。

(3) 承包商认为根据合同应支付给他的估算总额。之所以称为估算总额，是因为有些工作留在缺陷责任期内实施，有关金额并未经工程师审核同意。

工程师应根据对竣工工程量的核算，对承包商其他支付要求的审核，确定应支付而尚未支付的金额，上报业主批准支付。

3) 最终报表、结清单

在颁发缺陷责任证书后56天内，承包商应向工程师提交最终报表的草案(一式六份)，以及按工程师要求的格式，提交有关证明文件。该草案包含：

(1) 根据合同所完成的全部工作的价值。

(2) 承包商根据合同或其他情况认为应支付给他的任何进一步的款项。

如承包商和工程师之间达成一致意见，则承包商可向工程师提交正式的最终报表，承包商同时向业主提交一份书面结清单，进一步证实报表中按照合同应支付给承包商的总金额。如承包商和工程师未达成一致意见，则工程师可对最终报表草案中没有争议的部分向业主签发期中支付证书，争议留待仲裁裁决。

4) 最终支付证书

在接到最终报表及结清单之后28天内，工程师应向业主递交一份最终支付证书，说明：

(1) 工程师认为按照合同最终应支付给承包商的款额;

(2) 业主以前所有应支付和应得到款额的收支差额。

在最终支付证书送交业主56天内，业主应向承包商进行支付，否则应按投标书附件中的规定支付利息。如果56天后再超过28天不支付，就构成业主违约。承包商递送最终支付证书后，就不能再要求任何索赔了。

5) 缺陷责任证书

缺陷责任证书应由工程师在整个工程的最后一个区段的缺陷责任期期满后28天内颁

发。这说明承包商已尽其义务完成施工和竣工并修补了其中的缺陷，达到了使工程师满意的程度。至此，承包商与合同有关的实际义务已完成，但若业主或承包商任一方有未履行的合同义务时，合同仍然有效。缺陷责任证书发出后 14 天内，业主应将履约保证金退还给承包商。只有缺陷责任证书才能被视为对工程的批准。

10.2.18 费用和法规的变更

1）费用的增减

凡由于人工费、材料费等影响施工的费用的涨落，均应按合同专用条件中规定的办法或公式进行调价。

2）后继的法规

凡在递交投标书截止日期前的 28 天内，如由于项目所在国或州的法规、法令、政令或法律等的改变影响到施工的费用，均应由工程师与业主和承包商协商后决定对合同价格进行增减。

10.2.19 货币和汇率

1）货币限制

凡在递交投标书截止日期前的 28 天内，如项目所在国政府的授权机构对支付合同价格的外币实行货币限制或汇兑限制，则承包商由此蒙受的损失应由业主一方补偿。

2）汇率

如合同规定付款以一种或几种外币支付给承包商，则此项支付不应受上述外币与当地货币汇率的影响。

3）货币比例

如招标以单一货币报价，用一种以上的货币支付，汇率应为在递交投标书截止日期前 28 天施工所在国中央银行的通用汇率。

以上介绍了 FIDIC“红皮书”的基本内容，对这些内容严格的和详尽的含义和规定应该阅读英文原版。其他内容在此不一一介绍，请参阅原版。

10.3 国际土木工程合同管理案例

10.3.1 案例背景

(1) 某工业厂房建设工程，由英国某企业出资 85%、中国某省一工业总公司出资 15% 成立的合资企业(以下简称甲方)投资，总投资约 1 800 万美元，总建筑面积 22 610 m^2，其中土建总投资为 3 000 多万元人民币。该工厂位于丘陵地区，原有许多农田及藕塘，高低起伏不平，近旁有一国道。土方工作量很大，厂房基础采用搅拌桩和振动桩约 8 000 多根，主厂房的主体结构为钢结构，生产工艺设备和钢结构由英国进口，设计单位为中国某省一工业设计院。

(2) 土建工程招标及合同签订过程

土建工程包括生活区 4 栋宿舍、生产厂房(不包括钢结构安装)、办公楼、污水处理站、油罐区、锅炉房等共15个单项工程。业主希望及早投产并见效益。土方工程先招标，土建工程第二次招标，限定总工期为半年，共27周，跨越一个夏季和冬季。

由于工期紧，招标过程很短，从发标书到收标仅10天时间。招标图纸设计较粗，没有施工详图，钢筋混凝土结构没有配筋图。工程量表由业主提出目录，工作量由投标人计算并报单价，最终评标核定总价。合同采用固定总价合同形式，要求报价中的材料价格调整独立计算。

共有10家中国的建筑工程公司参加投标。第一次收到投标书后，发现各投标单位都用国内的概预算定额分项和计算价格，未按照招标文件要求报出完全单价，也未按招标文件的要求编制投标书，使投标文件的分析十分困难。故业主退回投标文件，要求重新报价。这时有5家退出竞争。这样经过四次反复退回投标文件重新做标报价，才勉强符合要求。甲方最终决定中国某承包工程公司（以下简称乙方）中标。

本工程采用固定总价合同，合同总价为17 518 563元人民币（其中包括不可预见风险费1 200 000元）。

10.3.2 合同条件制定与分析

本工程合同条件选择是在投标报价之后，由甲方与乙方议定。甲方坚持用ICE合同条件（英国使用的和FIDIC相似的一种合同文本），即英国土木工程师学会和土木工程承包商联合会颁布的标准土木工程施工合同文本；而乙方坚持使用中国的示范文本。但甲方认为示范文本不完备，不符合国际惯例，可执行性差。最后由甲方起草合同文本，基本上采用ICE的内容，增加了示范文本的几个条款。1995年5月23日，甲方提出合同条件，6月24日双方签订合同。合同条件相关的内容如下：

(1) 合同在中国实施，以中华人民共和国的法律作为合同的法律基础。

(2) 合同文本用英文编写，并翻译成中文，双方同意两种文本具有相同的权威性。

(3) 甲方的责任和权利。

① 甲方任命甲方的现场经理和代表负责工程管理工作。

② 乙方的设备一经进入施工现场即被认为是为本工程专用。没有甲方代表的同意，乙方不得将它们移出工地。

③ 甲方负责提供道路、场地，并将水电管路接到工地。甲方提供两个75 kV·A发电机供乙方在本工程中使用，提供方式由乙方购买，甲方负责费用。发电机的运行费用由乙方承担。施工用的水电费用由乙方承担，按照实际使用量和规定的单价在工程款中扣除。

④ 合同价格的调整必须在甲方代表签字的书面变更指令作出后才有效。增加和减少工作量必须按照投标报价所确定的费率和价格计算。如果变更指令会引起合同价格的增加或减少，或造成工程竣工期的拖延，则乙方在接到变更指令后7天内书面通知甲方代表，由甲方代表作出确认，并且在双方商讨变更价格和工期拖延后才能实施变更，否则甲方对变更不予付款。

⑤ 如果发现有由于乙方负责的材料、设备、工艺所引起的质量缺陷，甲方发出指令，乙方应尽快按合同修正这些缺陷，并承担费用。

⑥ 本工程执行英国规范，由甲方提供一本相关的英国规范给乙方。甲方及甲方代表出于任何考虑都有权指令乙方保证工程质量达到合同所规定的标准。

(4) 乙方的责任和权利。

① 若发现施工详图中的任何错误和异常应及时通知甲方，但乙方不能修改任何由甲方提供的图纸和文件，否则将承担由此造成的全部损失费用。

② 乙方负责现场以外的场地、道路的许可证及相关费用。（其他略）

(5) 合同价格。

本合同采用固定总价方式，总造价为 17 518 563 元人民币，它已包括乙方在工程施工中的所有花费和应由乙方承担的不可预见的风险费用。

甲方应按以下方式付款：

a. 签订合同时，甲方付给乙方 400 万元备料款。

b. 每月按当月工程进度付款。在每月的最后一个星期五，乙方提交本月的已完成工程量的款额账单。在接到乙方账单后，甲方代表于 7 天内作出审查并支付。

c. 甲方保留合同价的 5% 作为保留金。在工程竣工验收合格后，甲方将其中的一半支付给乙方，待保修期结束且没有工程缺陷后，再支付另外的一半。

(6) 合同工期

① 合同工期共 27 周，从 1995 年 7 月 17 日到 1996 年 1 月 20 日。

② 若工程在合同规定的时间内竣工，甲方向乙方奖励 20 万元，另外每提前 1 天再奖励 1 万元。若不能在合同规定的时间内竣工，拖延的第一周违约金为 20 万元，在合同规定竣工日期一周以后，每超过 1 天，乙方赔偿 5 000 元。

③ 若在施工期间发生超过 14 天的阴雨或冰冻天气，或由于甲方责任引起的干扰，甲方给予乙方以延长工期的权利。若发生地震等乙方不能控制的事件导致工期延误，乙方应立即通知甲方代表，提出工期顺延要求，甲方应根据实际情况顺延工期。

(7) 违约责任和解除合同

① 若乙方未在合同规定的时间内完成工程或违反合同有关规定，甲方有权指令乙方在规定的时间内完成合同责任。若乙方未履行，甲方可以雇用另一承包商完成工程，全部费用由乙方承担。

② 如果乙方破产，不能支付到期的债务，发生财务危机，甲方有权解除合同。

③ 甲方认为乙方不能安全、正确地履行合同责任，或已无力胜任本工程的合同任务或公然忽视履行合同，则可指令乙方停工，并由乙方承担停工责任。若乙方拒不执行甲方指令，则甲方有权终止对乙方的雇用。

(8) 争端的解决

本合同的争端首先以友好方式解决，若不能达成一致意见，任何一方都可以提请仲裁。若甲方提请仲裁，则仲裁的地点在上海；若乙方提请仲裁，则仲裁的地点在新加坡。（其他合同内容略）

10.3.3 合同实施状况

本工程土方工程从 1995 年 5 月 11 日开始，7 月中旬结束，则土建施工队伍 7 月份就进场（比土建施工合同进场日期提前）。但在施工过程中，由于：

(1) 在当年 8 月份出现较长时间的阴雨天气；

(2) 甲方发出许多工程变更指令；

(3) 乙方施工组织失误、资金投入不够、工程难度超过预先的设想；

(4) 乙方施工质量差，被业主代表指令停工返工等，造成施工进度的拖延、工程质量问题和施工现场的混乱。

原计划工程于1996年1月结束并投入使用，但实际上到1996年2月下旬，即工程开工后的31周，还有大量的合同工作量没有完成。此时，业主以如下理由终止了和乙方的原合同关系：

(1) 乙方施工质量太差，不符合合同规定，又无力整改；

(2) 工期拖延而又无力弥补；

(3) 使用过多无资历的分包商，而且施工现场出现多级分包。

鉴于上述理由，业主将原属于乙方工程范围内的一些未开始的分项工程删除，并另发包给其他承包商，并催促乙方尽快施工，完成剩余工程。

1996年5月，工程仍未竣工，甲方仍以上面三个理由指令乙方停止合同工作，终止合同工程，由其他承包商完成。

在工程施工过程中，乙方提出近1200万元的索赔要求，在工程过程中一直没有得到解决。而双方经过几轮会谈，在10个月后，最终业主仅赔偿乙方30万元。

本工程无论从甲方或乙方的角度来看，都不算成功的工程，都有许多教训值得汲取。

10.3.4 乙方工程合同管理的教训

在本工程中，乙方受到很大损失，不仅经济上亏本，而且由于工期拖延，被甲方逐出现场，对企业形象有很大的影响。这个工程的教训是深刻的。

(1) 从根本上说，本工程采用固定总价合同，招标图纸比较粗略，做标期短，地形和地质条件复杂，所使用的合同条件和规范是承包商所不熟悉的。对乙方来说，几个重大风险集中在一起，失败的可能性是很大的，承包商的损失是不可避免的。

1996年7月，工程结束时乙方提出实际工程量的决算价格为1 882万元人民币(不包括许多索赔)。经过长达近10个月的商谈，甲方最终认可的实际工程量决算价格为1416万元人民币。双方结算的差异主要在于：

① 本工程招标图纸较粗略，而甲方在招标文件中没给出工作量，由乙方计算工程量，而乙方计算的数字都很低。例如，图纸缺少钢筋配筋图，承包商报价时预算402 t钢筋，而按后来颁发的详细的施工图核算约720 t。在工程中，由于工程变更又增加了290 t钢材，即整个工程钢筋实际用量约1 010 t。由于为固定总价合同，甲方认为详细的施工图用量与乙方报价之差318 t(即720 t−402 t)合计价格100多万元是乙方报价的失误，或为获得工程而作出的让步，在任何情况下不予补偿。

② 乙方在工程管理上的失误。例如：在工程施工中，乙方现场人员发现缺少住宅楼的基础图纸，再审查报价发现漏报了住宅楼的基础价格约30万人民币。分析责任时，乙方的预算员坚持认为，在招标文件中甲方漏发了基础图，而甲方代表则坚持是乙方的预算员把基础图弄丢了。由于采用了固定总价合同，乙方最终承担了这个损失。这个问题实质上是乙方自己的责任，乙方应该在接到招标文件后对招标文件的完备性进行审查，将图纸和图纸目录进行校对，如果发现有缺的图纸，应该让甲方补充；在制订施工方案时，若发现有缺的图纸，还可以向业主索要，或自己出钱复印，可避免损失。

③ 报价的失误。乙方仅按照我国国内的定额和取费标准，而没有考虑到合同的具体要求，如英国规范对安全、质量的要求。具体分析如下：

a. 开工后，甲方代表指令乙方按照工程规范的要求为甲方人员建造临时设施。办公室地面要有防潮层和地砖，厕所按现场人数设位，要有高位水箱、化粪池，并贴瓷砖，这大大超出了乙方的预算。

b. 甲方要求乙方有安全措施，包括设立急救室、医务设备，施工人员在工地上应配备专用防钉鞋、防灰镜、防雨具，而这些费用在投标报价中都没有考虑到。

c. 由于施工工地取土与弃土分别位于国道两侧，这样一来，必须申请切断该国道。在这个过程中发生了申请切断国道许可、设告示栏、运土过程中安全措施、施工后修复国道等各种费用，而乙方报价中未考虑到这些费用。乙方向甲方提出索赔，但被甲方反驳，因为合同已规定这是乙方的责任，应由乙方支付费用。这里的问题在于招标中没有提出合同条件，而在确定承包商中标后才提出合同条件。这样做不符合国际工程的惯例，容易造成承包商的许多误解，使报价失误。

d. 承包商的合同管理薄弱或没有合同管理的观念。

(2) 不了解和熟悉国际工程的惯例及合同的要求，只知道干工程，不知道看合同和技术规范。如乙方按图纸要求对内墙用纸筋灰粉刷。甲方代表(英国人)到现场一看，认为用草和石灰粉刷质量不能保证，指令暂停工程。乙方代表及甲方的其他中方管理人员向他说明纸筋灰在中国用得较多，质量能保证。甲方代表要求暂停粉刷，先粉刷一间，让他确认一下，如果确实可行，再继续施工。但乙方对甲方代表的指令没有贯彻，粉刷工程小组虽然已经听到甲方代表的指令，但仍按原计划继续用纸筋灰粉刷。几天后粉刷工程即将结束，甲方代表再到现场一看，发现自己的指令未得到贯彻，非常生气，拒绝接收纸筋灰粉刷工程，要求全部铲除，重粉水泥砂浆。因为图纸规定使用纸筋灰，乙方就此提出费用索赔，包括：①已粉好的纸筋灰工程的费用；②返工清理的费用和时间；③两种粉刷的价差索赔。但甲方代表仅认可两种粉刷的价差索赔，而对返工造成的损失不予认可，因为他已下达停工指令，继续施工的损失应由乙方承担。而且甲方代表感到乙方代表对他不尊重，所以导致后期许多方面甲乙双方关系非常紧张。

① 施工现场几乎无书面记录和工程日志。本工程变更很多，由于缺少记录，造成许多工程款无法如数索赔。例如，在施工现场有三个很大的水塘，设计前勘察人员未走到水塘处，地形图上有明显的等高线，但未注明是水塘。承包商现场考察时也未注意是水塘。施工后发现水塘，按工程要求必须清除淤泥，并要回填。乙方提出 6 600 m^3 的淤泥外运量费用为 133 000 元的索赔要求，认为招标文件中未标明水塘，则应作为新增工程分项处理。甲方工程师认为，对此合同双方都有责任：甲方未在图上标明，提供了不详细的信息；而乙方未认真考察现场。最终，甲方还是同意这项补偿。但由于乙方在施工现场没有任何记录、照片，没有任何经甲方代表认可的证明材料，例如土方外运多少、运到何处、回填多少、从何处取土，甲方仅承认 60 000 元的费用赔偿。

② 乙方的工程报价及结算人员与施工现场脱节，现场没有预算员。每月乙方派工程量统计员到现场与业主结算，他只按图纸和原工程量清单结算，而忽视现场的记录和工程变更，与现场乙方代表较少沟通。

③ 合同规定，甲方的任何变更指令必须再次由甲方代表书面确认，并经双方商谈价格

后再执行，承包商才能获得付款。而在现场，承包商为业主完成了许多额外的工作和工程变更，但没有注意获得业主的书面确认，也没有和业主商谈补偿费用，也没有现场的任何书面记录，导致许多附加工程款项无法获得补偿。

④ 业主出于安全的考虑，要求承包商在工程四周增加围墙，当然这是合同内的附加工程。业主提出了基本要求：围墙高 2 米，上部为压顶，花墙，下部为实心一砖墙，再下面为条型大放脚基础，再下面为道砗垫层。业主要求承包商以延长米报价，所报单价包括所有材料、土方工程。承包商的预算员未到现场详细调查，仅按照正常的地坪以上 2 米高，下为大放脚和道砗，正常土质的挖基槽计算费用，而忽视了当地为丘陵地带，而且有许多藕塘和稻田，淤泥很多，施工难度极大等因素。结果实际土方量、道砗的用量和砌砖工程量大大超过预算，由于按延长米报价，业主不予补偿。

⑤ 由于本工程仓促上马，所以变更很多。业主代表为了控制投资，在开工后再次强调，承包商收到变更指令或变更图纸，必须在 7 天内报业主批准(即为确认)，并由双方商定变更价格，达成一致后再进行变更，否则业主对变更不予支付。这一条应该说对承包商是有利的。但施工中乙方代表在收到书面指令后不经业主确认，不去谈价格(因为预算员不在施工现场)，而该工程的变更又特别多，所以大量的工程变更费用都未能获得。

(3) 承包商工程质量差、工作不努力、拖拉、缺少责任心，使甲方代表对乙方失去信任和信心。

例如开工后，像我国许多国内工程一样，施工现场出现了许多未经业主代表批准的分包商，以及多级分包现象。这些分包商分包关系复杂，甲方代表甚至乙方代表都难以控制。他们工作没有热情，施工质量差，工地上协调困难，造成混乱。这在任何国际工程中都是不被允许的。相当一部分墙体工程，由于施工质量太差，高低不平，无法通过验收。甲方代表为了保证质量，要求乙方在墙面上加钢丝网，而不给乙方以费用补偿。这不仅大大增加了乙方的开支，而且造成甲方对工程的不满意。

投标前，甲方提供了一本适用于本工程的英国规范，但乙方工程人员从未读过。施工后，这本规范找不到了，而乙方人员只是按图施工，不管规范要求，结果造成许多返工。例如在施工图上将消防管道与电线管道放于同一管道沟中，中间没有任何隔离。乙方按图施工，却在完成后遭到甲方代表拒绝验收，因为：① 这样做极不安全，违反了甲方所提供的工程规范。② 即使施工图上两管道放在一起是错的，但合同规定，承包商若发现施工图中的任何错误和异常，应及时通知甲方。作为一个有经验的承包商应能够发现这个常识性的错误。所以甲方代表指令乙方返工，将两管隔离，而可以不给乙方任何补偿。

10.3.5 甲方的工程合同管理教训

在本工程中，甲方也受到很大损失，表现在：

(1) 工期拖延。原合同工期为 27 周，从 1995 年 7 月 17 日到 1996 年 1 月 20 日，但实际工程到 1996 年 9 月尚未完成，严重影响了投资计划的实现。双方就工程款的结算工作一直拖到 1997 年 4 月。

(2) 工程质量差。如主厂房地坑防水砂浆粉刷后漏水；许多地方混凝土工程跑模；混凝土板浇捣不密实出现孔洞，柱子倾斜；由于内墙砌筑不平，造成粉刷太厚、表面开裂等。

(3) 由于承包商未能按质按量完成工程，业主不得不终止与乙方的合同，而将剩余的工程再发包，请另外的承包商来完成。这给业主带来很大的麻烦，对工程施工现场造成很大的混乱。

因此，甲方的合同管理也有许多教训值得汲取：

(1) 本工程初期，甲方的总经理制定项目总目标，作合同总策划。但他是搞经营出身的，没有工程背景，仅按市场状况作计划，急切地想施行这个项目，并尽量压缩工期，所以将计划时间、招标投标时间、设计时间、施工准备时间缩短，这是违反客观规律的，结果欲速不达，不仅未提前，反而大大延长了工期。

(2) 由于项目仓促上马，设计和计划不完备，工程中由于业主的指令造成的变更太多，地质条件又十分复杂，不应该用固定总价合同。这个合同的选择出错，打倒了承包商，当然也损害了工程的整体目标。

(3) 如果要尽快施行这个项目，应采用承包商所熟悉的合同条件。而本工程采用承包商不熟悉的英文合同文本、英国规范，承包商承担的风险太大，工程不可能顺利进行。

(4) 若采用固定总价合同，业主不仅应给承包商提供完备的图纸、合同条件，而且应给承包商合理的投标时间、施工准备时间等，还应帮助承包商理解合同条件，双方及时沟通。但在本工程中，业主及业主代表均未能做好这些工作。

(5) 业主及业主代表对承包商的施工力量、管理水平、工程习惯等了解太少，授标后也没有给承包商以相应的帮助。

本章小结

FIDIC 土木工程施工合同条件是国际工程承发包中业主和承包商在订立工程承发包合同时最常用的合同条件，是广泛使用的实行工程量清单计价的工程合同条件。

复习思考题

1. 简述 FIDIC 土木工程施工合同条件的主要内容。
2. 简述 FIDIC 的《施工合同条件》中的条款的基本特点。
3. 简述在 FIDIC 土木工程施工合同条件中对质量控制做出了哪些规定。
4. 简述在 FIDIC 土木工程施工合同条件中对工程费用的管理做出了哪些规定。
5. 试比较我国现行的土木工程施工合同条件规定与 FIDIC 施工合同条件有哪些不同。

参 考 文 献

1 卢谦．建设工程招投标与合同管理．北京:中国水利水电出版社，2001
2 周承伦．目标建设工程招标投标与概算．北京:机械工业出版社，2002
3 来奇．建设工程合同．北京:中国民主法制出版社，2003
4 中国监理协会．建设工程合同管理．北京:知识产权出版社，2003
5 何佰洲,刘禹．工程建设合同与合同管理．大连:东北财经大学出版社，2004
6 中国工程咨询协会．施工合同条件．北京:机械工业出版社，2002
7 雷胜张．工程承包与劳务合作案例剖析．北京:电子工业出版社，2000
8 陈正．实用经济法．南昌:江西高校出版社，2005
9 朱永祥,陈茂明．工程招投标与合同管理．武汉:武汉理工大学出版社，2004
10 方自虎．建设工程合同管理实务．北京:中国水利水电出版社、知识产权出版社，2005